“十三五”国家重点出版物出版规划项目

中国当代法学家文库
经济法学研究系列

税制改革的法治逻辑

张守文 著

中国人民大学出版社
·北京·

图书在版编目（CIP）数据

税制改革的法治逻辑 / 张守文著. -- 北京 : 中国人民大学出版社，2025. 7. --（中国当代法学家文库）.
ISBN 978-7-300-33960-3

Ⅰ. D922.220.4

中国国家版本馆 CIP 数据核字第 20257AY528 号

“十三五”国家重点出版物出版规划项目
中国当代法学家文库·经济法学研究系列

税制改革的法治逻辑

张守文　著

Shuizhi Gaige de Fazhi Luoji

出版发行	中国人民大学出版社		
社　　址	北京中关村大街 31 号	**邮政编码**	100080
电　　话	010－62511242（总编室）		010－62511770（质管部）
	010－82501766（邮购部）		010－62514148（门市部）
	010－62511173（发行公司）		010－62515275（盗版举报）
网　　址	http://www.crup.com.cn		
经　　销	新华书店		
印　　刷	涿州市星河印刷有限公司		
开　　本	720 mm×1000 mm　1/16	**版　　次**	2025 年 7 月第 1 版
印　　张	20 插页 3	**印　　次**	2025 年 7 月第 1 次印刷
字　　数	302 000	**定　　价**	118.00 元

目　录

导　论

一、时代背景与问题选取

我国已开启全面建设社会主义现代化国家的新征程。在国家发展的整体战略布局中，改革与法治是实现国家现代化的两大基本路径，因此，应将全面深化改革与全面依法治国贯穿于各个领域。与此相应，在具体的税收领域，税制改革与税收法治，不仅是实现税收法治现代化的重要路径，对于推动经济、社会、政治、文化等诸多领域的改革和法治建设亦有重要意义。①

自改革开放以来，我国已进行多次大规模的整体税制改革，各个具体税制领域的改革更是连绵未绝。与此同时，税收法治日益受到重视，并与税制改革形成相互促进之势。其中，税收立法作为税收法治的重要和基础环节，在推动和保障税制改革方面更是发挥着重要作用。因此，研究税制改革，尤其需要与税收立法或税收法治结合起来，在整体上探讨“税制改革的法治逻辑”问题。

事实上，税制改革与税收立法紧密相关。一方面，税收制度对经济、社会、

① 张守文．税制变迁与税收法治现代化．中国社会科学，2015（2）：80－102.

政治、文化等诸多方面均有重要影响，税制改革贯穿于上述各大系统，并由此会直接影响国家治理。在全面深化改革的背景下，税制改革是国家着力推进的重要改革领域，被赋予重要使命。[①] 另一方面，各类改革都与法治直接相关，不仅改革要于法有据，改革的推进也需要有法治的保障，其重要成果要以法律的形式加以确认。同样，税制改革的成果尤其需要税收立法的确认和保障，这也是税收法定原则的重要体现。[②] 因此，应更加重视税制改革与税收立法的紧密关联，这是分析“税制改革的法治逻辑”的重要基础。

由于税制改革与税收立法联系非常紧密，许多问题的讨论均与两个方面直接相关，因此，本书在后面的表述中经常会将两者并提，但有时为了体现研究的某种侧重，也会单独提及其中的一个方面，以突出税制改革对于完善税收立法的影响，或者强调通过相关税收立法的完善，来直接或间接推进相关领域的税制改革。但无论从哪个角度来讨论税制改革或税收立法问题，都要明晰其中贯穿的法治逻辑。

就税制改革而言，以往许多研究者都是从经济视角，着重考虑税制改革对经济增长、税收收入的影响，并分析其对宏观调控、经济社会稳定的影响，而对从法治视角的关注还不够。如前所述，税制改革应于法有据、依法推动，改革成果也要以法确认、依法保障。无论是将税制改革成果转变为现实的税法制度，还是相关税法制度的具体实施，都要在法治框架下展开，因此，围绕税制改革，必须考虑相关法治问题，尤其应在税制改革中充分体现法治逻辑。从中国税制改革的历程看，随着对“改革与法治关系”认识的不断深化，越是晚近的税制改革，就越重视法治的要求，也会越强调法治逻辑的贯通。

有鉴于此，对于税制改革，不仅要从经济角度考虑其合理性问题，还应从法律或法治角度关注其合法性问题。由于税制改革成果要通过税收立法加以确认，因而其合法性尤为重要。税制改革要具有合法性，就必须充分体现法治逻辑，符

① 高培勇．中国财税改革40年：基本轨迹、基本经验和基本规律．经济研究，2018（3）：4－20.

② 张守文．论税收法定主义．法学研究，1996（6）：57－65.

合法治的原则和精神，切实做到依法改革。[①] 同时，税制改革不仅要体现一般的法治逻辑，还要体现融入相关税收原理的特殊法治逻辑，即“税收法治逻辑”。只有融入了税收基本原理的税收法治逻辑，才能将合理性与合法性有机结合，实现效率与公平等各类重要价值的统一，从而充分体现相关发展理念，促进公平分配，进而有助于解决分配问题和发展问题，并由此提升税收治理的能力和水平。可见，依循税收法治逻辑而展开的税制改革，会更有助于推进税收立法乃至整体税收法治的完善。

在推进国家现代化建设的时代背景下，需要进一步全面深化改革，全面加强法治建设[②]，因此，税制改革和税收法治建设同样具有重要地位。如何在税制改革中充分体现或贯穿法治逻辑，从而有效推进税收立法乃至整体税收法治的完善，是影响经济、社会、政治、法律等多个系统的重大现实问题，需要理论界和实务界展开深入研究。因此，本书着重围绕“税制改革的法治逻辑”问题展开探讨。

二、基本命题与结构安排

本书的基本命题是，税制改革应遵循相应的法治逻辑，包括一般法治逻辑和特殊法治逻辑，并由此推进税收立法乃至整体税收法治体系的不断优化。基于税制改革与税收立法的紧密关联，既应通过税制改革推进税收立法的完善，又应通过税收立法保障税制改革的进行，体现或确认税制改革的成果。

依循上述基本命题，需要从本体论、发生论、价值论、规范论、运行论视角展开相关研究，由此形成本书的如下结构框架：

第一，从本体论和发生论的角度，基于税制改革与税收立法的紧密关联，应在实现国家现代化和改革开放的目标、背景下，讨论税制改革与税收立法的历

---

① 依法治国和深化经济改革是一致的，二者互相配合，彼此促进［厉以宁．依法治国和深化经济改革．经济研究，2015（1）：8－10］。

② 姜伟．全面深化改革与全面推进依法治国关系论纲．中国法学，2014（6）：25－39.

史，通过对制度变迁的分析，揭示税制改革和税收立法的影响因素、制度目标，以及其中贯穿的法治逻辑。

第二，从价值论的角度，应基于税收立法对税制改革的确认和保障功能，分析在税制改革和税收立法中贯穿的各类重要价值，特别是效率与公平、自由与秩序、安全与发展等，从而实现税收领域的分配正义和发展正义[①]，并揭示上述价值之间的逻辑关联，以及其对于引领税制改革与税收立法的重要意义。税制改革只有切实体现上述重要价值，才符合基本的法治逻辑。

第三，从规范论和运行论的角度，应基于税制改革和税收立法体现的法治逻辑，探讨一般法治逻辑与特殊法治逻辑的相关问题。一方面，需要讨论在税制改革和税收立法中涉及的基本法治问题，包括有关税收法定原则、税收公平原则和税收效率原则的落实，以及税法的稳定性与变易性、法定性与政策性、统一性与差异性以及可预见性等；另一方面，还需要讨论特殊法治问题，分析法治与税收原理有机融合形成的税收法治逻辑的特殊性，探讨税制改革和税收立法对于保障和促进经济社会发展、解决公平分配、实现共同富裕的重要价值，以及税收法治逻辑对于完善国内税收法治和涉外税收法治，推动国际税收协调的重要意义。

基于上述结构框架，本书在具体章节安排方面，除导论和结论部分外，主要分为6章：

第一章“税制改革与税制变迁”。在全面建设社会主义现代化国家目标下，国家为推进改革开放，在税收领域大力实施税制改革，由此会带动税制变迁。因此，应明晰税制变迁的相关影响因素和需要解决的核心问题，这些因素和问题对税收立法的完善具有直接影响。其中体现的“改革—法治—发展”的内在关联，不仅构成了税制改革与税收立法的背景，还涉及本体论和发生论的诸多问题，是其他各章展开研讨的重要基础。

第二章“结构优化与价值引领”。首先，在税制结构优化方面，着重分析如何通过税制改革实现税制结构优化，探寻我国税制结构在制度目标、制度功能、

---

① 张国清．分配正义与社会应得．中国社会科学，2015（5）：21－39.

制度分权层面存在的突出问题，揭示直间结构、税类结构与央地结构的内在关联，强调应着重优化基础性的税种结构。[①] 其次，在价值引领方面，着重分析税制改革的价值引领问题，强调应兼顾效率与公平、自由与秩序等多元价值，以体现税制的合理性；同时，重申应落实税收法定原则，以体现税制的合法性，从而将我国既往的"收入导向型税制"转变为"发展导向型税制"（或称"发展型税制"）[②]。在上述两方面研讨的基础上，还将以新型的数字税制为例，探讨其对税制结构优化的影响以及其中应体现的价值引领。在这些研讨中所涉及的价值论，对于理解后续各章中的价值分析同样具有基础意义。

第三章"发展理念与法治逻辑"。作为第一章、第二章相关研讨的延续，本章结合前述实现国家现代化的发展目标和相关重要价值的落实，着重以增值税、消费税两类重要商品税制度为例，分析发展理念、发展价值对税制改革和税收立法的重要引领，具体研讨新发展理念对增值税制度改革的重要影响，以及由此形成的消费税制度改革和立法的发展导向。在此基础上，着重以增值税立法为例，讨论如何在税制改革和税收立法中体现相应的法治逻辑，特别是具体的税收法治逻辑，强调应将发展理念和法治逻辑贯穿于税制改革和税收法治建设的始终。本章在全书中具有"承上启下"的地位。

第四章"分配问题与税收法治"。依循前面各章关注的发展理念，必然要求推进公平分配，促进共同富裕。这是税收公平原则和共享发展理念的基本要求与价值体现。分配收入是税收的基本职能，保障公平分配既是税法的重要价值，也是实现共同富裕的基础路径。无论是公平分配，还是共同富裕，都要通过优化税制，发挥各类税法的重要作用，从而解决多个环节和领域的相关分配问题。因此，本章着重讨论公平分配与税制改革，以及共同富裕的税收法治保障问题，并在此基础上以个人所得税法为例，探讨个人收入分配与个人所得税立法完善的相

---

① 对税制结构理论问题的讨论，可参见马国强．税制结构基础理论研究．税务研究，2015（1）：3－15。

② 张守文．税制结构的优化及其价值引领．北京大学学报（哲学社会科学版），2021（5）：147－158.

关问题。

第五章“立法重点与三维审视”。前面各章涉及的税制改革问题，都要通过税收立法的完善加以体现。因此，本章以烟叶税立法为例，探讨税收立法应关注的合法性与合理性、公平性与效率性等“四项基本要求”和相关重点问题；以印花税立法为例，分析征税理据、税种定性、制度协调和逻辑结构等税收立法的重点要素；以环境保护税立法为例，阐释改革、法治与发展三大维度对于审视和理解税收立法的重要性。本章选取上述三个“小税种”，力图“以小见大”，揭示完善税收立法的复杂性和多维审视的必要性。

第六章“法治理论与内外实践”。基于前面各章涉及的税制改革和税收立法完善问题，本章着重分析税收法治理论应关注的主要问题，探讨在国内税收法治、涉外税收法治以及国际税收协调方面存在的法治问题，进一步揭示其中蕴含的税收法治逻辑。这些讨论是从税收法治角度，对税制改革和税收立法问题的进一步扩展，同时，也是对前面各章所讨论问题的进一步归纳和综合。

上述各章涉及税法的本体论、发生论、价值论、规范论、运行论等诸多问题的讨论，提出了税法领域需要关注的分配理论、发展理论、风险理论、信息理论等新型理论问题[①]，既涉及对“大税种”（如增值税、消费税、个人所得税）和“小税种”（如烟叶税、印花税、环境保护税）的税制改革和税收立法的综合思考，也涉及对国内税收法治和涉外税收法治的系统关注。

三、分析框架与研究方法

基于上述的基本命题和结构安排，本书各个章节贯穿着一些重要的分析框架，主要包括“历史—系统”分析框架、“结构—功能”分析框架、“价值—规范”分析框架等，并由此形成了具体的研究方法。

---

① 有关新型理论之间关系的讨论，可参见张守文．中国经济法理论的新发展．政治与法律，2016（12）：2－12。

（1）“历史—系统”分析框架。对税制改革和税收立法，既需要从历史的视角，分析相关的制度变迁，以揭示其中隐含的逻辑主线以及需要解决的重要问题，也需要从系统的视角来认识税制改革和税收立法。事实上，税制系统既与政治、经济、社会、文化等其他各类大系统存在紧密关联，又与法治系统的各个组成部分存在紧密联系，因此，需要从系统分析的多个维度，解析税制改革和税收立法的相关问题，并进而解决完善税收法治体系所面对的重要问题。可见，基于“历史—系统”分析框架，既要关注历时性的制度变迁，又要关注共时性的制度优化，将这两个方面有机结合，有助于更完整地把握税制改革和税收立法的宏观问题。

（2）“结构—功能”分析框架。相比于“历史—系统”的分析框架，该框架更为具体化，它其实是系统分析框架的重要组成部分，只是因其重要才予以单列。“特定的结构决定特定的功能”，税制结构或税法结构如何，对税制改革或税收立法的功能会具有重要影响。其实，国家进行税制改革，完善税收立法，就是因为税制或税法存在多种结构问题，需要通过优化结构，解决其功能缺失或不足。因此，整体税制改革、税收立法，乃至税收法治的完善，都是围绕结构与功能问题展开的，需要进行具体的“结构—功能”分析。本书在相关章节中都会直接或隐含地涉及此类分析框架。

（3）“价值—规范”分析框架。税制改革和税收立法，都要解决价值与规范两个层面的问题。只有加强重要理念、价值的引领，并将其融入具体制度规范之中，才能形成“价值—规范”一体化的税制改革和税收立法，这对于保持价值与规范的一致性，保障税制改革和税收立法的方向，尤为重要。因此，本书在相关章节，将专门讨论价值论，以及与重要价值相关的发展理念、发展导向等问题，并强调通过公平、效率等诸多价值的兼顾，进一步解决分配问题，促进共同富裕，而这些都是税法分配功能的重要体现，因此，与上述“结构—功能”分析框架直接相关。此外，在具体的税收立法，以及国内税收法治与涉外税收法治的完善方面，都涉及各类规范的合理性与合法性等问题，需探讨如何在规范构建中体现相关价值。

上述三类分析框架，贯穿全书多个章节的具体研讨，它们有助于在不同层面上解决不同领域的问题。与上述分析框架相一致，本书运用的主要研究方法包括历史分析方法、系统分析方法、结构分析方法、功能分析方法、价值分析方法和规范分析方法等，此外，还有法律的经济分析方法、政策分析方法等。

运用上述分析框架和研究方法，审视国家的税制改革、税制变迁、税收立法或税收法治，有助于进一步理解为什么一国的历史就是财税的历史、为什么税制改革必须体现或依循法治逻辑、为什么国家的现代化离不开税制的优化和税收法治的保障。在这个充满不确定性的时代，面对各类复杂问题，必须持续深化改革，全面完善法治，而强调“税制改革的法治逻辑”，既有助于处理好改革与法治的关系，也是有序推进改革和法治的一种努力。

第一章　税制改革与税制变迁

实现中国式现代化是一项长期、复杂的系统工程。推进改革开放，是实现中国式现代化的重要战略选择，需要在各个领域加以落实。其中，在税收领域的制度改革，在整体改革中具有重要地位，涉及经济、政治、社会、法律等多个方面，对于推动国家治理现代化亦具有重要意义，因此，非常有必要在现代化的视角下，在整体改革开放的背景下，研究税制改革问题，并分析税制改革所带动的税制变迁以及影响税制变迁的相关因素，揭示其中涉及的核心问题和基本法治逻辑。这对于完善税收立法乃至整体税收法治都具有积极意义。

本章分为三节：先从国家现代化和改革开放的视角，讨论税制改革的相关问题，再分析税制改革所带来的税制变迁及其影响因素，最后探讨税制改革需要解决的核心问题。在此过程中，本章将力求说明税制改革与税收立法的紧密关联，以及加强税收法治的重要价值。这有助于从税制的历史演进或税法发生论的维度，审视税制改革、税收立法与国家现代化、改革开放的内在关联；有助于依循法治逻辑，完善税收立法和整体税收法治；尤其有助于从税制变迁的动态视角，观察税制改革的相关影响因素。

第一节　现代化目标下的税制改革

在全面建设社会主义现代化国家新征程上，需要全面深化改革，全面推进依法治国，从而促进发展。其中，税制改革会影响税收立法，引发税制变迁，这直接关系税收法治的水平，并影响各领域的稳定发展。因此，应基于"改革—法治—发展"的内在关联，探讨税制改革与税收立法的背景，以及税制变迁的动因，进而从发生论维度，揭示中国税制改革与税收立法完善的基础。

税制改革作为整体改革的重要组成部分，与国家的政治、经济、社会、文化等密切相关，因而会直接影响国家的现代化建设。回望历史，既往的改革开放，有力地推动了我国的现代化建设；同时，为了进一步实现国家现代化，还需要不断推进税制改革。对此，有必要在国家现代化的目标和背景下，理解税制改革的动力和方向，明晰其中贯穿的法治逻辑，这对于完善税收立法尤为重要。

一、背景与问题

在人类的历史长河中，中国从 1978 年开启的波澜壮阔的改革开放，带来了空前的"大转型"或制度变迁[①]，推动了各类现代制度的持续生成和日臻完善。因此，改革开放不仅直接影响了经济的现代化，也带动了相关制度的现代化，并由此促进了国家治理的现代化。

在上述各类制度中，税收制度与改革开放的关联至为密切：一方面，改革开放的现实需要，有力地推动了中国现代税制的建立；而税收制度的改革和完善，则对推进其他领域的改革开放，实现国家现代化发挥着重要作用。在当前经济全

① 著名经济学家罗兰认为，转型就是一种大规模的制度变迁过程或者说是一种经济体制模式的转换，政治、经济、法律等诸多要素都会对此产生重要影响（[比] 热若尔·罗兰．转型与经济学．张帆，等译．北京：北京大学出版社，2002：22-26）。

球化与国际治理日益复杂的背景下，中国要全面实现现代化，就必须全面深化改革和扩大开放，并全面推进依法治国。其中，税制改革和税收法治建设尤其具有重要地位。从“现代化”这一重要维度，回顾并审视中国改革开放的现代化历程，有助于分析税制改革和税制变迁的内在动力，揭示现代税制的生成逻辑，从而有助于进一步完善税收法治，并由此推进国家的全面现代化建设，同时，也有助于进一步丰富税法理论和相关社会科学理论。

从历史维度看，无论是整体的改革开放还是具体的税制改革，都是在现代化的目标下展开的。改革开放不仅推动了国家的经济现代化，也带动了税制的现代化，从而有助于实现国家治理的现代化，因此，可以构建“现代化—改革开放—税制改革”的分析框架。该框架的内在逻辑是：国家为实现现代化目标，需要持续推进改革开放，税制改革作为整体改革的重要组成部分，与政治、经济、社会、文化等领域均存在紧密关联，税制改革以及相应的税收立法，对于促进和保障现代化目标的实现具有重要作用，因此，应当看到现代化、改革开放与具体的税制改革的紧密关联。

上述分析框架不仅有助于理解国家现代化与税制改革的内在关联，还蕴含着如下基本假设：一方面，国家的现代化目标对改革开放的现实需求，会凝聚于国家的政治决策，并具体落实在税制层面，从而推动税制的生成和变革；另一方面，税制的不断改革，又为维护或扩展相关领域的改革开放成果，实现国家现代化奠定了制度基础。因此，在推进国家的现代化的过程中，税制的不断改革，会持续影响税法的制度生成，推进税收立法的完善，并由此形成规模和结构更为合理、功能更为强大的税法体系。

有鉴于此，下面拟基于上述分析框架，着重探讨在全面推进国家现代化的背景和目标下，作为整体改革重要组成部分的税制改革是如何发生的，以及相应的税收立法是如何生成的。这些探讨试图说明：没有对国家现代化的追求，就没有各个领域不断推出的改革开放，也不可能有相应的税制改革和税收法治的现代化；同时，实现国家的现代化，既是推进整体改革和具体税制改革的共同前提和连接点，也是改革开放与税收立法不断完善的目标和媒介。因此，从现代化的维度来反思改革开放或税制改革，以及相应的税法制度生成的逻辑，有助于理解构建现代税制或现代税法的必要性，明晰税制改革和税法完善对于推进国家经济现代化与治理现代化的重要价值，从而有助于揭示新时代税收立法对于促进国家经济社会发展的特殊重要性。

二、现代化目标下的改革开放与税制改革

基于“现代化—改革开放—税制改革”的分析框架，首先需要在现代化的目标下考察改革开放与具体的税制改革，这对于理解三者之间的内在关联非常重要。从现代化的维度看，改革开放是中国赶超国际先进水平、实现现代化的重要路径。“和平与发展是时代的主题”，这作为国家在改革开放之初作出的重大判断，至今仍有重要的现实意义。正是基于这一判断，我国自 1978 年开启改革开放以来，从最初强调“以经济建设为中心”转变为重视“科学发展”、“全面发展”或“高质量发展”。自 20 世纪 80 年代以来形成的“和平发展”的“黄金期”，为相关的制度建设提供了重要的时间保障。

当然，我国对现代化目标的追求，并非始于改革开放之初[①]，早在 19 世纪 60 年代至 19 世纪末，清末的许多先进分子曾发起洋务运动、戊戌变法，尽管上述变革图强的举措的实施时间比世界现代化的开启晚了一个世纪，但仍被视为推动国家现代化努力的肇端。[②] 在自 1860 年至 1898 年的近 40 年间，从“自强运动”到“维新运动”，从技术变革到制度改良，都是在力图挽救夕阳垂照的晚清。上述努力最终未能使中国变成“现代国家”，与其“关注器物而忽视制度”或未

① 许多学者认为，现代化理论中的所谓“现代”，是指 18 世纪后期工业革命以来直到现在的“新时代”，其中心内容是从农业社会向现代工业社会的“大过渡”。现代化是对第一次工业革命以来世界变革与发展的特殊进程的称呼（罗荣渠．现代化新论：中国的现代化之路．上海：华东师范大学出版社，2013：321－322，326）。

② 中国现代化的最早启动，是 19 世纪 60 年代开始的自强运动（亦称洋务运动），参见罗荣渠．现代化新论：中国的现代化之路．上海：华东师范大学出版社，2013：282－283。

能真正实现制度变革有关①，可见，相对于“器物的现代化”，“制度的现代化”更为重要。

与上述19世纪末近40年的现代化努力有诸多不同，我国自1978年以来的改革开放，是从最初的引进外资、学习先进的管理制度，向不断明晰自己的发展方向、构建适合本国的制度转变，从而使当代中国现代化的重点逐渐从“器物”转向“制度”。清末和当代两次推动现代化的差异表明，“制度的现代化”是核心问题，没有现代化的制度及其有效实施，就不可能有真正、持久的现代化。这是对历史经验的重要总结。②

现代化作为从传统到现代、从落后到先进的“相对”过程，需要通过有效的制度安排和推动来实现，其中必然蕴含着制度变迁。因此，实现现代化的过程历来伴随着改革或制度变革，从而使改革与制度变革密不可分，并且，改革的核心就是制度变革。在当代中国推动实现现代化的过程中，改革开放作为重要路径，直接催生了旨在解决现代经济、社会问题的现代制度。采上述“现代化需要改革开放”“改革开放需要制度变革”的视角，更有助于明晰税制改革或现代税收立法的生成逻辑。

基于现代化的目标③，按照现代化学者的理论，中国需要同时经历“两次现代化”④，即从农业社会向工业社会转变，以及从工业社会向信息社会转变，因此，以工业化、城市化为特征的第一次现代化与以信息化、全球化为特征的第二

① 有学者认为，与其称洋务运动为“防御型现代化”，不如称其为“依附性发展”，其因主要从器物层次入手，缺少政治、文化改革的配套而导致失败（张琢．中国现代化的历程及前瞻．北京：社会科学文献出版社，2017：10，51）。

② 何显明，揭艾花．制度变迁与中国现代化进程．浙江社会科学，1999（2）：60－66.

③ 自1949年以来，最早明确提出中国现代化目标的是周恩来，他在1954年的一届全国人大一次会议上就提出要把我国建设成“一个强大的社会主义的现代化的工业国家”，并在1964年三届全国人大一次会议上首次提出了农业、工业、国防和科学技术四个现代化的目标［孙健．20世纪的中国：走向现代化的历程（经济卷1949—2000）．北京：人民出版社，2010：2－4］。此外，也正是在20世纪50年代至60年代，在国际上形成了现代化理论。

④ 有的学者认为，第一次现代化是以工业化、城市化为典型特征的经典现代化；第二次现代化是以信息化、全球化为典型特征的新型现代化［何传启．第二次现代化理论与中国现代化．世界科技研究与发展，1999（6）：72－76］。

次现代化会“叠加”，并同时融入当代中国的现代化进程，从而必然增强中国制度变迁的复杂性。由于在此过程中，多种因素交互作用，对经济系统、社会系统等形成了“循环累积因果影响”①，现代税制所要解决的问题变得更为复杂，从而对税制改革和税收立法提出了更高的要求。

事实上，当代中国的“两次现代化”，是在不同层次的“传统—现代”的二元结构中展开的，无论是工业化还是城市化，无论是信息化还是全球化，都需要通过相应的财税制度予以回应。在我国的改革开放过程中，财税管理体制的转型，以及与之相关的分配问题、发展问题等，都离不开税收政策和相应税制的调整，因而需要不断推进税制改革，并持续完善相应的税收立法。

总之，中国的改革开放与具体的税制改革以及相应的税收立法，都是在现代化的背景和目标下展开的。实现现代化既是改革开放与具体的税制改革的共同目标或前提，也是三者之间形成紧密关联的重要媒介或连接点。在国家全面推进现代化建设的新发展阶段，非常有必要针对旨在推进现代化的改革开放，考察其在不同历史阶段对具体税制改革的影响，这不仅有助于揭示中国的税制改革是如何发生的，以及相应的税法制度是如何产生的，从而丰富税法学的发生论，也有助于理解经济发展与制度发展之间的内在关联，从而推进税法学的“发展理论”研究，进而更好地揭示改革开放与税法的“关联性”，发现其中的规律和原理，并在此基础上说明改革开放与具体税制改革的内在“一致性”，以及税法制度的生成逻辑。

三、改革开放框架下的税制改革

在“现代化—改革开放—税制改革”的分析框架下，改革开放是国家现代化的基本路径，而税制改革则是整体改革的重要组成部分。从历史维度看，尽管当

① 这里是借用瑞典学派的代表人物、诺贝尔经济学奖获得者缪尔达尔（Gunnar Myrdal）所提出的概念和理论，其具体运用可参见［瑞典］缪尔达尔．亚洲的戏剧：南亚国家贫困问题研究．方福前，译．北京：商务印书馆，2015：373－381。

代中国的现代化目标并非始终清晰或前后一致，但改革开放作为实现现代化的路径是逐步深化或扩大的。其中，整体改革的深度和广度，会直接影响具体的税制改革，以及税收立法的变革。其中，相对单一的“经济改革”与“全面深化改革”，以及“局部对外开放”与“全面对外开放”，对税制改革和税收立法的影响会各不相同。

尽管“改革”与“开放”通常并提，但“开放”最初就是对既往闭关锁国政策的一种变革，因而是一种广义上的“改革”。当然，“开放”亦有其特定含义。据此，下面有必要分别从改革和开放两个维度，在“宏观层面”考察其如何影响税制改革，并由此推进国家现代化建设的进程。

（一）整体改革与具体的税制改革

自 1978 年以来，中国改革的类型、深度和广度不断变化，其中，从最初的“经济改革”向“全面改革”的转变，不仅影响了改革的阶段划分，也推动了不同时期的税制改革或税制变迁，因而有必要分别加以探讨。

1. 经济改革与税制改革

中国的改革始于经济领域。基于当时“以经济建设为中心”的思想，国家逐渐“将工作的着重点转移到经济建设上来”，而由此推开的大规模经济改革，则带动了各类体制改革。

例如，在经济体制改革方面，我国的改革主要经历了“计划经济体制—有计划的商品经济体制—市场经济体制”三个阶段，伴随着三类“经济体制”的渐次变革，国家或政府对经济的管理职能也发生了重要变化，并逐渐形成了人们对政府与市场关系的基本共识。[①]

上述政府经济管理职能的变化，带来了经济管理体制的重要变革。国家从过去重视微观经济管理，转向重视对经济的宏观调控和市场规制（合称“经济调制”），相应地，财政管理体制、税收管理体制、金融管理体制、计划管理

---

① 黎江虹．知识论视域下政府与市场关系之辨思．中外法学，2010（1）：122－130．张守文．政府与市场关系的法律调整．中国法学，2015（5）：60－74．

体制等都发生了变化，由此形成了与市场经济体制相适应的新型的“经济调制体制”[①]。

上述经济体制改革的历史分期，可大略分为如下两个阶段：第一阶段，从1978年开启改革到1993年推出宪法修正案，实现市场经济入宪，是从计划经济体制向市场经济体制转变的时期；第二阶段，1993年至今，是实行市场经济体制的时期。其中，第一阶段是实行市场经济体制的准备阶段，第二阶段是市场经济体制的建设阶段。

与上述的经济体制改革同步，中国的税制也在不断改革和发展，并在1984年、1994年、2004年、2014年启动了多次“税改”。每次税制改革不仅对税收领域产生了巨大影响，而且与其他领域的改革存在紧密互动。尤其在1993年我国宪法确立实行市场经济体制后，为了满足经济体制改革、发展市场经济、转变政府职能以及加强宏观调控的迫切需要，我国在1994年推出了规模空前的税制改革，其确立的与市场经济体制相适应的税制的基本框架，对后来的历次税制改革产生了重大影响，并直接影响了相关税收立法的持续完善。

从立法的维度看，由于在改革开放初期许多方面仍在探索之中，推行法治尚未成为共识，因此，在20世纪80年代的税收立法，主要集中于所得税领域，且主要与涉外企业和外籍个人相关，以回应对外开放的需要，相关规则远未覆盖税法的各个领域。而在1993年修宪后，为适应市场经济发展，国家立法机关仅用三年时间，就分别在市场规制、财税、金融等领域制定了一批重要的基本法律[②]，从而迅速构建了经济法立法体系的基本框架，其中，税收立法占据重要地位，这与国家立法对1994年大规模的税制改革成果加以确认直接相关。

可见，整体的经济体制改革，以及具体的税制改革，存在着非常紧密的关

① 经济调制体制与政府的两大经济职能直接对应，包括宏观调控体制和市场规制体制。“调制体制”一词虽然目前并非法律术语，只是学术上的一种总结，但在通信工程等学科领域已是一个重要范畴，并且，调制体制关系信号的转换，好的调制体制有助于改善“信噪比”，这与经济调制体制的功能是非常类似的。

② 如市场规制法领域的《反不正当竞争法》《消费者权益保护法》，财税法领域的《预算法》《个人所得税法》，金融法领域的《中国人民银行法》《商业银行法》，等等。

联；同时，税制改革对税收立法具有巨大推动作用，促进了税法制度的生成。而日益完善的税收立法体系，又有助于保障税制改革的深入，并促进其他领域的改革和发展。事实上，从 1978 年到 2000 年的发展目标看，国家所追求的“现代化”，在经济层面体现为经济总量的“翻两番”或初级阶段的“小康社会”，如果没有持续的经济改革不断释放的红利，就不可能如期实现上述目标；同时，上述目标的实现，也离不开税制改革及其对收入分配的重要保障，离不开税收宏观调控的重要促进。因此，应正视税制改革在整体经济体制改革中的重要地位，并在深化改革的过程中，持续优化税制。在此基础上，不仅要看到税制改革对经济发展的重要影响，还要关注其对非经济领域改革的重要价值。

2. 全面深化改革与税制改革

我国在 2013 年提出要全面深化改革，并将“推进国家治理体系和治理能力现代化”作为其总目标。据此，改革不再局限于经济领域（尽管经济领域的改革仍有重要的引领作用）。在政治、经济、社会、文化、生态文明等领域全面推进、不断深化的改革，被认为更有助于构建有效的治理体系，实现治理的现代化，从而有助于全面建设社会主义现代化国家。

基于实现治理现代化的要求，以 2013 年（而不是前面的 1993 年）为界，还可将改革开放分为前后两个阶段，其中，前一阶段是“重点推进经济改革”的时期，后一阶段是“全面深化改革”的时期。在全面深化改革的背景下，政治、社会、文化、生态文明等领域的体制改革，也会对税制改革提出新的要求，并由此影响相关的税收立法，从而影响新型税法制度的生成。其实，无论是基于全面深化改革所强调的正确处理政府与市场的关系、政府与社会的关系、中央与地方的关系、人与自然的关系，还是基于全面依法治国所强调的“落实税收法定原则”，以及基于高质量发展目标所强调的“落实新发展理念”“构建新发展格局”，等等，都需要在税制改革方面作出相应的回应，也都需要与此相关的税收立法加以体现。因此，要关注国家的政治决策与税制改革、税收立法之间的内在关联，以及相关的税制变迁①，这对于全面深化改革、实现国家的现代化目标具有特殊的意义。

基于全面深化改革的现实需要和顶层设计，我国在大力推进简政放权、减税降费的改革过程中，不断转变政府职能，以有效处理政府与市场、政府与社会、中央与地方、国家与国民的多重关系，尤其在行政许可制度、商事登记制度、社会保障制度等诸多领域，实施了多项重要改革。上述改革在影响行政法、民商法、社会保障法等法律调整的同时，也会影响税制改革。其实，近年来的税制改革，以及相应的税收立法，都体现了全面深化改革对税法制度生成的重要影响。

（二）开放对税制改革的影响

我国的开放包括两类，即对外开放和对内开放。长期以来，国家非常重视对外开放，尽管在不同历史阶段开放的程度各异，但其总体上呈现不断扩大的趋势。随着对“开放发展理念”的倡导以及对相关制度的调整，开放已扩展至国内相关领域、产业、地区而形成多层次的相互开放，这种对内开放使开放程度进一步扩大。历经改革开放以来的长期实践，人们已充分认识到：中国要实现现代化，就必须认真学习国际先进经验和制度，引进外资和技术，同时，还要与不断深化的改革同步，相应扩大开放程度，这样才能“以开放促改革”，实现改革开放的总体目标。

与前述有关改革的分类相似，根据对外开放程度的不同，可将其分为两种类型或两个发展阶段：一个是改革开放初期由点到面的“局部对外开放”，涉及从沿海开放到后来的沿边、沿江开放等；另一个是我国加入世界贸易组织（WTO）后的“全面对外开放”。当然，从整体来看，2013 年以后全面开放的程度更大，不仅不断扩大对外的全面开放，也持续扩大对内的全面开放。从局部对外开放到全面对外开放，会不断对税制改革提出新的要求，尤其要降低各类税制所形成的

① 我国的“改革决定”直接影响着相关的经济法的立法，这对税收立法同样是适用的［张守文．“改革决定”与经济法共识．法学评论，2014（2）：13－24］。

壁垒，加大相关主体进入相关市场领域的自由度。由此会直接影响税制变迁以及相关的税收立法。正是在此过程中，税收立法从对外开放之初强调涉外立法的“差异性”，转为强调内国立法与涉外立法的“统一性”，以解决立法的“内外有别”问题，从而推动了中国税制的现代转型和税法理念的更新。

与不同阶段的开放程度相对应，最初的税收立法，主要集中于局部对外开放的领域。由于当时人们认为开放涉及主权和对外关系，因此，在企业所得税、个人所得税等领域的涉外立法一开始就较为强调“法定性”，这与国内改革领域更多强调“政策性”形成了鲜明的对比。

例如，在改革开放之初，法律数量极少的情况下，基于对税收立法的高度重视，我国在1980年9月制定《个人所得税法》和《中外合资经营企业所得税法》后，又于1981年12月出台《外国企业所得税法》，这三部重要的税收法律作为早年间落实税收法定原则的重要体现，有力地推进了对外开放和市场主体制度的建设，是税收法治走向现代化的重要开端。正是以上述所得税立法为起点，我国整体的税法制度逐步生成，并成为税法体系的重要组成部分。

此外，区域开放对税法的制度生成也非常重要。早期区域性的局部开放，主要体现为经济特区、沿海14个开放城市，以及各类特殊经济区域（如保税区）的设立等，与此相关的是大量税法制度的调整。2001年我国加入WTO，使国家对外开放的程度进一步扩大；而在2013年全面深化改革开启后，开放的层次变得更高，范围也更大。例如，作为开放的高级形式，自由贸易试验区在20多个省市的设立，特别是海南自由贸易港的建设，标志着我国的全面开放进入新阶段，其中涉及大量税法问题，为税法领域新制度的生成奠定了重要的“试点”基础。

尽管中国经济的发展在很大程度上得益于对外开放，但由于中国的现代化离不开国内诸多二元结构问题的解决，因而还需要推进在复杂的所有制、区域、行业、领域中的对内开放，保障各类主体之间的公平竞争。其中，税法制度对公平竞争影响巨大，需要落实公平竞争审查制度，解决妨碍公平竞争的相关问题。

总之，随着改革深度和开放广度的不断拓展，国家的现代化水平在持续提高，税法制度亦不断生成并走向现代化。正是在推进经济现代化乃至全面现代化的过程中，现代市场体系、现代经济体制逐渐形成，税法制度的现代化水平亦不断提升。

四、税制改革与税制现代化

依据“现代化—改革开放—税制改革”的分析框架，前面分别着重从现代化以及改革开放的维度，分析了税制改革的相关问题。在此基础上，还有必要进一步揭示税制改革与税制现代化的内在关联。事实上，税制的现代化作为国家整体现代化的重要组成部分，离不开持续的税制改革。没有税制结构和功能的不断优化，就不会有税制的现代化。因此，在不同阶段展开的税制改革，是不断优化税制、提升税收立法质量，实现税制现代化的重要路径；同时，由于税制改革对政治、经济、社会、文化等各大领域均有重要影响，因此，它对于实现国家的整体现代化亦具有重要价值。

例如，在中华人民共和国成立之初，我国还存在简单的市场经济因素，因此，与此相对应的税制仍然是一种复合税制，当时全国仍然征收十几种税。随着1956年社会主义改造的完成，我国开始实行计划经济体制。基于经济体制、经济政策、经济理论的变化，受到苏联的“非税论”思想的影响，在计划经济体制时期，大量税种不断被合并或停征，由此使整个税制接近“单一税制”。直到改革开放以后，随着商品经济的发展，经过“利改税”等改革，国家、企业、职工三者之间的分配关系进一步理顺。在此基础上，在1984年国家启动了大规模的税制改革，开征了一些新税种，初步构建了工商税收体系，并在其后陆续推出多种税收制度，逐渐形成了日益完备的复合税制，并在此基础上建立了体现收入分配、宏观调控等功能的现代税收制度。从1984年的税制改革起算，我国每十年都会有一次实质性的税制变革，而这些变革的重要目标，就是构建现代税收制度。[①]

---

① 张守文．税制变迁与税收法治的现代化．中国社会科学，2015（2）：80－102．

上述税制改革与整体财税制度的现代化密切相关。在改革开放之初，中国财政制度是“非法治化”的，“财政包干制”以及所谓“诸侯经济”的存在①，导致中央与地方非制度化的博弈非常普遍，由此形成的不确定性直接影响了各类主体的预期。② 没有税制改革的深入和税法制度的充分发展，就不可能有中央税与地方税的划分以及现代的“分税制”。尽管分税制至今尚存在诸多问题，但毕竟向现代财政制度迈出了重要一步。

上述的税制改革和相应的税收立法，都是在整体改革开放过程中不断展开的，同时，我国的税制随市场经济体制的确立而不断走向现代化。在此过程中，现代政府的转型以及现代宏观调控体系的建立，与税制改革和税收立法都直接相关。事实上，正是国家现代化的不断推进，经济体制的改革、经济调制体制的确立，以及具体的税制改革，不断推进了税制的现代化，以及国家的整体现代化。

总之，国家为实现现代化，需要不断通过改革开放来带动制度变革，并由此持续推出现代税制。同时，从反向作用看，不断生成和日益完善的各类税法制度，也在从不同侧面推动着现代国家、现代政府、现代治理体系的形成，进而推动着国家整体的现代化。由此更有助于理解为什么国家的现代化需要现代的税制加以推进，或者说，为什么现代税制对实现国家的现代化具有重要的促进和保障作用，以及两者之间为什么具有内在的一致性。

当前，国家正在加强现代化经济体系建设，其中涉及现代市场体系以及现代经济体制，而这两个方面都与现代税制密切相关。其中，建设统一开放、竞争有序的现代市场体系，需要切实落实公平竞争政策，需要强化公平竞争审查制度，防止和避免因税制上的不当安排而影响市场主体的公平竞争；而现代经济体制的核心内容，则是有效处理政府与市场关系，由于政府和市场这两大资源配置系统都离不开良好的税制以及税法的有效调整，特别是离不开税法的分配功能和调控功能的实现，因此，建设现代经济体制，必须有现代税制与之相对应。

---

① 沈立人，戴园晨．我国“诸侯经济”的形成及其弊端和根源．经济研究，1990（3）：12-19.

② 张恒龙，孟添．中国财政体制（1949—2004）变迁的实证研究：基于财政压力与竞争的视角．经济体制改革，2007（4）：100-104.

五、小　结

基于“现代化—改革开放—税制改革”的分析框架，前面分析了国家现代化与改革开放以及具体的税制改革的紧密关联，强调改革开放是实现国家现代化的重要路径，且税制改革在整体改革中居于重要地位。无论是单一的经济改革还是涉及政治、社会、文化等各个领域的全面改革，无论是对外开放还是对内开放，都需要通过税制改革，不断优化税制结构和功能，推进税收立法的完善。因此，研究税制改革和相应的税收立法完善的问题，需要在国家现代化、整体改革开放的时空背景下展开，这样才能更好地理解和把握其中涉及的大量具有中国特色的现实问题，才能通过“历史—系统”分析，揭示制度变迁的动力、原因，并探索优化税制或完善税收立法的具体路径。

此外，在国家现代化背景下，研究整体改革开放与税制改革、税收立法之间的关系非常重要，在中国税法学研究中，尤其应当关注“改革与税法的关系”。由于各国的税制不同，其现代税法制度又有别于传统法律制度，且与各国的经济改革直接相关，因而研究“改革与税法的关系”对于深入理解各国的税法理论，强化“比较税法”的研究，会具有特殊意义。

“改革与税法的关系”涉及两个方面：一方面是“改革开放对税制的影响”或者“改革开放对税收立法的影响”，另一方面是“税制改革或税收立法对整体改革开放的影响”。在前述讨论中，集中探讨了第一个方面，对于第二个方面，后续有关税收立法的各类理论和制度实践问题的探讨将分别加以说明。此外，前面对第一个方面的集中讨论，意在揭示中国税制改革和税收立法的宏观背景，强调中国现代化和改革开放的特殊时空对税制改革和税收立法具有特殊影响。而在此基础上，在后面相关章节的讨论中，将更强调有效的税制改革和税收立法对于推进改革开放、实现现代化目标的重要价值，并由此分析改革开放以来的经济增长、社会发展和制度变迁中蕴含的因果关联或动力机制，从而有助于更好地解释以往“可能被忽视的中国问题”。

从国家现代化的视角审视改革开放以及具体的税制改革问题，分析改革开放对税制改革和税收立法的影响，是税法的发生论研究应当重视的重要问题。依循上述路径，尤其有助于分析中国税法的制度变迁和理论发展，理解中国税制改革和税收立法的特殊性。与此同时，国家现代化、改革开放与税制变迁之间的关联，以及由此对经济社会发展的推动，本来就是“发展理论”应研究的重要问题，因此，对上述问题的探讨也会有助于丰富税法学的“发展理论”，推动“发展法学”的研究。

基于现代化的目标，国家需要推进改革开放和相应的税制改革，并在此过程中形成相应的税法制度，这是税法产生和发展的内在逻辑。在税法制度的形成路径中，无论是基于自下而上的改革开放实践而由国家进行的立法确认，还是国家为实现改革开放目标而进行的自上而下的强力立法推动，只要其有助于促进发展，推动现代化目标的实现，并且能够真正体现法律价值，合乎法治精神，体现法治逻辑，就应当从税收法治的维度予以肯定的评价。

在新的历史时期，在中国持续推进现代化的进程中，伴随着全面深化改革的推进，改革开放的“深广度”还在不断提升，由此，税制改革会涉及更广泛的领域，具体的税收立法也会呈现诸多新样态，从而使税收法治不断走向现代化。因此，如果能够从现代化的维度，进一步对“改革与税法的关系”以及相关的“国家与国民的关系”、“税法与宪法的关系”展开扩展研究，则对于更全面地理解税法理论和完善税法制度会大有裨益。

第二节 税制变迁的影响因素

在推进改革开放的过程中，税制改革的持续展开，会直接引发税法制度的变迁。税制改革与税制变迁具有内在的一致性，研究各类税法制度的产生和发展，应当与税制改革结合起来，并关注影响税制改革的相关因素。从历史维度看，税制改革不仅同政治、经济、社会等因素密切关联，更与法律因素须臾不可分割。

在税制改革过程中，需要不断完善税制的价值、结构和功能，这是引发税制变迁的核心问题。在中国大地上的改革开放和建设现代化国家的实践，形成了税制改革的特定“时空”，由此使历次税改呈现连续性与差异性、周期性和建构性等多重特征。只有总结历史经验，揭示既往存在的问题，才能有效推进未来的税制改革和完善税收立法，并由此推动税收法治和国家整体治理体系的现代化。

一、问题与框架

财政是现代国家治理的基础，而税收则是财政的核心支柱，直接关乎国计民生，影响强国富民和稳定发展。基于经济史的视角，熊彼特在其开创的财政社会学领域，曾强调一国历史就是财政史，并将财政制度变迁与政治、经济、社会因素相关联，因为只有“嵌入”上述因素，才能全面透视财政制度，揭示其变迁过程中的价值取舍、结构调整与功能实现。基于系统的维度，财政学的集大成者瓦格纳认为，财政是连接政治、经济和社会三大系统的媒介和重要环节。[①] 另外，无论是政治、经济还是社会系统，都离不开法律的制度支撑，现代国家财政与三大系统的连接无不以法律的形式呈现。

具体到税法领域，税收制度作为财政制度中至为重要的组成部分，与一国政治、经济改革和社会变迁始终密切相关，古今中外历次重大的“变法”“改革”，“革命”“战争”，大多与税法变革密切相关，且普遍涉及税收的公平性、合理性或合法性问题。中国发轫于20世纪70年代末的农村改革，实质亦属税法变革，它回应了广大农民对农业税税后增益的渴望，体现了对农民生存权的保障。[②] 事实上，在整个改革开放历程中，中国一直以不断推进税制改革和相应的税法变革作为深化改革的重要路径，因而税制变迁始终与改革开放的深化同步，其影响历来

---

① 神野直彦．体制改革的政治经济学．王美平，译．北京：社会科学文献出版社，2013：8-13.

② 在改革前，广大农民交完农业税（公粮）后无法解决温饱问题，而在农村改革推开后，通过广泛实行联产承包责任制，农民的税后剩余得到增加，从而极大地激发了农民的生产积极性。这是中国农村改革取得成功的重要原因。

举足轻重，备受瞩目。

在1949年至1979年的三十年间，随着计划经济体制的逐步确立，受苏联“非税论”思想的影响，中国的税法制度日渐式微，一度几乎被挤压为“单一税制”。改革开放以后，中国税制才从整体框架到具体功能，在多种因素的激荡作用下持续剧变，大量税法制度从无到有，日臻完善，其间的演变规律殊值深究。而今，在全面深化改革、盛倡法治的大背景下，中国的税制改革究竟应向何处去？如何完善税收立法，实现税收法治的现代化？这些无疑是亟待回答的重大问题。唯有解析税制演变的历史并归纳提炼其核心问题，才可能发现税制改革及其引发的税制变迁的规律，明晰未来税制变迁的方向、目标与路径，揭示现代税制应然的结构、功能与价值。

需要进一步强调的是，在不同的历史阶段，税制改革不仅有经济和社会因素的推动，亦有重要的政治和法律基础。因此，在瓦格纳等所关注的三大系统的基础上，还应重视法律系统，这四大系统都对税制改革有重要影响。事实上，从法治维度展开分析，思考税制改革和税收立法问题，更有助于在“经社—政法”的分析框架下，形成对四大系统良性互动的融贯理解。

从国家现代化的角度看，中国的税制变迁已到重要阶段，其未来走向关涉税收法治的现代化乃至国家治理的整体现代化。所谓税收法治现代化，是指一国税收法治的理念和体系向各现代税收国家共通的税收法治理念和体系转化的过程。尽管由于诸多因素，各国的具体税制不尽相同，但只要是现代税收国家，就都会在税收法治方面强调公平、效率、秩序等基本价值，并会将其贯穿税收法治体系的各个方面，从而影响税收的立法、执法、司法、守法等各个环节。可见，税收法治体系是“形”，而税收法治理念则是“神”，在税制改革和税制变迁的过程中，只有将现代税收法治理念充分融入，从而做到“形神兼备”，才可能实现税收法治的现代化。

世界各主要国家的税制改革和税制变迁，在总体上都是税收法治现代化的过程。例如，为了实现效率和公平，许多国家在20世纪50年代以后普遍开征增值税[①]，并于20世纪80年代中后期普遍降低所得税税率，扩大税基[②]，从而形成了两次税制改革浪潮。在上述税制变迁过程中，各国普遍遵循税收法定原则，强调秩序价值，不仅由此构建了与现代市场经济相适应的现代税制，也进一步实现了税收法治的现代化。

现代税制是与现代市场经济、现代法治密切关联的。中国特殊的时空背景决定了其税制变迁的基础、路径有别于其他国家。要把握中国税制向何处去，需先了解其历史渊源及尚存问题。因此，不仅要关注税制改革与其相关因素的横向关联，还要在纵向的历史发展中关注其连续性以及不同时期的特殊性，这不仅对税制的完善具有现实意义，而且对财税法或经济法的制度变迁理论的研究尤其具有学术价值。[③]

为此，有必要分析税制改革或税制变迁的历史分期，并揭示每个阶段的政治决策、宪法修改、分配调整与税法变革之间的关联，从而说明影响税制变迁的相关因素以及税制变迁的一般机制；在此基础上，再提出历次税制改革或税制变迁涉及的价值侧重、结构调整和功能调适等核心问题，探寻新阶段的税制改革可以借鉴的历史经验和面临的综合问题，从而为税收法治现代化提供支撑。

对上述问题的探讨意在说明，税制变迁的过程就是税收法治不断走向现代化的过程。在各类关联因素的交互影响下，在税制变迁过程中会不断吸纳现代的法治理念和价值，并形成现代税收国家通行的税制结构，以更好地发挥现代税法的功能，此即税收法治现代化的过程。[④] 基于罗斯托和帕森斯的现代化理论，在关

---

① 自1954年法国首次实行增值税制度以来，世界各国纷纷开征增值税，推进间接税制度改革，以避免重复征税，增进税负公平，提升经济效率。目前已有170多个国家和地区实行增值税制度。

② 为了提高效率，增进公平，以美国1986年的税制改革为先导，德国、法国、瑞典、加拿大、澳大利亚、日本等经济合作与发展组织国家掀起了降低所得税税率、扩大税基、简化税制的改革浪潮。这些国家的税制改革对我国构建现代税制亦具有重要借鉴意义［刘溶沧，夏杰长．税制改革的国际经验及对中国的启示．管理世界，2002（9）：18－27］。

③ 在财税法或整体经济法领域，有关制度变迁理论的研究还相对不足。对于以往制度经济学领域的大量成果（如诺斯有关制度变迁的产权理论、国家理论和意识形态理论等）能否有助于分析中国的税制变迁问题，还缺少深入的研究。

④ 也有学者认为，税收法治现代化是一个发展过程的概念，包括税法意识、税法体系、机构和职能等多个方面的现代化［涂龙力，解爱国．论税收法治现代化．税务研究，2005（4）：53－56］。

注与税制变迁融为一体的税收法治现代化的阶段和过程的同时，还应关注在此过程中税法的价值、结构与功能的变化，这也有助于推进国家整体治理体系的现代化。

二、税制变迁的周期

我国改革开放以来的税制变迁，与市场经济的发展程度紧密相连。经济政策的变化必然意味着税法制度的调整与完善，在这个意义上，自改革开放以来到2014年的税制变迁（对其后的税制变迁将单独讨论），可分为恢复重建税法制度，建立与市场经济体制相适应的税法体系，建立更加规范、完备的税法体系三个阶段。

表1-1　中国税制改革与税制变迁的分期与路向

阶段划分	起讫时间	改制方向	实施路径
第一阶段 “84税改”	1984—1994年	恢复重建税法制度	全面进行工商税制改革
第二阶段 “94税改”	1994—2004年	建立与市场经济体制相适应的税法体系	对税制进行全面调整，体现市场经济对税法统一、税负公平的要求
第三阶段 “04税改”	2004—2014年	建立更加规范、完备的税法体系	局部调整税制，实施“结构性减税”，提升税制的法定性和公平性

上表是对中国税制改革与税制变迁的分期和路向的简要说明。其中，第一阶段的“84税改”对中国经济立法体系乃至整体法律体系的建立，具有特别重要的奠基意义。在改革开放初期为数不多的立法中，税收立法可谓独树一帜，开启经济立法之先河。[①] 但直至1984年国营企业第二步“利改税”，以及多部税收条

① 例如，《个人所得税法》（1980年）和《外国企业所得税法》（1981年），是改革开放后最早制定的税收法律，与《中外合资经营企业法》（1979年）、《中华人民共和国经济合同法》（1981年）一起，开启了经济立法的先河。由于这两部税收法律着重针对外籍个人和外国企业，因而受制于主体和调整领域，它们对国内经济改革和整体税法体系的影响并不大。

例（草案）集中推出，才形成了当代中国税法体系的基本架构。[①] 此次规模空前的税法变革，史称“84税改”，其核心是建立与改革目标相应的税制，以适应从“计划经济”向“有计划的商品经济”的体制转轨。从法律角度看，国家立法机关于1984年作出的“授权立法决定”[②]，使工商税收领域的诸多税收条例（草案）得以推出，原来几乎消失殆尽的税收立法又陆续重现，税法体系亦初见端倪。在这一时期，既有以美国为代表的西方国家的税制改革——里根政府在供给学派的影响下，力图通过减税来激发市场活力[③]，又有中国在改革浪潮中，不断通过税制改革来“放权让利”。在这一时期的税制改革理念上，中美可谓所见略同，颇有异曲同工之妙。

我国宪法于1993年规定国家“实行社会主义市场经济”[④]，并强调“国家加强经济立法，完善宏观调控”[⑤]，大规模的税收立法于1994年被全面推出，由此开启了税法变革的第二阶段。“94税改”作为系统性变革，旨在适应市场经济体制的需要，为增加税收收入和实施税收调控提供法律基础。因此，“统一税法、公平税负、简化税制、合理分权”成为当时税改的重要目标，只是这些目标至今仍未完全实现。

“94税改”后的十年间，税制框架基本稳定，直至2004年增值税转型试点启动，才拉开了“04税改”的帷幕，并表现出新的趋势：一方面，基础性的税

---

① 在税制历史上，1984年9月18日特别值得纪念：这一天国务院批转了财政部报送的《国营企业第二步利改税试行办法》，发布了《中华人民共和国产品税条例（草案）》《中华人民共和国增值税条例（草案）》《中华人民共和国营业税条例（草案）》《中华人民共和国盐税条例（草案）》《中华人民共和国资源税条例（草案）》《中华人民共和国国营企业所得税条例（草案）》等税收条例（草案）（均自当年10月1日起试行），从而建立了复合型的工商税制，形成了今天税制的基本架构。

② 1984年9月18日，《全国人民代表大会常务委员会关于授权国务院改革工商税制发布有关税收条例草案试行的决定》通过（该授权决定已于2009年废止），这是“84税改”的重要基础。此后，1985年4月10日，六届全国人大三次会议又通过了《关于授权国务院在经济体制改革和对外开放方面可以制定暂行的规定或者条例的决定》，这是今天许多税收暂行条例的立法基础，但也构成了进一步落实税收法定原则的障碍。

③ 受供给学派理论的影响，美国以《1986年税收改革法案》（Tax Reform Act of 1986）的实施为标志，进行了大规模的税制改革，并影响到多个国家。尽管其基础、内容、路径等与中国的税改不同，但目标都是要给企业更多的空间，激发市场主体的活力。

④ 《宪法》第15条第1款。

⑤ 《宪法》第15条第2款。

制已大抵具备，大规模的税法剧变不再，但相对和缓、分散的局部调整不止，包括多个税种的废止或合并、诸多税法“试点”、税目调整和税率变更等；另一方面，税法的共通价值、税制的合理性和合法性受到更多关注，税收的法定原则、公平原则被更多强调，从而为2014年以后的税法变革奠定了重要基础。

总之，从1984年到2014年，每十年都发生一次重要的“税改”，形成了税制的周期性变迁。尽管其起讫时间只是依变迁“路向”作出的大略划分①，但无论是总体设计抑或现实发展，其阶段性都较为明显。通过观察上述三个阶段税制变迁的路径和方向，有助于分析和推断未来中国税法变革的“路向”，揭示其中蕴含的内在逻辑和基本规律，并推动税制的系统改进和税收法治的现代化。

在“十年一易”的周期律中，蕴含着税制与政治、经济、社会、法律系统之间的重要关联，因此，有必要基于上述的变迁周期，着重探讨影响税制变迁的外部因素，并进一步分析税制变迁的核心问题，明晰税制完善的方向和路径，展示税收法治现代化的应然图景。

三、影响税制变迁的外部因素

从上述三个阶段的税法变革来看，影响税制变迁的并非单一因素，而是包括了相互关联的多种因素。其中，政治、经济、社会因素作为影响税制变迁的外部因素，历来备受瞩目。

对于经济、社会等因素与税收的紧密关联，税收经济学、税收社会学、公共经济学等领域的大量成果已有充分论证。此外，税收不仅具有突出的经济性和社会性，也具有突出的政治性，因而其与政治因素的关联亦受到重视。② 另外，由

① 三次税改的时间节点较为明显，有助于进行历史分期。当然，有时改革也并非完全截然分开，如1983年启动的国营企业第一步“利改税”作为第二步“利改税”的预备，也可归入整体的“84税改”之中。

② 有的学者认为，“在税收决策中，政治的考虑才是决定性的”；“税收和税收政策是比较政治学十分合适的研究对象”。这些认识都强调了税收与政治的紧密关联（［美］彼得斯．税收政治学：一种比较的视角．郭为桂，黄宁莺，译．南京：江苏人民出版社，2008：3，24）。

于法律与各个系统亦密切相关，且税收领域必须贯彻法定原则，因此，有必要在以上三大因素的基础上，进一步关注税收与法律因素的紧密联系，从而在前述“经社—政法”的框架下，更为系统地把握税制变迁或税法变革与各类因素的关联。

1. “改革决定”与税法变革的关联

在中国税制变迁的不同历史阶段，政治决策对税法变革的影响始终存在。我国历次重要改革启动时所作出的“改革决定”，既是重要的政治决策，也是事关整体税制改革的顶层设计，同时，还与宪法修改、具体的税法变革有近乎一一对应的紧密关联。

下表仍以1984年至2014年的三十年为例，选取其间历次重要的“改革决定”，来说明税法变革与政治决策（“改革决定”）的关联，这既有助于发现经济、社会发展对政治、法制变革的基础性影响，又有助于揭示政治决策与税法变革紧密关联的阶段性特点[①]，从而增进对税制的建构性的进一步理解。

表1-2 税法变革与政治决策（“改革决定”）的关联

历史分期	政治决策（“改革决定”）	税法变革	政法关联
第一阶段	党的十二届三中全会通过的《中共中央关于经济体制改革的决定》（1984年10月）	“84税改”着重建立与“有计划的商品经济体制”相适应的税法制度	税制变革在先，与总体改革设计内在一致，体现了改革初期的特点
第二阶段	党的十四届三中全会通过的《中共中央关于建立社会主义市场经济体制若干问题的决定》（1993年11月）	“94税改”着重建立与“市场经济体制”相适应的税法体系	1993年的“改革决定”为“94税改”奠定了重要基础
第三阶段	党的十六届三中全会通过的《中共中央关于完善社会主义市场经济体制若干问题的决定》（2003年10月）	“04税改”着重完善税制结构，调整和废止多类税法制度，进一步优化税制	2003年的“改革决定”为“04税改”奠定了重要基础

① 有的学者认为，在财政立法领域，人们早已认识到涉及财政的“政治法律”（political Laws）乃是某种不同于“司法法律”（juridical laws）的东西。［英］哈耶克．法律、立法与自由：第1卷．邓正来，张守东，李静冰，译．北京：中国大百科全书出版社，2000：213.

可以看出，每个阶段的税法变革都与历次重要的“三中全会”作出的“改革决定”有关。面对经济社会发展方面的诸多涉税需求，基于提升合法化水平的考量，执政主体必然要在政治决策过程中予以回应，并集中体现于改革方案的整体设计中。因此，政治决策或改革设计会直接影响税法制度的变革，这既体现了政治因素与税制建设的重要关联①，也与国家的政治、经济和社会职能直接相关。

尽管税法变革是对经济社会发展的回应，但这并非自发形成的法律秩序，政府的主动推进不可或缺，从而使税制的政策性更为突出。在税制变迁过程中，国家的直接推动或政府的着力建构，始终是一条不容忽视的主线。事实上，任何政府都谋求长治久安，而通过税法变革解决各类现实问题，从而提升政府的合法性，正是政府主动推进税制变迁的政治动因。在政府不断推动税制变迁的过程中，为了防止合法化危机，必然要越来越多地体现法治精神，从而会推进现代税收法治的发展。

2. 宪法修改与税法变革的关联

“改革决定”不仅影响税法变革，也常常会引发宪法修改。而修宪又会为税改提供宪法依据，从而进一步推动税法变革，这体现了法律系统内部因素之间的互动关系。下面以1982—2004年的三次修宪为例，来说明宪法修改与税法变革的关联。

表1-3　宪法修改与税法变革的关联

历史分期	宪法修改	税法变革	两法关联
第一阶段	1982年修宪（“82修宪”），涉税条款入宪	1983—1984年实施“利改税”以及整体工商税制改革	宪法的涉税条款在一定程度上为“84税改”提供支撑

① 有的学者认为，税收是重要的政治工具，蕴含着重要的政治价值观，因而两者关联非常密切（[美]彼得斯．税收政治学：一种比较的视角．郭为桂，黄宁莺，译．南京：江苏人民出版社，2008：55）。其实，我国税法从不同所有制企业的区别对待到内外企业的平等征税，从重视国库收益到重视人权保障，也体现了政治价值观的变化。

续表

历史分期	宪法修改	税法变革	两法关联
第二阶段	1993 年修宪（“93 修宪”），首次规定实行市场经济，加强经济立法，完善宏观调控	1994 年实施与市场经济相适应的新税制，推出“分税制”	宪法的新规定为“94 税改”提供直接依据
第三阶段	2004 年修宪（“04 修宪”），首次规定保护公私财产权和保障基本人权	2004 年以后的税改更注重减税和纳税人权利保护	宪法的新规定在“04 税改”中得到具体落实

上表表明，“82 修宪”与“84 税改”以及工商税制的系统确立，“93 修宪”与“94 税改”以及整体市场经济税制的确立，“04 修宪”与“04 税改”以及整体税法体系的完善，都存在紧密的关联。不仅如此，宪法修改与税法变革的关联在时间上先后相继，宪法修改都在税法变革之前；同时，宪法修改为税法变革提供了直接或间接的基础和依据，而税法变革其实是在落实宪法的相关条款。两者之间的紧密关联，凸显了法治在税制变迁中的重要价值，以及宪法在税收法治现代化过程中的重要地位。

需要说明的是，我国的“七五宪法”和“七八宪法”对税收问题只字未提，只有“八二宪法”才强调“公民有依据法律纳税的义务”①，这是现行宪法唯一直接涉税的条款，表明中国在改革开放之初，已开始重视对国家与国民税收关系的法律调整，只是该规定仍有较大局限性。如将此处的“公民”扩大解释为各类“对公共物品的提供负有分担义务的国民”②，则税法变革的宪法基础会更为坚实。

此外，每次税改都发生在修宪之后，这并非巧合，而是“暗合”，体现了税法与宪法在变革方向上的紧密关联。③ 如此紧密的关联在其他法律制度变迁方面

① 与此相关，“五四宪法”第 102 条曾规定，“中华人民共和国公民有依照法律纳税的义务”。对于现行宪法第 56 条的规定，学界大都从公民的纳税义务以及税收法定原则的角度展开探讨。从宪法文本看，此处的“公民”当然系通常意义上的。后面的扩大解释是基于我国宪法规定的局限性而作出的理论探讨。

② 在税法上的国家与国民的主体二元结构中，国民包括企业、自然人等各类纳税人，但在现行宪法中并未直接规定企业的纳税义务。我国企业的纳税义务是通过税收法律、法规等来加以规定的。

③ 由于宪法和税法都涉及国民基本权利的保障，两者在方向上自然应保持一致。从英美多国的制度实践看，正是税法问题推动了近现代宪法的产生和发展，这突出体现了税法对宪法的影响；与此同时，宪法对税法的影响则无疑巨大，尤其是税法的制定和实施是否合宪，历来是非常重要的理论和实践问题。

几乎难以找寻。当然，从另一个侧面看，这也只能是宪法和具体税制都处于变革时期的现象，是现代税制尚未建立的体现，在宪法相对稳定或更为成熟的情况下，这种宪法修改与税法变革之间的同步关联不会也不应频繁发生。

3. 分配调整与税法变革的关联

无论是上述的“改革决定”还是宪法修改，都要反映经济和社会发展的重大需求。其中，分配关系或分配结构的调整，分配风险和分配危机的防范和化解，是关涉经济、社会和政治等各领域的重大问题。由于财税是影响分配的重要因素，解决经济、社会领域的分配问题迫切需要税法变革，因而经由财税手段进行的分配调整，必然与经济、政治等各系统密切相关，由此更加凸显“经社—政法”框架内各类因素的紧密联系。

事实上，上述的“改革决定”、宪法修改及税法变革，无不受到分配调整的直接影响。例如，国家与国民的分配、中央与地方的分配、居民之间的收入分配等各类分配调整，均与税法变革直接相关。

表 1-4　分配调整与税法变革的关联

历史分期	分配调整	税法变革	两者关联
第一阶段	国家与国民的分配调整	以改革开放后税法基本制度的恢复和重建为主轴	国家、企业、个人的分配调整是“84 税改”的重要动因
第二阶段	国家与国民、中央与地方的分配调整	以市场经济和“分税制”为取向的整体税法体系调整	解决“两个比重”过低的分配失衡问题是“94 税改”的重要动因
第三阶段	多类主体的多层次分配调整	以“结构性减税”为主线的税法体系调整	解决更为复杂的多重分配问题是“04 税改”的重要动因

表 1-4 说明，历次税法变革都贯穿了分配调整的主线。事实上，各类经济问题和社会问题都集中体现于分配调整方面，解决各类主体的利益分配问题始终

是历次税法变革和税制变迁的重要动因。[①]

随着分配调整关系日益复杂，税法变革所需考虑的因素也日趋繁多。例如，在改革之初，急需解决的主要是国家与国民之间，特别是国家与国营企业之间的分配调整问题，因此，最先启动国营企业“利改税”（由向国家上缴利润改为上交税款），直接带动了“84 税改”，而其他主体则很少涉及税收问题。[②] 随着经济社会的发展，企业类型或市场主体日益多元化，非国营的内资企业、涉外企业、个体户等不断涌现，居民个人也拥有了更多的收入和财富，国家与广义上的国民（包括企业和自然人等）之间的分配日显重要；同时，随着各级政府日益成为促进经济发展的重要力量，中央与地方之间的利益分配问题随之凸显，从而推动了“94 税改”的启动。进入 21 世纪后，基于市场经济和经济全球化的发展，国家之间、国家不同层级的政权之间、国家与税法上的居民、非居民之间，以及市场主体相互之间的各类分配日益复杂，多类主体的多层次分配问题亟待解决，从而又推动了“04 税改”的开启。由于在不同的发展阶段，都存在亟待解决的经济分配和社会分配问题，这些问题涉及个体营利性与社会公益性之间的矛盾，以及效率与公平、局部与全局、个体与整体等诸多方面的选择和平衡，如果不能有效解决，就可能导致经济、社会的失衡乃至危机，因此，分配压力或分配问题历来是税法变革的重要经济根源和社会根源。[③]

上述每个阶段的税改，既要考虑前一阶段突出的分配问题，又要关注新阶段分配的主要矛盾，这些问题和矛盾都要在税改中不断解决，它们既是推动税法变革的重要动力，又使历次税改具有一定的“连续性”[④]。循此线索，更有助于动态地、整体地把握税制变迁以及税收法治现代化的进程。

---

① 张守文．贯通中国经济法学发展的经脉：以分配为视角．政法论坛，2009（6）：122－135.

② 在“84 税改”前，国营企业只缴纳工商税，集体企业只缴纳工商税和工商所得税，仅个人和极少数单位缴纳城市房地产税、车船使用牌照税、屠宰税，工商统一税仅对外适用。因此，许多主体都很少涉及税收问题。

③ 何帆．为市场经济立宪：当代中国的财政问题．北京：今日中国出版社，1998：34－39.

④ 连续性是在各类制度变迁中都需要关注的问题，参见［美］坎贝尔．制度变迁与全球化．姚伟，译．上海：上海人民出版社，2010：2。

四、税制变迁中的关联机制探究

前面分别探讨了“改革决定”、宪法修改、分配调整与税法变革之间的关联，体现了多元的系统要素对税制变迁的影响。其中，分配调整作为经济和社会层面的现实需要，体现为政治层面的利益分配，以及宪法层面的权利和权力分配，并具体落实于税法变革以及其他法律变革之中。因此，分配调整会影响政治决策和宪法修改，以及税权和税收利益的重新分配。基于上述各类因素对税法变革的影响，归纳、提炼税制变迁的关联机制，有助于研究税法乃至其他法律领域的变革。

从中国税制的发展历程看，由于改革初期各方面经验积累不足，在税收立法方面亦缺乏总体设计，因而对外开放急需的旨在保障国家主权的涉外税制最先推出，不仅先于“84 税改”，也先于 1984 年的整体“改革决定”。在国家整体税改的第一阶段，“84 税改”的启动虽然略早于当年的“改革决定”，但其内在一致性非常突出①，同时，“84 税改”推出后的税制建设，一直体现着“改革决定”以及“八二宪法”有关公民纳税义务的要求。② 但随着改革的深入，从第二阶段开始，作为整体政治决策的“改革决定”，从形式上到实质上都“整体先行”，形成了先作“改革决定”，后修改宪法，继而变革税制的先后相继的实然过程。在此过程中，政治决策影响宪法修改，并进而影响税法的变革。而无论是政治层面上的“改革决定”，还是法律层面上的宪法修改和税法变革，都要体现经济与社会发展的要求。因此，更深层次的关联机制，是经济和社会系统先影响政治系

① 如前所述，“84 税改”的相关规范性文件于 1984 年 9 月 18 日通过，自当年 10 月 1 日起实施，而 1984 年的“改革决定”则于当年的 10 月 20 日通过，前后相距时间很短。同时，在此次“改革决定”中，强调通过进一步完善税收制度，综合运用税收等经济杠杆，普遍推行“利改税”等措施。这些与“84 税改”的精神和制度建设都是内在一致的。

② 在“84 税改”的持续推进过程中，个人所得税制度也在不断完善，在 1986 年还推出了《城乡个体工商户所得税暂行条例》和《个人收入调节税暂行条例》，这些都是对“八二宪法”有关公民纳税义务规定的具体落实。

统，并进而影响法律系统中的具体税法变革。可见，在“经社—政法”框架下，更有助于厘清相关因素与税法变革的关联，从而揭示税制变迁的相关机制和内在动因。

此外，在各类关联因素构成的关联机制中，法律或法治因素日益重要。因为在现代法治国家，税法变革必须遵循严格的税收法定原则，必须充分体现法治精神，从而使法律或法治的因素贯穿税制变迁的全过程。可以说，税制变迁的过程，就是税收法治不断走向现代化的过程。对此，可以透过历次税法变革所要解决的核心问题，作出进一步的审视和阐释。

五、小　结

税制改革及其引发的税制变迁，贯穿我国改革开放的全过程，是推进国家治理现代化的重要路径和制度体现。研究税制改革及其引发的税制变迁问题，不仅有助于弥补税法学理论研究的缺失，而且对制度变迁理论的拓展有重要价值。从方法论的角度看，税制变迁既然涉及“税”，就必然与政治、经济、社会等诸多因素存在紧密关联，并由此可以从多个学科的视角对其展开分析；同时，由于税制变迁的核心毕竟是“制”的变迁，因而与法律因素的关联更为紧密。事实上，无论基于前述“经社—政法”框架的维度，抑或基于税制变迁核心问题的维度，都不难发现：法律因素始终是与税制变迁不可分割的核心要素，中国税制变迁的过程同时也是不断提升法治水平、实现税收法治现代化的过程。因此，必须在前人研究的基础上，更强调法律系统或法律因素对税制变迁的重要影响，并在税制变迁过程中关注税收法治的现代化进程。

税制改革或税制变迁虽然受到多方面关联因素的影响，并会形成重要的内在关联机制，但税制改革并非仅被动地受制于上述因素，它在推进经济增长、社会发展和政治清明等方面恰恰能够发挥重要作用，从而实现其在促进经济效率、社会公平、政治安定等方面的重要功能。而上述作用的发挥和功能的实现，都与法治的保障须臾不可分割。只有不断提升税收法治水平，才能更好地实现税制的各类重要功能。

税法问题极其复杂，税制改革及其引发的税制变迁千头万绪，牵涉甚广。中国改革开放以来形成的特定“时空”、税法变革的特殊周期、相关因素的特别影响，构成了中国税制变迁的独特历史画卷。“横看成岭侧成峰”，对这一独特历史画卷的纵横审视，有助于发现其中存在的突出问题和共性经验，从而见微知著、鉴往知来，在推进具体税法制度发展的同时，全面提升中国税制的系统化，推进税收法治化的现代化。

第三节　税制改革的核心问题

前述“改革决定”、分配调整等是影响税法变革的外部因素。受其影响，不同阶段的税制改革在目标与路径、结构与功能、价值与原则方面各不相同，而这些恰恰是各阶段税制改革必须解决的核心问题，且都与法律因素密切相关。它们作为影响税改的内部因素，与上述外部因素相呼应，共同构成了分析税制变迁与税收法治现代化问题的重要维度。

一、税改目标与路径变迁的法律观察

在上述税制变迁的第一阶段，财政意义上的国家形态开始从“自产国家”向“税收国家”转变。[①] 通过“利改税”，税收逐渐成为国家财政收入的主要来源。“利改税”的成功以及相应的国内所得税、商品税和财产税制度的创设，是“84税改”的重要成就。这不仅推动了税收国家的建立，还通过明晰国家与企业的分配关系，使企业逐渐成为可以独立竞争、自主发展的经济主体，从而进一步培育了市场主体，为其后实行市场经济体制奠定了重要基础；同时，也优化了国家与

① 马骏．中国公共预算改革：理性化与民主化．北京：中央编译出版社，2005：33－43.

国民的关系，形成了分配领域较为清晰的公私二元结构，构筑了现代国家应有的基本框架，加强了宪法层面的所有权或财产权保护。

“84税改”的直接目标，是建立与“有计划的商品经济体制”相适应的“工商税制”，这是构建完整税法体系的核心组件和重要基础。经由此次税改，税法开始成为影响其他法律调整的重要变量，在宪法以及经济法、民法、行政法等部门法的法学研究和制度构建中亦深受重视。

基于体制基础的变易，“94税改”的重要目标是构建与市场经济体制相适应的“完整税制”，从而提升国家税收收入占GDP的比重和宏观调控能力①，建立真正的“税收国家”②。相应地，税法变革不仅要继续关注国家与国民分配关系的优化，还要重视中央与地方分配关系的调整。于是，建立与市场经济相匹配的税制，以调整国家与市场主体之间的分配关系，同时，解决不同层级政府之间的分权和分配关系，并将“分税制”与整体税改综合并施，便成为“94税改”的重要任务。由于此次税改涉及国家与国民、中央与地方的分配关系，因而其制度建构具有更为突出的“经济宪法”意义。③

“94税改”虽然实现了国家总体税收收入和中央本级收入的高速增长，有效解决了当时突出存在的“两个比重”过低问题，但带来了新的“两个占比”下降问题：居民收入的占比下降，导致民生压力加大；地方税收的占比下降，导致“土地财政”、地方债务问题突出，从而引发了经济、社会、政治层面的诸多问题。因此，如何构建公平合理的税制，使其在形式上和实质上更具有合理性和合法性，是第三阶段的“04税改”要解决的核心问题。

面对经济和社会发展中存在的诸多问题，“04税改”的重要目标是降低国民

---

① 在“94税改”目标中明确提出增加收入和宏观调控，表明对国家汲取财政收入和宏观调控能力的关注，而这两大能力在当时更受学界重视，参见王绍光，胡鞍钢．中国国家能力报告．沈阳：辽宁人民出版社，1993：6-13。

② 真正的税收国家（Steuerstaat），应当是国家通过从私人经济部门获取财政收入，来提供公共物品，因而，实行市场经济与税收国家的要求是一致的。

③ 在经济宪法领域，规范国家与国民的收入分配，以及中央与地方的收入分配，是非常重要的内容。由于税制直接关乎国民的基本权利，是宪法在税收领域的具体化，因而必须关注其合法性与合宪性问题。

负担，提升税制的合理性和合法性。为此，国家实行了一系列完善税制的措施，包括税种的废止与合并、课税要素的调整等。其中，农业税的废止、企业所得税的合并和税率的调低、个人所得税扣除额的提高，以及“营改增”的试点等，都广受瞩目。上述税改的具体措施，使税制结构更为合理，并在客观上推动了“结构性减税”。税法的基本价值和税收法治水平也由此得到了进一步的体现和提升。可见，随着税改在不同阶段的不断深入，法治精神得到了越来越多的体现，税收法治现代化的程度亦不断提高。

上述不同阶段税改目标的实现，都离不开相应的微观路径和宏观路径。其中，每次税改所实施的具体制度调整，即为微观路径；而历次税改所遵循的整体改革思路，则为宏观路径。宏观路径与税改目标具有内在一致性，即使微观路径对税改目标的实现非常重要，其也不能偏离宏观路径。例如，在我国改革之初，“放权让利”既是改革的整体思路，也是“84 税改”应当遵循的宏观路径。通过“利改税”以及工商税制的逐步建立，国家在“放权让利”过程中不仅扩大了国企的经营自主权，还使各类企业获得了更多的利益激励，并使其逐渐成为自主、自立的市场主体。① 但与此同时，这也引发了财政收入“两个比重”下降带来的中央调控乏力的问题，于是，国家适度“集权争利”便成了“94 税改”的整体思路。经由“94 税改”，财政收入的“两个比重”提升迅速，但市场主体税负偏重，地方财政压力偏大，国家与国民、中央与地方的分配关系紧张，于是“适度让利”又成了“04 税改”的整体思路，全球性经济危机的爆发，更使“结构性减税”成为“04 税改”的主线。②

可见，每次税改都是对前次改革存在问题的“修正”或“矫枉”③。从第一

① “放权让利”作为总体的指导思想，应当在税改中被遵循。国家税收收入在 GDP 中的占比从 20 世纪 80 年代初的高值，降到 1993 年的低值，体现了国家的“让利”实效。但这并不代表在每个法领域都很好地体现了上述指导思想。

② 张守文．“结构性减税”中的减税权问题．中国法学，2013（5）：52－64.

③ 在税制变迁过程中，每次税改都是对上一次改革存在问题的修正。例如，仅从收入分配的角度看，“84 税改”是对过去企业上缴利润过多、分配压力过大的税收调整，“94 税改”是对此前国家让利过多的一种调整，而“04 税改”则是对国家收入占比过高、市场主体压力过大的进一步调整。

阶段的“放权让利”，到第二阶段的“集权争利”，再到第三阶段的“适度让利”，每次宏观路径上的“权”与“利”的调整，都涉及法律的变革，既构成了螺旋式循环，又体现了改革的复杂性和持久性。上述宏观路径的变易也说明：从系统思维的角度出发，税改不应仅涉及税制，还须与财政体制改革相配合，与总体改革思路相协调，这样才能处理好宏观层面的分配问题，如“84 税改”与“财政包干制”的财政体制，“94 税改”与“分税制”的财政体制等，都有密切关联。但“04 税改”未与财政体制改革有效关联，因而也未能解决“分税制”的突出问题，甚至影响了中央与地方分配关系的法律调整。

此外，为了明晰税改的目标和路径，历次税改都有整体方案或局部方案，其中，“84 税改”和“94 税改”的整体性更为突出，因而更受关注，“04 税改”则因缺乏改革的系统性而易被忽略。但上述历次税改，无论是大规模地集中呈现，还是小范围地局部渐进，都离不开国家立法的强力推动，因而至少在形式上具有建构性。随着依法治国基本方略的推进，国家在现代税制建构过程中不断融入法治因素，税收法治现代化水平在总体上亦不断提升。

二、税制结构与功能变迁的立法审视

历次税改不仅在目标与路径上有别，税制结构和功能亦有相当变化。由于只有改变税制的结构和功能，才能实现税改的目标，因此，通过税收立法来调整税制结构，从而改变税制的功能，才是实现税改目标的重要路径和必然要求。

税制结构的变化，主要体现为税收体制以及征纳制度的变革，尤其直观地体现为税种结构和要素结构的变化。对此可以从税收立法的视角加以审视，例如：“84 税改”以新开征多个税种为突出特点，确立了商品税、所得税和财产税领域的重要税种制度，改变了过去较为单一的税制结构，形成了与当时商品经济相适应的全新复合税制结构；“94 税改”进一步完善和合并了一系列税种制度，以满足市场经济发展的要求；“04 税改”则废止和归并了相关税种，使税法体系更为合理。

表 1-5 工商税制重要税种演变①

税改阶段	税种调整目标	商品税②	所得税③	财产税④
“84 税改”	开征新税种，建立新税制	开征产品税、营业税、增值税	开征国营/集体/私营企业的所得税，以及个体工商户所得税/个人收入调节税	开征房产税、城镇土地使用税、耕地占用税、车船使用税、印花税
“94 税改”	统一税法，简化税制	改造增值税、营业税，开征消费税	统一内资企业所得税和个人所得税，保留涉外企业所得税	开征资源税、土地增值税和契税，保留房产税/城市房地产税、车船使用税/车船使用牌照税、城镇土地使用税/耕地占用税、印花税
“04 税改”	合理调整，完善税制	调整增值税、营业税、消费税的征收范围和税率，实施“营改增”	统一企业所得税，调整个人所得税税基和税率	统一房产税、车船税，保留资源税、契税、印花税

上表体现的工商税制重要税种演变，可以更直观地反映税制结构的变迁，因为各类税种的开征与停征、废止与合并，都会改变税制结构，并进而影响其功能。此外，各类税种的课税要素结构，包括主体结构、税目结构、税率结构等，对整体税制的收入分配、宏观调控等功能有直接影响。从总体上说，作为税改的具体路径，税种的开、停、并、废对税制结构影响更大，而开征期间的课税要素

---

① 由于历次税改主要侧重于工商税制改革，故在此不涉及海关征收的关税和船舶吨税，也不包括已经废止的农业税、牧业税、筵席税、屠宰税、固定资产投资方向调节税等税种，同时，不列举在工商税收中影响相对较小的正在开征的烟叶税、车辆购置税、城市维护建设税等。此外，在税制变迁中被统一或可能被统一的联系紧密的税种之间专门加注了“/”。

② 商品税的主要税种总体稳定，就税收收入和影响而言，在“84 税改”中产品税最重要，在“94 税改”中增值税最重要，在“04 税改”中商品税的三大税种都在完善。

③ 在税制结构变迁方面，所得税的主要税种由繁到简、日益清晰。“84 税改”时期所得税制是按所有制、涉外因素等标准建立的，非常繁杂，因而“94 税改”将“统一税法，简化税制”作为重点，到“04 税改”阶段，所得税的调整已经到位，形成了企业所得税和个人所得税的“二元结构”。

④ 在“84 税改”“94 税改”阶段，大量开征财产税税种，形成了内外有别的二元税制；在“04 税改”阶段则大量统一财产税，解决二元税制问题，为下一步构建地方税体系做准备。

结构调整则对税制功能的影响更为直接。

依据结构功能主义理论，特定的税制结构会产生特定的功能。例如，在分配收入功能（以下简称收入功能）方面，商品税在我国税制结构中居于主体地位，自“94 税改”以来，其在税收总收入中的占比一直在 60%以上，汲取财政收入的功能突出。对于商品税收入占比过高的问题，学界早已提出要调整直接税与间接税比例，国家也强调要提高直接税的比重。[①] 在调控功能方面，每次税改进行的税种及其课税要素结构的调整，使各个人所得税种都可能成为调控工具。例如，房产税、营业税、土地增值税对房地产市场调控，证券交易印花税对股市调控，所得税、增值税对经济结构调整等，都发挥过重要作用。

从功能变迁的角度看，在税制变迁过程中，上述功能会随立法重心的变化而有所改变，例如：在“84 税改”阶段，由于计划经济因素尚有较多残存，因而税制的宏观调控功能尚未充分体现；但在“94 税改”后，随着市场经济体制的确立，税收宏观调控功能已成为国家的重要经济职能，在具体税制设计方面对宏观调控的考虑也越来越多，各类税种的课税要素结构调整作为重要的调控工具亦被广泛运用。[②] 可见，税制结构中的税种及其要素结构的立法调整，直接带来了税制功能的变迁。而上述税制结构和功能的变化，正是现代税制发展的重要表征，是税收法治不断走向现代化的重要体现。

三、价值考量与基本原则的法律体现

与上述税改的目标与路径、结构与功能等相关联，历次税制改革的价值考量虽各有侧重，但主要涉及对秩序、效率、公平等制度价值的取舍，且有充分的法律体现。从定分止争、规则先行的角度看，税制改革必须强调法定和秩序；从合理性与合法性的角度看，税制改革必须强调效率与公平，以保障制度的可持续。

---

① 杨志勇．税制结构：现状分析与优化路径选择．税务研究，2014（6）：10－14.

② 例如：在“94 税改”过程中，增值税制度没有直接选取“消费型”，其中就有对固定资产投资过热的调控考虑；在消费税、营业税、所得税等领域的课税要素设计，都有对产业调控的考虑。

而对上述各类价值的强调，则构成了税法三大基本原则的重要内容，同时，也是现代税收法治的基本要求。当代世界各国，无论具体税制有多大差异，但在其税收法治现代化的过程中，对上述基本价值或基本原则的强调却是一致的。

良好的税制应有助于保障收入分配和宏观调控的公平与效率，历次税改对上述价值都有法律体现，例如："84 税改"的重要目标是理清国家与企业的分配关系，确保国家获取稳定的税收收入，因而税制设计既要从经济效率的角度促进企业发展，又要从行政效率的角度保障国家财政收入；"94 税改"的重要目标是增加国家（特别是中央本级）的税收收入，因而税制设计既要有助于增进经济效率以保障税源丰沛，又要有助于提高征管效率以保障财政汲取。可见，上述两次税改都特别强调效率价值，这与当时国家在改革中普遍强调的"效率优先兼顾公平"的思路较为一致。

但是，税制改革不能仅强调获取收入，或过于偏重效率价值。良好的税制要实现"良法之治"，还应该体现公平价值，实现分配正义，这直接关乎公平竞争以及税制自身的合法性和可持续性。因此，从"94 税改"开始，已明确提出要"公平税负"，对公平价值的侧重由此亦逐渐凸显。此后，"04 税改"综合继承了以往两次税改的价值追求，强调通过优化税制，适度减税，既提升经济效率，又促进税负公平，同时，此次税改还力图完成"94 税改"确定的"统一税法、简化税制"的目标，将税收法定原则的要求和对秩序价值的追求也融入税改之中。可见，随着税改的逐渐深入，相关的价值追求从"84 税改"相对更侧重效率，转向"94 税改"同时侧重效率和公平，而"04 税改"则强调多元价值的综合，即将效率、公平和秩序的价值融入整体税改和具体立法之中。尽管"04 税改"是基于"94 税改"的基本框架而进行的税制优化，其分散展开的制度变革在外观上缺乏系统性①，但因其旨在解决重复征税、国民待遇、税负不公等问题，因而更全面地体现了公平、效率和秩序的价值，也更加符合税法原理和税法原则的

① 党的十六届三中全会的"改革决定"提出了"简税制、宽税基、低税率、严征管"的税改思想，但没有形成总体的税改方案。在"04 税改"过程中，相关税种的合并和废止、税率和税基的调整，也体现了上述的税改思想。

要求，是我国税收法治走向现代化的重要阶段。下面以"04 税改"所欲解决的上述问题为例，对其价值考量的侧重及其法律体现略作说明：

在防止重复征税方面[①]，"04 税改"注重加强税种内部及税种之间的制度协调，在税法设计上关注更隐蔽、更普遍的"税制性重复征税"，以体现效率与公平价值。例如，增值税在理论上是典型的"中性"税种，但实践中仍然存在重复征税问题。我国在 2004 年启动增值税转型改革试点，并于 2009 年完成增值税从"生产型"向"消费型"的转变，就是试图解决税种内部税基设计导致的重复征税问题。而此后国家推动的"营改增"试点，则是力图解决不同税种的制度设计导致的重复征税问题。上述解决重复征税的各类制度变革，都有助于公平税负、提升效率，从而更好地体现公平与效率等价值。

在保障国民待遇方面，对纳税主体能否适用统一的税法制度，确保基本的国民待遇，事关纳税主体之间的税负公平。为此，早在"94 税改"阶段，国家就着力统一"内外有别"的商品税，但直至"04 税改"阶段，才基于 WTO 有关国民待遇的要求，解决了企业所得税和财产税领域的国民待遇问题。[②] 直接税制度的"内外统一"，对实现国民待遇、促进公平竞争尤为重要。而公平竞争又有助于进一步提升效率和确保秩序。此外，通过废止农业税及相关税种，实现城乡税制的统一，从而整体税制更趋合理，也是"04 税改"的重要成果。而上述的税法变革不仅直接体现了公平价值，也与效率和秩序的价值考量密切相关。

在促进税负公平方面，由于税负公平与公平价值直接相关，是税制合法性或正当性的重要基础，因而历次税改都要考虑如何促进税负公平。其实，上述的防止重复征税、保障国民待遇或统一相关税制等，都有助于促进税负公平。在"04 税改"阶段，对个人所得税工薪所得扣除额的多次调整、房产税和资源税领域的

---

① 重复征税加重市场主体负担，推动物价上涨，导致财政收入超经济增长，因此，"04 税改"期间推出"营改增"以及其他制度改革，解决重复征税问题，具有多方面的重要意义。

② 依据 1993 年 12 月 29 日通过的《全国人民代表大会常务委员会关于外商投资企业和外国企业适用增值税、消费税、营业税等税收暂行条例的决定》，我国在商品税领域里率先实现了内外统一。2008 年实施的《企业所得税法》，则实现了内外企业在税收方面的国民待遇，使各类企业在统一的名义税率和税负下展开竞争。此外，到 2009 年，在房产税、车船税等财产税领域，也都实现了内外有别的税制的统一。

改革试点等，都体现了对公平价值的追求。①

在落实税收法定原则方面，上述旨在促进税负公平的各类制度变革，都应严格遵循税收法定原则，实行“法律保留”。因此，将以往税改过程中形成的大量“税收暂行条例”尽快上升为法律，作为实现税收法治的基本要求，已成各界基本共识。在“04 税改”阶段，既有较好体现税收法定原则的《企业所得税法》《车船税法》，也有因偏离该原则而引发诸多争议的房产税改革等。吸取上述历史教训，下一阶段的“税改”必须将落实税收法定原则置于首位。

上述四个方面体现了“04 税改”的价值考量的非单一性，以及未来税制变迁在价值取舍方面的趋势；同时，价值的多元化亦与税法的基本原则直接关联，例如：上述防止重复征税、避免内外有别、确保税负公平的税制变革，不仅有助于实现负担公平、竞争公平，也有助于增进效率，是税收公平原则和税收效率原则的直接体现；而“制度”变革，则需遵循税收法定原则，依法确定国家与国民的分配秩序。可见，税收公平原则和税收效率原则必须以税收法定原则为基础；同时，公平原则的贯彻，有助于实现效率和更高层次的秩序。上述经由历次税法变革所形成的共性原则，在未来的税改中均须被遵循，这是建立现代税制的重要前提。

总之，历次税制改革的目标与路径、结构与功能、价值与原则的调整或延续，都是税制改革与税制变迁的核心问题。随着上述方面所蕴含的法治因素的不断累积，现代税制共通的结构和功能、价值与原则亦逐步确立，从而使税收法治现代化的水平不断提升，并为未来的税制进步奠定重要基础。

四、“14 税改”的连续性、特殊性及法治要求

（一）“14 税改”：历史的连续与承继

前面探讨了中国税制的变迁周期和关联因素，分析了不同阶段“税改”的目

① 在“04 税改”期间，国家多次修改《个人所得税法》，提高工薪所得的扣除额，并调整税率结构；同时，在上海、重庆两地对个人自住房屋进行征收房产税的改革试点，在资源税领域进行从量计征到从价计征的改革试点。上述各类制度变革尽管可能有多重目标，但体现公平价值至少是其目标之一。

标与路径、结构与功能、价值与原则等核心问题及其与法律因素的关联，从中不难发现：税制总是会变得不完善的，因而每过一定时期就要对其进行改革；每次“税改”既会遗留问题，又蕴含了共通的经验，特别是有助于制度进一步完善的经验。若能总结既往，以为新阶段的税改提供借鉴，则无疑大有裨益。

从变迁周期看，2014 年被称为中国全面深化改革元年，财税改革被置于突出位置，由此使税制变迁进入到第四阶段——“14 税改”时期。从关联因素看，直接影响税改的政治因素，仍是作为国家政治决策的“改革决定”[①]。2013 年的“改革决定”将财税体制改革的内容独立于经济体制改革，以体现其在整体改革中的重要地位，同时，在各类体制改革中都强调财税的保障作用，以体现其支柱功能。此外，无论是在推进市场化、加强宏观调控等经济体制改革方面，还是在支持社会保障、促进社会公平分配等方面，财税体制改革都负有重要使命。正是基于财税改革与各类相关因素的交互影响及其重要地位，国家率先推出了《深化财税体制改革总体方案》，以作为“14 税改”的直接基础。依据该方案，需将财政改革和税制改革结合起来，以解决“94 税改”时即已凸显但至今仍未有效解决的央地关系问题，从而对以往“税改”的缺失作出进一步完善。

如前所述，历次重要“改革决定”都曾影响修宪。2013 年的“改革决定”虽未能直接引发修宪，但它强调的“落实税收法定原则”早已成为学界共识，且在“04 修宪”时亦曾被关注。作为税法的基石性原则，税收法定原则无论以后能否直接“入宪”，其真正被遵从才最重要。此外，前面还曾探讨分配调整对历次税改的影响，由于当前社会分配问题以及中央与地方的财政分配问题非常突出，各类分配压力巨大[②]，因而解决分配问题同样是“14 税改”的重要动因。

可见，从各类关联因素与“税改”之间的交互影响看，前面提出的“经社—

① 中共中央关于全面深化改革若干重大问题的决定．北京：人民出版社，2013.

② 国家的财政压力与国民的民生压力并存，由此形成的“双重压力”比经济下行的压力等更值得重视，而且需要通过财税法、金融法等经济法途径加以解决［张守文．缓释“双重压力”的经济法路径．北京大学学报（哲学社会科学版），2012（5）：107－114］。

政法”框架仍适用于对“14 税改”问题的分析。在具体推进“14 税改”的过程中，不应忽视各类相关因素的影响，这也是从治理体系角度完善税制的需要。此外，关于历次“税改”所涉及的核心问题，“14 税改”同样需要面对，有些悬而未决的问题仍需着力解决，由此也可进一步发现“14 税改”与以往税改之间的连续性。

例如，在目标与路径方面，结合国家整体治理体系的现代化，“14 税改”应侧重于全面完善税法体系，基于对市场经济、税法原理、法治实践的较为充分的认识，继续提升税收法治体系的系统性和完整性；要立足现实，加强顶层设计，构建合理的税法体系，通过进一步“完善立法，改革税制”以及“落实税收法定原则”，来构建更为科学、合理的现代税收制度，这是推进税收法治现代化的重要步骤。其中，税制的顶层设计和税收法定原则的落实非常重要，但必须解决“闭门设计”和“关门立法”的问题。因此，应建立纳税人深度参与的常态机制，广泛听取纳税人的意见，真正了解和解决税收征纳方面存在的问题，从而更好地提升整体税制和具体税收立法的合理性和合法性，切实保障纳税人的合法权益。

在结构与功能方面，税收法定原则的落实会直接影响税制的结构变化。其中，就法律渊源结构而言，授权立法时期形成的大量“税收暂行条例”已逐步被上升为法律。此外，从“税种法”结构来看，有些“税种法”获得新生，如国家制定了首部《环境保护税法》；有些“税种法”得到扩展，如资源税法的调整范围被扩大；有些“税种法”被消灭，如通过“营改增”，营业税制度已不复存在。上述调整都使税制结构发生重要变化，并促进税法体系的完善，同时，税法保障收入分配和宏观调控的功能被进一步强化，这对税收法治的现代化具有重要意义。

在价值与原则方面，以往“税改”渐次确立的基本价值和基本原则，在“14 税改”中被集中体现。事实上，“14 税改”仍继续了既往税改未竟的事业，如“04 税改”尚未完成的“宽税基、低税率”和“结构性减税”的改制目标，“94 税改”即已提出但至今仍未完成的“公平税负、简化税制、合理分权”的任务等，都需要“14 税改”持续落实。税制的完善永无止境，总是需要不断体现公平、效率、秩序的价值，实现分配正义；同时，与上述价值相关联，税收法定原则、税收公平原则和税收效率原则应更加坚定地被恪守。这不仅是“改革决定”或“改革方案”的要求，更是确保税制合理性与合法性，提升税收法治现代化水平的要求。

(二)“14 税改”不同于既往的特殊性

在关注“14 税改”与以往“税改”连续性的同时，也应看到，“14 税改”是在推进现代国家治理体系建设、全面依法治国的背景下展开的，因而有许多不同于既往的特殊性或称差异性。

首先，基于财政被视为“国家治理的基础和重要支柱”的认识，税收已成为国家治理基础的基础，因此，“14 税改”要与国家整体治理体系的完善和治理能力的提升相关联，与国家的政治、社会等多重体制改革相结合，从而有别于以往单纯配合经济体制改革而进行的税制变革。因此，应更重视前述财政社会学强调的财政与政治、经济、社会等多元系统的紧密关联，并在此基础上构建现代税收法治体系。

其次，基于财税改革凸显的独特重要地位，税制改革不能单兵突进，而应与财政改革相配套，进而还要与政治、经济、社会诸多领域的改革相衔接。由于“14 税改”同中央与地方、政府与市场的关系调整，与社会分配与保障制度的完善等直接挂钩，因此，其对税法体系的结构与功能、税法变革的方向与路径，以及相应的法治保障方面，都提出了新的要求。

最后，国家高度重视治理体系的现代化，法治已被提升到前所未有的高度，税制改革与法治建设的联系更为紧密，全面推进税收法治现代化更为迫切。尽管以往的“税改”也不同程度地强调“整章建制”，但离税收法定原则的要求还相差甚远。而“14 税改”以整体税制完善、实现税收法治为核心目标，对其正当性或合法性的要求比以往更高。毕竟，税制变革直接关乎分配正义，对实现税收法治至关重要。

上述特殊性表明，“14 税改”既要面对以往税改遗留的问题，又要解决新时期诸多更为复杂的问题，因而需要有总体设计和有效推动，不能仅靠自然演进，这样才能更好地解决税改的系统性、完整性、协调性问题，构建现代税收法治体系。2014年6月30日，中共中央政治局审议通过了《深化财税体制改革总体方案》，强调财税改革的目标是建立“统一完整、法治规范、公开透明、运行高效”的“现代财政制度”，在经济、社会和政治层面，该制度应有利于市场统一和资源配置优化，促进社会公平，实现国家长治久安。[①]“统一完整、法治规范”作为“14税改”的重要目标，体现了对统一的税收法治体系的需要，特别值得强调。首先，税法的“统一”是税制优化的体现，在以往税改不断“统一税法”的基础上，“14税改”还要通过税种的废止和合并，实现增值税法的统一。此外，应避免实施大量影响税制统一的立法“试点”，解决对市场主体的统一适用的问题。其次，税制的“完整”是指税法体系应全面覆盖，相关税种及相应制度应有尽有。例如，环境保护税的开征，消费税和资源税的税目调整，都体现了对税制完整性的追求。其实，统一完整，既是对税制的法治化、规范化的要求，也是税收法治现代化的基本体现。如果一国税制不统一、不完整，税收领域就会存在不平等、不公平，就难以形成税收领域的“良法之治”。对此还需从法治维度专门探讨。

（三）对“14税改”的法治要求

历次税改都有助于税制的完善，并在总体上不断推进税收法治。由于税收涉及各类主体的基本权利，税法的安定性和可预见性是税收法治的基本要求，因此，历次“税改”都要解决税收立法级次、稳定性、透明度等问题。基于税制存在的突出问题，基于对国情和税收法治的认识，真正落实税收法定原则，构建更为简明、完整、统一的税法体系，全面推进税收法治的现代化，是“14税改”需要进一步完成的重要任务。

现行税制的突出问题是系统性、稳定性不够，税法体系的应然结构尚不稳定、清晰，诸如增值税、房产税等重要制度至今仍变动不居，就是明证。尽管税法具有一定的政策性和变易性，但仍应有基本的稳定性，以有效保障各类主体的

① 参见《人民日报》2014年7月1日，第1版。

理性预期。此外，税制的统一性、简明性方面仍有很大的优化空间。自“94税改”以来，国家一直强调“统一税法、简化税制”，“内外有别”的税法在形式上已经基本统一[①]，但增值税制度的统一，仍是“14税改”的重要任务。同时，大量法律位阶不同的税法规范层出不穷，使税制十分繁复，不仅影响其实质透明度，也不利于纳税人遵从。因此，“14税改”既要解决税收实体法在结构上存在的不统一、不简明的问题，又应在税收程序法上注意正当程序的建构，并在《税收征收管理法》的未来修改中加以体现，从而更好地保护纳税人的权利，保障公平、正义等基本价值的实现。

事实上，体现在历次“税改”中的基本价值，已成为融贯税法体系的魂魄，直接影响税制的合理性与合法性评判。例如，税制的公平性历来备受关注，“14税改”仍需继续解决“税负公平”的问题，不仅要解决纳税人之间的横向税负不公问题，还要合理确定税负，因为在国家与纳税人之间作出动态的纵向安排和合理的税负调整，是税法变革的永恒主题。“14税改”要全面体现历次“税改”逐步确立的基本价值，就必须解决税负不公平、征管不规范、征纳不和谐等诸多问题，以有效促进经济和社会的发展，提高征纳效率，确保分配秩序和分配正义，并在此过程中不断推进税收法治的现代化。

每次“税改”都是在回归和重申基本价值。从大历史的角度看，税改往往在最初效果明显，但一段时期后便出现反弹，税负不公、税负加重的问题会更加突出，这种现象和问题曾被概括为“黄宗羲定律”，它表明“税制总是存在着变坏的倾向”[②]。与此相关，国家在“改革决定”中曾提出要“稳定税负”。但这种提法在法律上也可能存在歧义，因为税负应依法确定，要随经济社会发展而变动，不可能一直“稳定”；同时，与传统法中义务和责任的确定不同，纳税人个体的

---

① 如前所述，我国已在形式上解决了税收立法中存在的内外有别问题，但纳税主体毕竟千差万别，就实质公平而言，应在相关制度中体现这种差异性，因此，在统一的税法之中，也会存在制度差别，如一般纳税人和小规模纳税人、居民和非居民等不同主体，在法律适用上都有差别。

② 由于经济与社会的发展，原有制度可能不适应新的发展要求，加之制度的执行者不能严格执行制度等，税制都会呈现出“变坏”的趋势。在整个人类文明的进程中，这一问题始终存在，因而需要不断改革和完善税制，持续加强税收法治。

税负可能随其纳税能力的变化而调整，也不可能“稳定”。也许为避免上述歧义，国家后来改称“稳定宏观税负”[①]，这相比原来有了一定进步。但如果国民整体税负本已过重，再强调稳定过重的税负，则无疑有利于保护国家利益，却无助于保障国民权益。因此，上承“04 税改”的目标，“14 税改”继续推进适度减税，使国民税收负担更合理，从而更好地体现公平、效率等基本价值。

上述基本价值的落实，主要体现在税制的结构与功能方面。其中，诸如直接税与间接税的结构、中央税与地方税的结构[②]，以及各个人所得税种的主体结构、税目结构、税率结构、优惠结构等方面的调整和变化，都会影响税收分配收入和配置资源功能的实现，直接影响“取用关系”的调整和税制存续的合法性，因此，税制结构的调整和变化必须慎重，要严格依法进行，真正体现法治精神。

就“取用关系”而言，无论是税款征收方面的“取之有道”，还是税款使用方面的“用之有节”，其中的“道”和“节”都强调了法律的约束；此外，税款要“取之于民，用之于民”，“取”与“用”都要真正为民，即为社会公众有效提供公共物品，这是税制合法性的根基。在税收依据理论中，以卢梭的主张为代表的“交换说”，曾从整体的国家与国民的“取用关系”角度，把国民纳税与国家提供公共物品视为一种“交换”，从而把国民的税收负担与其公共物品收益结合起来，这对良性的征纳关系或“取用关系”的形成，以及税收宪法学的构建，对实现良法善治，都有积极价值。因此，“14 税改”应与财政分权改革相结合，真正确保各类公共物品的有效供给，这也是依宪治国的必然要求。

“14 税改”是税制变迁的又一个重要节点。一个良好税制的形成，究竟是源于建构还是演进？整体的税制变迁究竟是强制性的还是诱致性的？对此，可能见仁见智，莫衷一是。但从政府主导型的传统来看，至少在形式上，中国的税制变迁存在较为突出的建构性和强制性，尽管在最初改革时普遍“摸着石头过河”，

① 审议《深化财税体制改革总体方案》、《关于进一步推进户籍制度改革的意见》、《党的纪律检查体制改革实施方案》. 人民日报，2014-07-01（1）.

② 在税法体系中，直接税与间接税的比例涉及税制的合理性，而中央税与地方税的比例则直接影响中央和地方的收入分配。应当先考虑税制的合理性，然后再考虑中央与地方如何分配的问题。这对“14 税改”的实效非常重要。

立法试点屡见不鲜，但税法作为典型的公法，其制度建设离不开国家的强力推动。例如，“84 税改”“94 税改”都是依据国家总体税改方案推进的，“04 税改”亦由国家分步实施，“14 税改”更是由国家特别力推。作为典型的“政府主导型”的“14 税改”，必须从“重税收政策”转为“重税收法律”，并严格落实税收法定原则。在国家高度重视法治的背景下，解决最基本的税收法定问题，是“14 税改”相比以往税改最大的进步。

与此相关，国家提出要构建现代财政制度，“完善现代税收制度”。从法治角度看，我国的税制建设还远未达到税收法定原则的要求，仅此一点，就很难说已建成“现代税收制度”，更何况整个税法体系的合理性和合法性还存在诸多欠缺。因此，落实税收法定原则，是“14 税改”最基本的法治任务，它既是中国税制是否“现代”的最基本的标志，也是中国税收法治现代化进程中最重要的界碑。

五、对新一轮税制改革的认识

如前所述，自改革开放以来，我国已形成“十年一易”的税制变迁周期，与这一周期相一致，在“14 税改”之后，我国事实上已从 2024 年开始新一轮税制改革（“24 税改”）。[①]

（一）“24 税改”需解决的重要问题

“24 税改”仍需考虑前述的经济、社会、政治、法律等影响因素，在“经社—政法”的框架下，推进税制改革和税制优化，尤其需要解决如下问题：

（1）基于中国式现代化的目标，要实现全体人民的共同富裕，就需要着力解决各类分配问题，由此对税制改革提出了更高要求：要在相关税制改革过程中，保持与共同富裕目标的一致性，并考虑如何通过税制改革，促进现代化经济体系建设，实现国家治理的现代化和整体的现代化。

（2）数字经济发展，对传统税制形成较大冲击。因此，需要在税制改革中充

① 2023 年 12 月召开的中央经济工作会议特别强调“要谋划新一轮财税体制改革”。

分考虑现代信息技术和数字经济发展所带来的诸多影响，通过税制改革促进数字经济发展；同时，对与数字经济相关的税收问题，也必须纳入税制改革的考量范围。

（3）国际税制协调，需要在国内税法层面落实。近年来，国际税制正在发生百年未有之大变革，国际税制协调备受关注。尤其是在二十国集团（G20）和经济合作与发展组织（OECD）的推动下，“双支柱”方案已经得到较为广泛的认可，如果最终形成国际公约，则需要将相关公约义务通过国内税制改革和税收立法加以落实，这也是对税制改革的重要推动。

（4）需要通过税制改革和税收立法推动税制结构的优化。要考虑是否取消相关税种（如烟叶税等），是否开征相关税种（如房地产税、遗产税和赠与税等），尤其要考虑开征新税种的必要性和可行性。如果暂不可行，则应搁置争议，待时机成熟再作考虑。

（5）税制改革还需要处理全国统一税制与区域税制的关系。例如，近些年来，基于多种因素的影响，国内区域税制更为复杂，诸如港澳、海南、各类特殊经济区域等，都形成了特殊税制。对区域之间的税制如何协调，相关税收利益如何分配，在哪些方面要强调税制统一，等等，都需要在新一轮税制改革中加以解决。

（6）国家现代化建设，需要有坚实的物质支撑，为此必须推进现代化经济体系建设，尤其是现代市场体系、现代化产业体系、公平分配体系、区域协调发展体系等方面，它们都与税制的改革和完善直接相关。因此，“24 税改”还需要考虑如何支撑现代化经济体系建设的问题。

（7）税制改革与税收立法密切相关，还需要考虑对于税制改革的成果如何上升为税收法律，如何推进重要税种立法，是否要制定税法总则，如何实现税收立法统合，等等。按照税收法定原则的要求，税制改革应更强调税制改革于法有据，更应重视税制改革与税收立法的紧密关系。

以上几个方面，只是从应然的角度作简要举例。由此不难看出，在市场化、信息化、国际化、法治化的背景下，上述“四化”交织下的诸多问题，都需要

"24 税改"加以解决。新一轮税制改革会面临更多难题，可谓任重而道远。在此过程中，如何有效体现一般法治逻辑和税收法治逻辑，是需要特别关注的重要问题。

（二）2024 年"改革决定"作出的重要部署

2024 年 7 月 18 日通过的《中共中央关于进一步全面深化改革、推进中国式现代化的决定》（以下简称 2024 年"改革决定"），对税制改革作出了重要部署。据此，新一轮税制改革即"24 税改"事实上已经启动。结合前述需要解决的重要问题，"改革决定"作出了如下重要部署：

第一，税制改革的总体目标，是"健全有利于高质量发展、社会公平、市场统一的税收制度"[①]，因此，应通过税制改革，使各类税制在经济层面更有利于保障公平竞争，推进市场统一，在社会层面更有助于实现社会公平分配，促进共同富裕，从而在此基础上推动高质量发展。

第二，税制改革的核心问题和实现路径，是"全面落实税收法定原则"，"优化税制结构"。应通过在税收法治框架下推进税种结构、课税要素结构等方面的税制结构优化，实现上述税制改革的总体目标。

第三，结合中国式现代化所要求的社会公平分配、共同富裕的目标，应进一步"完善收入分配制度"，"构建初次分配、再分配、第三次分配协调配套的制度体系，提高居民收入在国民收入分配中的比重，提高劳动报酬在初次分配中的比重"。为此，需"规范收入分配秩序，规范财富积累机制"，切实"完善税收、社会保障、转移支付等再分配调节机制"。

第四，结合优化税制结构的改革要求，需要在具体的税种结构和课税要素结构方面进行税制结构优化。首先，在直接税领域，应"健全直接税体系，完善综合和分类相结合的个人所得税制度，规范经营所得、资本所得、财产所得税收政策，实行劳动性所得统一征税"，这对实现上述的公平分配目标具有重要意义。其次，在间接税领域，涉及如下方面的税制结构优化：（1）在消费税制度方面，

① 本部分加引号的文字均引自 2024 年"改革决定"。

要“推进消费税征收环节后移并稳步下划地方”；（2）在增值税制度方面，要“完善增值税留抵退税政策和抵扣链条”；（3）在附加税制度方面，要“研究把城市维护建设税、教育费附加、地方教育附加合并为地方附加税”，通过合并相关附加税税种，整合开征地方附加税，更有助于保障地方财力；（4）在房地产税制度方面，要“完善房地产税收制度”。

第五，在回应数字经济发展方面，为促进新业态新模式新产业的发展，需要“研究同新业态相适应的税收制度”，“加强绿色发展、数字经济、人工智能、能源、税收、金融、减灾等领域的多边合作平台建设”，这与有关数字税以及国际税收协调问题的讨论密切相关。

第六，在全国统一税制与区域税制的关系方面，为“构建全国统一大市场”，要“清理和废除妨碍全国统一市场和公平竞争的各种规定和做法”，“规范地方招商引资法规制度，严禁违法违规给予政策优惠行为”。应通过全面落实税收法定原则，“规范税收优惠政策，完善对重点领域和关键环节支持机制”，“授权地方在一定幅度内确定具体适用税率”。

第七，推进税收征收管理体制改革。为“建立权责清晰、财力协调、区域均衡的中央和地方财政关系”，需“增加地方自主财力，拓展地方税源，适当扩大地方税收管理权限”。为此，应进一步“深化税收征管改革”。

总之，上述重要部署，明确了“24 税改”的总体目标、核心问题和实现路径，对各重要税种领域的税制完善提出了明确指引，尤其有助于推动现代化经济体系建设，处理好政府与市场、中央与地方、效率与公平等重要关系，回应数字经济发展带来的新问题，促进经济社会高质量发展。按照全面落实税收法定原则的要求，我国已制定《增值税法》等重要法律，并推动《税收征收管理法》的修改。在“24 税改”的带动下，我国的税收法治现代化水平将有进一步提升。

六、小　结

在不同时期的税制改革过程中，都会涉及目标与路径、结构与功能、价值与原则，它们是各阶段税制改革必须解决的核心问题，也是税收立法需要关注的核心问题。它们是分析税制变迁与税收法治现代化问题的重要维度。

在税制改革与税制变迁的过程中，涉及许多变与不变、个性与共性、差异性与一致性并存的内容。从普遍性的角度，应更多关注具有共性或一致性的不变内容；从特殊性的角度，则应更多关注具有个性或差异性的需要变革的内容。唯有兼顾上述两个方面，才能更好地发现问题和积累经验，从而在税制改革过程中不断完善税收立法，提升税收法治水平。不同时期的经济和社会发展所需解决的突出矛盾不同，政治选择各异，每次税改的目标与路径、结构与功能、价值与原则等亦会发生调整和变化。但无论税制如何变化，经由历次“税改”逐步形成的基本价值和基本原则，特别是税收法定原则，尤其应当被坚守，这对确保税制的合法性和合理性，充分体现法治精神，实现税收法治现代化非常重要。

税制改革与税制变迁，事关整体分配秩序变革，是国家法治发展的重要缩影。由于税制改革始终受国家直接推动，因而税收立法的建构性非常突出。税制改革需要相关的政治决策、体制改革、宪法修改、法律调整等诸多方面的配套，从而建构能够及时回应经济社会需求的良好税制。中国未来的税制变革，唯有全面体现基本价值和基本原则，才能在法治的框架下，构建更为良好的国家与国民的“取用关系”，从而全面保障基本人权，实现国家的长治久安。

第二章　结构优化与价值引领

不断优化税制结构并体现相关重要价值，始终是税制改革需要解决的核心问题。事实上，税制改革的直接目标，就是针对税制的结构和功能问题，对税制结构加以改进，因此，税制改革历来直接体现为税制结构的“变化”，但只有切实体现相关重要价值，才能实现对税制结构的优化。因此，非常有必要将税制的结构优化与价值引领结合起来，这样才能有效解决税制改革的核心问题，不断实现税制现代化的目标。

本章将先着重讨论税制结构的优化问题，再分析为优化税制需要实现的重要价值；在此基础上，以新兴的数字税制为例，探讨如何在数字经济条件下完善税制，并实现对数字税制的价值引领。对上述问题的研讨，将依循“价值—规范”“结构—功能”的分析框架，由此有助于理解税制结构优化与价值引领的紧密关联，以及加强税收立法，完善税收法治的基本主线和重要意义。

第一节　税制结构的制度优化

税制改革在全面深化改革中居于重要地位，其重要路径是进行税制结构的制度优化。因此，应通过“价值—规范”与“结构—功能”的分析，探寻我国税制结构在制度目标、制度功能、制度分权层面存在的突出问题，揭示“直间结构”、“税类结构”与“央地结构”的内在关联，并优化基础性的税种结构，从而实现税制结构的制度优化。

一、背景与问题

我国自改革开放以来，一直重视推动税制改革。由于税制改革对经济、社会、政治、文化领域的改革影响甚巨，关乎国家治理根基之稳固，事关国家的全面发展，因此，在我国开启新发展阶段，构建新发展格局，全面推进社会主义现代化国家建设的背景下，尤其需要全面深化税制改革，推进税制结构优化。这是影响国家发展全局的重大现实问题。

自“14 税改”以来，尽管我国税制改革在某些具体领域（如“营改增”）有较大突破，但整体税制结构优化的目标远未实现。这与税改的复杂性和艰巨性，以及改革缺少明晰的价值引领直接相关。因此，既应基于“税改”的系统性，综合考量政治、经济、社会等诸多要素①，不断优化税制的结构和功能，又要明确整体“税改”的价值目标。概而言之，全面推进税制结构优化，切实加强税制改革的价值引领，是我国当前税制改革亟待解决的核心问题。

依据国家对全面深化改革的顶层设计，以及“财政是国家治理的基础和重要支柱”的判断，国家冀望通过预算制度、税收制度、财政体制三大改革，推动政治、经济、社会等领域改革的深化②，由此税制改革的重要性更加凸显，迫切要求厘清其存在的结构问题并予以系统解决。在当前的新发展阶段，如何通过结构优化推进税制改革，尤其需要进一步的理论解析和制度回应。

---

① 以税收为主体的财政，是连接政治、经济和社会三大系统的媒介和重要环节（[日] 神野直彦．体制改革的政治经济学．王美平，译．北京：社会科学文献出版社，2013：8-13）。

② 财税体制改革作为各个领域改革的交汇点，其是全面深化改革的突破口 [高培勇．论国家治理现代化框架下的财政基础理论建设．中国社会科学，2014（12）：102-122]。

稅制的结构如何，会直接影响其分配收入、宏观调控和保障稳定的功能，事关经济社会的稳定发展和国家的长治久安，因此，应结合税制结构的实然问题，通过可行的优化路径，推动税制整体功能的提升。由于我国税制现实存在的结构问题，与其价值体系不清、具体价值取舍不明直接相关，因此，应结合“理想税制”的“应然结构”，强化价值引领，并将相关基本价值融入税制结构优化过程中，从而推进税制改革的全面深化和税制功能的综合提升。

有鉴于此，应通过探寻我国整体税制存在的结构问题，探讨税制结构优化及其价值引领问题。由此试图说明：以往税制结构的构建和研究，更为关注税制的收入功能①，相应形成的“收入导向型税制”亦曾发挥过重要作用，但在强调高质量发展的新发展阶段，要构建新发展格局，推动经济社会的全面发展，就不能仅强调税制的收入功能，尤其不能将收入功能限定为汲取财政收入的功能，而应同时关注其多元价值目标，重视其对发展的促进和保障功能，并由此构建“发展导向型税制”。

据此，税制结构的优化及其研究，不应仅从经济层面着手，更应从法律层面加以解析，从而找到形成结构问题的制度根源；同时，各类税制结构的优化，都应贯穿相关的价值引领，以符合构建税法统一、税负公平、税制简明的改革目标或原则。只有在“价值—规范”的分析框架下，厘清相关价值体系，才能明晰税制结构优化的方向和路径，推动整体税制改革的持续完善，从而为税收治理现代化奠定重要制度基础②，推进税收立法理论乃至整体税收法治理论的发展，丰富税法的价值论和运行论研究，增强税法理论的解释力和指导力。

二、税制结构的主要类型

基于“价值—规范”的分析框架，为了说明税制结构优化应当体现的重要

① 有研究者认为税制结构优化主要包括税种结构、税负结构、征管构成的优化，而这些结构都与收入相关［朱广俊，刘佐．优化税制结构的理论思考．经济研究，1998（4）：30］。

② 税收治理现代化的核心是税收法治现代化，其制度基础尤为重要［张斌．推进税收治理现代化的思考．财政科学，2018（8）：23－27］。

价值，有必要先从“规范”的层面，探讨我国现行税制存在的结构问题，分析其对税制功能的影响，从而明晰税制结构优化的方向，揭示价值引领的重要意义。

既往有关税制结构的大量研究，分别侧重于研究税制的宏观结构和微观结构。前者涉及整体税制体系的构成，主要包括“直间结构”、“税类结构”和“央地结构”；后者涉及具体税种制度的构成，主要包括与课税要素相关的实体制度和程序制度。由于整体税制改革需从宏观框架入手、在微观制度落脚，因而有关宏观结构的探讨历来备受关注。其中，“直间结构”涉及主体税种制度选择，“税类结构”涉及商品税、所得税和财产税等税类制度组合，“央地结构”涉及中央与地方的税权分配。上述三类结构紧密关联，层层递进，是分析税制结构问题的重要维度，循此有助于发现和揭示整体税制改革存在的主要问题。

从税制改革实践看，我国 2014 年开启的税改，核心就是“优化税制结构”，其具体路径是逐步提高直接税比重，完善地方税体系，坚持清费立税①，这恰好与上述三类结构对应。其中，“提高直接税的比重”事关“直间结构”的优化；“坚持清费立税”以及与其相关的税收立法，会影响“税类结构”的完善；“完善地方税体系”则涉及“央地结构”的改进。②

在经济学特别是税收学领域，对与上述三类结构相关的收入及其分配曾有诸多重要研究，但税制改革的对象毕竟是税收制度或税法规范，因此，更要从法学维度审视其制度基础，揭示整体税制的结构问题及其成因，并推动其持续优化和完善。对此，下面将着重基于税制的视角，分别从制度目标、制度功能和制度分权的层面，对上述三类结构展开解析，以揭示各类税制结构优化的特殊问题和共性问题。

---

① 参见 2014 年《深化财税体制改革总体方案》。其改革路径与 2013 年《中共中央关于全面深化改革若干重大问题的决定》所强调的“深化税收制度改革，完善地方税体系，逐步提高直接税比重”是一脉相承的。

② “央地结构”的改进与地方税权的落实密切相关［叶金育．法定原则下地方税权的阐释与落实．苏州大学学报（哲学社会科学版），2016（5）：60－73］。

三、"直间结构"与制度目标

在"直间结构"的优化方面，对于从收入视角将"提高直接税比重"作为税制改革的重要目标，学界尚存在不同认识[①]；即使完全认同该目标，亦不认为应将直间结构仅看成"收入结构"，而认为应将其视为"制度结构"，因为直接税的获取应以税制为基础，其收入占比高低只是税制实施的结果。

尽管在直接税中，所得税占重要地位，但其制度建设目标并非增加新税种或提高税率，而是提升税制的公平性和合理性。只有构建体现相关价值的"好的税制"，才能促进经济发展，从而扩大广义税基，增加税收收入，并由此使国家能够充分提供公共物品，形成国家与国民之间的"良性取予关系"。因此，确保税制合理和税负公平，为市场主体减压力、增动力，使其有活力，并由此形成"和谐征纳关系"，促进经济与税收的协调发展，才是税制改革所追求的目标。

此外，"提高直接税比重"不能仅靠所得税制度，还要发挥财产税制度的重要作用，这对于地方财政来说更为重要。基于税制的整体性或系统性，既不能片面强调所得税而忽视财产税，也不能仅考虑其收入功能，还需关注其宏观调控等功能，这样才能兼顾效率与公平等多元价值目标，保障经济和社会的稳定发展，实现国泰民安。

从"结构—功能"的角度看，"直间结构"的调整，会影响税种结构以及相关的税制功能，但各国的"直间结构"差别较大，并无一定之规，究竟何种"直间结构"更合理，亦难有定论。仅就收入功能而言，直接税或间接税均可成为重要的收入来源。随着我国共享型分税制的逐渐形成[②]，直接税和间接税中的多个

---

① 有学者认为，以直接税与间接税的关系表示税制结构，无法将全部税种划分为直接税与间接税，也不利于分析税制结构的经济增长效应与收入分配效应［马国强．税务研究，2015（1）：3－15］。

② 相关探讨可参见张守文．论"共享型分税制"及其法律改进．税务研究，2014（1）：58－63。

种已变为中央与地方共享税，其宏观调控功能日益突出。① 例如，随着“营改增”制度变革的完成，即使是最能体现“税收中性”的增值税，也在产业结构调整和总体经济运行方面发挥着重要的调节作用，这正是国家力推“营改增”的重要原因。因此，对“直间结构”的制度优化，尚需关注其宏观调控功能和稳定保障功能，探寻制度变革对市场主体负担和经济运行的直接影响，力求使其有助于促进和保障国家的经济发展和政治安定。

总之，“直间结构”优化的目标，不是通过增加直接税税种来增加收入，也不是单纯增加所得税的收入占比，而是通过税收制度的优化实现其多种功能。基于我国的经济发展阶段和整体税制架构，间接税制度仍将长期处于重要地位，并且，间接税“占比”较高的格局在短期内恐难改变②，因此，应当对提高直接税比重的制度目标有客观认识，并着力通过发挥税制的多种功能实现其多元价值目标，促进经济社会的有效发展。

四、“税类结构”与制度功能

“税类结构”是上述“直间结构”的进一步延伸，其中，作为直接税的所得税和财产税，以及作为间接税的商品税，是公认的三大税类。尽管我国商品税的税种数量因“营改增”而略有减少，但前述经济发展阶段以及我国整体税制的特点，决定了商品税在我国整体税收收入中的占比仍将长期保持高位。因此，必须从这个现实出发来研讨税类结构的问题。

在税类结构的制度构成方面，商品税制度和所得税制度更受重视，这与国家的现实需要直接相关：一方面，我国作为“发展中”的大国，确需获取足额的税

① 我国直接税比重的提高受到诸多限制，不能忽视间接税在再分配中的作用［李文．我国的税制结构与收入再分配．税务研究，2015（7）：38－42］。

② 我国在工业化中期与后期，只能实行以商品税为主的税制结构；进入后工业化时期，应继续实行以商品税为主的税制结构［马国强．经济发展水平、税收政策目标与税制结构模式．税务研究，2016（5）：3－16］。

收收入，并将其作为国家推动经济社会发展的基础；另一方面，我国作为发展中的“大国”，也需要进行有效的税收调控，并以此保障和促进经济社会的健康、稳定发展。因此，从获取足额收入的角度，税类结构应有助于获取税收收入；而从宏观调控和保障稳定的角度，针对“发展中的大国”存在的诸多差异性及其导致的经济失衡问题，应通过优化税类结构，来缓解中央与地方以及各地区、各行业的“发展失衡”问题。考虑到商品税制度和所得税制度覆盖全国，直接影响市场交易和整体经济运行的效率与公平，更应强调其“统一性”；而财产税制度与地方结合更为紧密，更能体现“地方性”，应推动其为各地差异化发展提供制度支撑。

上述三大税类的制度功能，是各类具体税种制度的特殊功能的综合。只有充分把握具体的增值税制度、关税制度、所得税制度、房产税制度等税种制度的功能，才能全面理解三大税类的制度功能，并揭示从税种到税类的复杂结构对相关制度功能的影响。因此，应从系统的视角，关注每个税类所包含的各个税种，分析其在分配收入、宏观调控等方面的重要制度功能，尤其要防止仅重视收入功能，而忽视或漠视其他功能。只有全面理解整体税制功能的复杂性和多元化，才能全面推进税制结构的优化。

五、“央地结构”与制度分权

在“央地结构”方面，中央与地方的税权如何划分、收入如何分配，历来是国家治理需特别关注的问题[①]，对“直间结构”“税类结构”亦有重要影响，因此，对在税制结构中处于重要地位的“央地结构”，尤其需要作出相应的制度化安排。由于央地之间的税收收入分配，取决于税法制度上的分权安排，因此，“央地结构”实质是一种“税权结构”，并且，上述“直间结构”和“税类结构”

① 付敏杰．分税制二十年：演进脉络与改革方向．社会学研究，2016（5）：215－240.

最终也都体现为“税权结构”。

我国自“94 税改”以来，确立了中央税、地方税以及中央与地方共享税的制度格局，但随着税制改革的不断深化，地方税制度变革频仍，许多地方税税种被合并或取消，而中央与地方共享税的比重则不断提高，由此形成了“共享型分税制”。上述制度变迁挤压了地方政府的税收收入空间，迫使其大量依赖“非税收入”，导致土地财政、地方债、政府和社会资本合作模式（PPP）等领域问题频出①，因此，如何通过制度安排切实保障地方政府拥有履行职能所需的稳定收入，并构建相应的地方税体系，已成为税制改革需关注的重要问题。只有通过制度分权，合理确立税权结构，构建税权与事权相匹配的“央地结构”，才可能有效解决上述诸多问题。②

在“央地结构”中，税收立法权的分配具有基础地位。基于国家对税收法定原则的强调，全国人大大力推进税收立法，进一步确立了中央税收立法权的核心地位。同时，为了保障地方利益，实现“激励相容”，相关税收法律也为地方税收立法权保留了较大空间，由此形成的制度分权有助于解决地方差异导致的诸多问题。此外，2018 年国家税务局系统与地方税务局系统的合并，虽使税收征管权再度统一，但税收收益权的分配仍未实现真正的制度化，这是各级政府作为利益主体更为关注的问题，因此需要在制度分权方面，将央地之间以及地区之间的税收收益权分配尽量均衡。③ 例如，在“营改增”以后，尽管对增值税收入的分成安排能够在短期内缓解地方收入分配问题，但从长期看，如何构建地方税体系，使地方政府能够有稳定的税收收入，仍是亟待解决的重要问题。因此，对于房产税或房地产税、消费税等能否成为地方税税种，学界已有诸多探讨④，但现

① 孙秀林，周飞舟．土地财政与分税制：一个实证解释．中国社会科学，2013（4）：40－59．杨灿明，鲁元平．地方政府债务风险的现状、成因与防范对策研究．财政研究，2013（11）：58－60.

② 赋予地方相应的税收立法权，使其拥有相对完整的税权，是破解地方财政困难、合理建构央地财政关系的现实考量［苗连营．税收法定视域中的地方税收立法权．中国法学，2016（4）：159－178］。

③ 有学者认为量能平等负担是地方税收立法权的首位价值功能，应结合负税能力的地域差异度来确定立法授权范围［黎江虹，沈斌．地方税收立法权的价值功能转向．法学，2019（7）：67－82］。

④ 朱青．完善我国地方税体系的构想．财贸经济，2014（5）：5－13.

存的制度分权不足问题，仍需通过“央地结构”的优化加以解决。

六、税制结构的共性问题

与上述三类税制结构相应的制度分权，会影响制度功能，并进而影响制度目标的实现，因此，尽管三类税制结构涉及不同层面，但它们仍存在诸多共性问题。例如，在税制结构优化的方向上，由于制度目标、制度功能和相应的制度分权与相关理念和价值导向直接相关，因此，以往在制度设计和理论研究方面，普遍关注三类结构的收入功能，并由此形成了“收入导向型税制”。但随着国家现代化目标的确立，结合新发展阶段的现实需要，税制结构优化必须强调新发展理念和相关价值引领，以发挥其全面促进经济社会发展的功能，因而需要构建“发展导向型税制”①。

此外，上述三类税制结构都与更基础的“税种结构”直接相关。目前，对于税种结构如何优化，尚缺少整体擘画，这也是影响我国税制改革进程的突出问题。例如，在构建现代税制方面，究竟应设置哪些税种，各税种之间是何种关系，不同税种的目标是否存在冲突，是否存在应征税而未征税的空白区域，应否开征新税种、停征不合时宜的税种，等等，都需要国家税制改革的顶层设计的加强。

要改进上述三类税制结构，实现其整体优化，应通过分析更为微观的税种结构②，揭示各类结构之间的内在关联。首先，税种结构会影响“直间结构”的合理性。对于各类税种在“直间结构”中的归属及其相互关系，已有大量理论研讨，但只有在制度设计上确保具体“税种结构”合理，才可能在整体上保障“直间结构”的合理性。其次，税种结构也影响“税类结构”的构成。目前对于我国各个税类应包括哪些税种，尚存在不同认识。只有明确各类税种的性质、定位及

① 张守文．论“发展导向型”的税收立法．法学杂志，2016（7）：8－17.

② 税种结构变动是影响税制改革的重要内容，由此切入可以发现税制演变的规律［刘振亚，李伟．我国税制演变影响因素分析：以税种结构变动为视角．中国人民大学学报，2016（2）：69－78］。

其逻辑关联，确立合理的税种结构，才能形成合理的税类结构。最后，税种结构还影响“央地结构”。毕竟，现行“分税制”实质是通过“分税种”来“分税收收入”的，因此，税种结构会直接影响税收收入在央地之间的归属和分配，并影响分配秩序和整体发展。① 可见，就上述三类税制结构而言，“税种结构”是嵌入其中、无法绕开的基础结构。优化税种结构，尤其有助于实现我国税制的合理化和现代化，解决宪法和税法层面的相关问题。

七、小　结

在税制改革过程中，在制度或规范层面，应分别从制度目标、制度功能和制度分权的角度，反思上述三类税制结构的个性问题，同时，也应看到其内在关联和共性问题，并在此基础上关注各类结构的多元功能，重视基础性的税种结构，摒弃以往偏重“收入功能”或“收入目标”的思维，推动整体税制从“收入导向型税制”向“发展导向型税制”转变。② 事实上，从强调“结构性减税”到普惠性的“减税降费”，这已经体现了我国税制转型的发展导向。③ 在上述税制转型过程中，尤其需要明确税制结构优化的目标，并加强相应的价值引领。

第二节　税制改革的价值引领

税制改革需要明确其价值引领，这对于有效实现改革目标尤为重要。基于“统一税法、公平税负、简化税制”的税制改革基本目标，应兼顾效率与公平、

① 有学者提出在央地关系方面“寓活力于秩序”的税种分配方案，这会影响分配秩序和整体发展[吕冰洋．“顾炎武方案”与央地关系构建：寓活力于秩序．财贸经济，2019（10）：50－65]。

② 有研究表明，中国税制整体具有累退性，应从有利于发展的角度推动公平分配［岳希明．中国税制的收入分配效应测度．中国社会科学，2014（6）：96－117]。

③ 张斌．减税降费的理论维度、政策框架与现实选择．财政研究，2019（5）：7－16. 李华．高质量发展目标下税收体系构建与减税降费再推进．税务研究，2019（5）：25－29.

自由与秩序等多元价值，以体现税制的合理性；同时，应落实税收法定原则，坚持法治原则和法治精神，以体现税制的合法性。鉴于我国的“减税降费”和“营改增”等税制结构优化措施，都是在兼顾多元价值的基础上体现发展价值的，应将我国既往的“收入导向型税制”转变为“发展导向型税制”，从而构建更有助于促进经济社会发展的“包容性税制”，不断形成税收领域的良法善治，推进税收治理的现代化和国家治理的现代化。

税制改革的核心是税制结构的优化，不能仅关注收入功能，还应综合考虑其他功能，以实现整体税制的多元目标，促进各类主体的全面发展。上述多元目标的确立，体现了税制改革对多种价值的融入，其中涉及效率与公平、自由与秩序、安全与发展等诸多价值的协调，而由此形成的现代税制的价值体系，则直接关乎税收正义的实现。唯有兼顾上述各类价值的协调，推动整体税制结构的优化和转型，才能构建具有合理性和合法性的“好的税制”。

一、税制结构优化的目标：合理性与合法性兼备

税制结构优化的目标，是通过提升税制的合理性和合法性，构建“好的税制”。其重要路径是融入相关重要价值并强化价值引领。从国内外的制度实践看，对于税制的合理性与合法性有多种评判标准，但只有能够兼顾效率与公平、自由与秩序，从而能够保障和促进发展的税制，才是具有合理性的税制；同时，只有符合宪法和法律要求、充分体现法治精神和法治原则的税制，才是具有合法性的税制。上述兼具合理性与合法性的税制，才能被称为“好的税制”[①]。

“好的税制”不仅需要优化税制的宏观结构，也需要完善其微观结构，因为合理性与合法性终究要在具体的税种制度中加以体现。我国自改革开放以来，历次税制改革的核心目标，都是通过税制结构优化，提升税制的合理性与合法性；

① 我国2013年的“改革决定”提出构建“科学的财税体制”，从而实现“优化资源配置、维护市场统一、促进社会公平、实现国家长治久安”的目标，这与“好的税制”具有内在的一致性。

同时，历次改革的重要路径，都是通过相关重要价值的融入，引领税制结构走向完善。①

例如，“84税改”的目标是将计划经济体制下残缺不全的“准单一税制”，转变为更为合理的“复合税制”。其基本路径是充实税制结构，以适应商品经济发展和国家财政需要。为此，国家开征了一系列重要税种，形成了基本的“税类结构”和“直间结构”。在“84税改”的基础上，“94税改”继续优化税制结构，奠定了与市场经济相适应的现行税制的基本架构，形成了“央地结构”的初步格局。其后的“04税改”基于我国加入WTO、融入经济全球化的背景，通过合并、取消、停征相关税种，“税种结构”进一步优化。自2014年开启的税制改革的目标，是在全面深化改革和全面依法治国的新时期，对税制结构进行更为全面的优化，以适应市场化、信息化、全球化、法治化的更高要求。

历次“税改”所确立的重要目标，都以税制结构优化为其实现的基本路径。其中，奠定我国现行税制基本框架的“94税改”，确立了“统一税法、公平税负、简化税制”的目标，至今仍有重要现实意义。上述的“统一税法”强调税法制度应具有统一性，以体现法治原则和法治精神，因而与合法性的要求相一致；而“公平税负、简化税制”，则与公平、效率的价值，以及市场主体负担、纳税人遵从成本等直接相关，因而更多体现了合理性的要求。通过优化税制结构实现上述目标，提升税制的合理性与合法性，一直是历次“税改”的核心任务，也是未来“税改”的基本方向。

例如：我国针对税法不统一、同类主体被区别对待的问题，曾在多次“税改”中合并或取消相关税种，使税制更统一，税种结构更合理；针对税负不公平的问题，着重通过税种结构与具体课税要素结构的优化，来体现公平价值；针对税制不够简化、纳税人遵从成本高的问题，通过立法不断减少税种数量，并努力

---

① 关于四次税制改革的周期形成、主要内容以及价值引领的变化，可参见张守文．税制变迁与税收法治现代化．中国社会科学，2015（2）：80－102。

使税制更为简明易行①，从而提升征纳效率。尽管上述方面已有较大改进，但相对于经济和社会发展的现实需要，以及良法善治的要求，仍有相当大的改进空间。

由于“直间结构”、“税类结构”和“央地结构”的优化，最终都具体体现为“税种结构”的完善，因此，我国历次税改都力推税种的合并、取消、停征等，以期构建合理的税种结构，例如，在税种合并方面，现行税种中有多个是“二合一”的结果，其中，企业所得税、房产税、车船税等税种，分别由内资企业所得税与涉外企业所得税、房产税与城市房地产税、车船使用税与车船使用牌照税“合并”而来。上述税种的“二合一”以及相应的制度整合，有助于解决内外有别的“二元税制”问题，增强税收制度的公平性、简明性，从而提升相关税种制度的合理性与合法性，实现“统一税法、公平税负、简化税制”的基本目标。

围绕上述目标所展开的税制改革，有助于推动我国税制体系的不断完善，持续提升整体税制的合理性与合法性。从系统论的角度看，税制体系作为一个整体，对其进行结构优化应考虑各类制度的内在关联，并顾及市场主体的负担，以及对市场经济的影响，由此形成的税制结构才能既具有法治所要求的统一性和协调性，又能兼顾效率与公平，从而使税制具有合理性和合法性。

二、税制结构优化的价值引领

上述“统一税法、公平税负、简化税制”的目标，对应着税法的三大原则，即税收法定原则、税收公平原则和税收效率原则，体现着秩序、公平、效率等基本价值的要求，因而是历次税改都无法绕开的。历经多次税改，上述目标至今仍未完全实现。这既说明税制结构优化是一个艰巨的任务和动态的过程，也

① 也有学者认为，税法规范的数量不断增长，并非因为开征新税种，而是已有税种变得越来越复杂，以适应经营环境复杂化、配套法律变化以及税法精准实施的要求（［英］桑福德．成功税制改革的经验与问题：第 4 卷．许建国，等译．北京：中国人民大学出版社，2001：89）。

与我国21世纪以来税改目标不够明晰、价值引领不足有关。因此，有必要探讨在税制结构优化目标中应融入的重要价值，并在税制结构完善过程中加以落实。

税制结构优化的目标，是构建兼具合理性与合法性的“好的税制”。而只有税制切实体现公平与效率、自由与秩序等价值，并在此基础上体现更高位阶的“发展”价值，税制才能兼备合理性与合法性，并由此保障税收正义的实现。因此，非常有必要在税制结构优化目标中融入或体现上述多元价值。

例如：基于公平与效率的价值，一方面，税制结构的优化，应贯彻税收公平原则，做到普遍征税、平等征税，既要在国家与国民之间确保税负合理，又要在各类纳税主体之间实现税负公平；另一方面，无论是税种开征，还是各类税制结构的安排，都不应增加市场主体的额外负担，并应有助于提升经济效率，降低征税成本，体现税收效率原则的要求。① 此外，基于自由与秩序的价值，对税制结构优化可以分别从“税”和“制”两个方面加以解析：一方面，从“税”的角度，税制安排应当适度，不应使纳税人负担过重，从而保障纳税人的生产经营自由和基本人权；另一方面，从“制”的角度，税制结构应体现法治的要求，确保税法所确立的分配秩序。② 只有将上述公平与效率、自由与秩序等价值融入各类税制结构优化过程，落实于具体制度完善之中，才能保障税制改革具有正确的方向，构建“好的税制”或称“理想税制”，从而有效促进市场主体的发展和整体经济社会的“发展”。

对于“好的税制”应符合的条件或原则，从配第到斯密，从穆勒到萨伊，从瓦格纳到马斯格雷夫，等等，许多著名学者都曾有重要论述，且都与上述几类重要价值密切相关。尽管上述学者的观点见仁见智，但其都强调多元价值在税制中

---

① 为了促进经济的长期增长和持续发展，必须建立兼顾“公平”与“效率”的税制结构［夏杰长，王新丽．促进我国经济增长的宏观税负与税制结构探析．经济社会体制比较，2003（3）：112－118］。

② 现代税法作为经济法的重要组成部分，具有突出的现代性和回应性，其目标是“形成一种自觉文明的公共秩序”。因此，税制结构优化应重视其目标中蕴含的秩序等价值（［美］诺内特，塞尔兹尼克．转变中的法律与社会：迈向回应型法．张志铭，译．北京：中国政法大学出版社，2004：79－85）。

的有机融入，由此才能构建兼具合理性与合法性的“好的税制”[①]。

从融入多元价值的角度看，“好的税制”至少应符合以下条件：第一，税制应具有经济上的合理性，其内部结构、覆盖范围、负担确定等都应合理。其中，税制内部具体制度的类型与规模、实体与程序等的结构合理，是提升税收效率和促进经济社会发展的基础。第二，税制应能够有效兼顾各方利益，确保横向公平和纵向公平。如果税制结构不合理，存在征税空白，或者因征税过度而导致某些主体负担过重等，这些都会影响税收公平。第三，税制的各个部分应相互协调，能够成为有机整体。如果税制结构支离破碎，一国的不同区域各自为政，就会影响税制的统一性，影响税法秩序的形成。第四，税制应当简明易行，更易于征纳双方遵守，并有助于提升行政效率和经济效率，保障市场主体的经济自由。[②]

可见，上述“好的税制”，需要符合经济的合理性，体现制度的公平性、协调性、统一性和简明性，其中贯穿着对“税法统一、税负公平、税制简明”的要求，并集中体现着对发展价值的追求。尽管对发展可以从理念、价值、目标等不同层面理解，但将其作为税制内在的功用价值，则是在强调税制应有助于促进和保障发展。由于在实现公平与效率、自由与秩序等价值的基础上，才能有效促进和保障发展，因此，发展价值在多元价值体系中处于更高的位阶。

总之，“好的税制”因体现效率与公平、自由与秩序等多元价值而具有合理性，并由此更有助于促进纳税主体和整体经济社会的全面发展；同时，融入多元价值的税制更能兼顾各类主体的利益，并得到其有效遵从，从而更具有合法性。因此，应将多元价值融入税制优化的目标之中，并据此构建“好的税制”。此外，在多元价值体系中，还应强调发展价值的协调和引领，这有助于化解多元价值之间的冲突，并发挥整个价值体系对税制结构优化的重要作用。

---

① 其中，将公平与效率作为构建良好税制的核心价值，源于西蒙斯的公平课税论、穆勒的最适课税论，以及维克塞尔的财政交换论的共性［赵志耘，郭庆旺．税制改革分析的理论基础．税务研究，2001(3)：45－52］。

② 税制改革不仅是为了实现收入目标，还要实现其他目标，诸如改善横向公平或纵向公平，提高经济效率，简化税制等（［英］桑福德．成功税制改革的经验与问题：第1卷．张文春，等译．北京：中国人民大学出版社，2001：5）。

三、对发展价值的特别强调

在影响税制结构优化的价值体系中，相对于自由与秩序价值，以往效率与公平价值受到的关注更多。此外，尽管普遍强调税制应有助于促进发展，但对发展价值仍重视不够。随着发展理论研究的深化，应厘清发展理念、发展价值、发展目标、发展手段之间的内在关联，并在税制结构优化方面，将发展价值寓于发展目标之中，以体现发展价值的引领，从而促进国家与国民、征收主体与纳税主体的各自发展，推动经济与社会的全面发展。

无论是税制结构的宏观优化，还是微观完善，都应体现上述多元价值，并通过发展价值的引领，保障价值体系的内在协调，促进发展目标的实现。据此，我国针对纳税主体负担过重的问题，大规模实施“减税降费”，着力推动经济社会发展，就是发展理念和发展价值的重要体现。强调发展价值在多元价值中的引领，更有助于促进经济社会、法律、人类等多个层次的发展。

由于税法制度覆盖范围广，事关经济社会的整体发展，尤其与人的生存权、发展权相关，涉及人的全面发展，因此，用发展价值引领税法发展，并由此构建“发展导向型税制”，既有助于推动经济和社会的协调发展，又有助于推动整体税制自身的发展。下面分别以“营改增”和其他税种结构的调整为例，来说明贯穿其中的发展价值。

（一）从“营改增”看发展价值

我国业已完成的“营改增”，通常被视为是对商品税制度结构的重要优化。“营改增”作为重要的税制改革，其初衷是通过增值税对营业税的“吸收合并”，体现税收中性，解决重复征税问题，从而减轻纳税人负担，使各类主体的税负更加公平，进而促进经济结构优化，推动经济发展。“营改增”是对税制结构的优化，也有助于促进整体税制的发展；同时，“营改增”作为国家重要的减税措施和促进经济发展的重要制度安排，体现的恰恰是“发展导向”而不是单纯的“收入导向”。

“营改增”的全面完成，使增值税在商品税体系中更加“一税独大”，并几乎形成对整个经济交易领域的“全覆盖”。而对于如此重要的税种，其制度结构是否合理，与其他税种之间的关系如何，都会直接影响经济发展。因此，应切实落实发展理念和发展价值，从有助于促进发展而不是单纯获取收入的视角，进行相应的制度调整和结构优化。

对于“营改增”能否促进经济发展，可从多个维度加以评判，例如：如果“营改增”确能优化产业结构，降低企业负担，推动经济增长，则应肯定其促进经济发展的重要功能；如果“营改增”完成后税负不公、市场主体负担较重、抵扣权行使不畅、重复征税等问题仍突出存在，则应有针对性地进行制度改进。从现实情况看，“营改增”导致税率结构、优惠制度、发票制度等更趋复杂，并会影响税制的简明，对征纳双方提出了更高要求，因此应着重关注制度变革增加的征纳成本，特别是征税机关的监督成本和纳税人的遵从成本，以免影响相关主体的发展和整体经济运行。①

此外，我国自建立增值税制度以来，曾多次进行增值税制度变革试点，从最初的开征试点，到后来的转型试点、扩围试点，直至全面的“营改增”试点，增值税制度长期处于变动状态。这导致税收法定原则未能得到全面落实，会影响税法秩序的稳定和税收公平，进而影响经济发展和增值税制度自身的发展。②

例如：在对经济社会发展的影响方面，增值税作为第一大税种，在整体税制中占据重要地位，对“直间结构”的优化作用举足轻重，对经济社会发展具有广泛影响；同时，增值税的分成比例关乎地方政府的收入，影响“央地结构”的优化和地方税体系建设，以及税收收入的公平分配与区域的协调发展。③ 可见，增值税的制度变革，会影响“直间结构”“央地结构”等各类税制结构，并会影响

① “一个仁慈的税制设计者应设法达到对经济有效运行的损害最小化，并服从于解决外部性和社会分配目标”，这样才能有效促进经济和社会发展（[美] 斯莱姆罗德，吉里泽尔．税制分析．李建军，等译．上海：格致出版社，上海三联书店，上海人民出版社，2019：13）。

② 张守文．我国税收立法的“试点模式”：以增值税立法“试点”为例．法学，2013（4）：59－66.

③ 对于构建地方税体系的诸多不同观点，参见杨志勇．中国地方税系的构建与完善问题探讨．涉外税务，2013（6）：14－18。

经济社会发展。

又如，从增值税制度自身的发展看，在“营改增”试点期间，作为征纳依据的规范主要有两类：一类是原来的《增值税暂行条例》，另一类是财政部和国家税务总局于2013年公布的《营业税改征增值税试点实施办法》。其中，前者尚有全国人大授权立法的基础，而后者则效力层级过低。因此，国务院又修改《增值税暂行条例》，将后者的主要内容纳入其中，但由此带来的税制繁复、税收中性不足等问题仍然非常突出。因此，通过制定统一的“增值税法”解决上述问题，是推动增值税自身发展的重要路径；同时，相关规范之间内在协调的“增值税法”，也更有助于促进经济社会的发展。

总之，只有在发展价值的引领下，综合协调各类重要价值，持续优化增值税的制度结构，才能推动增值税制度自身的发展，并有效促进经济社会发展。由于增值税制度在我国税制中地位特别重要，其制度中贯穿的发展价值，在其他税收制度中同样需要体现，因此，国家整体税制结构的优化或调整，都应强调发展价值的引领。

（二）从其他税种结构的调整看发展价值

上述“营改增”是税种结构的重要调整。从其他税种结构的调整看，随着税种的简并，所得税的税种变少，而商品税、财产税的税种相对增多，因此，需要从整体税制设计的基础理论或原理，以及相关价值导向的角度，思考上述税种结构调整是否有助于税法制度自身的发展，以及是否有助于促进经济社会发展。

在我国推进“费改税”的过程中，有些新税种不断生成，如环境保护税、船舶吨税、车辆购置税等，这些实际上只是费的“变形”。在“负担平移”或“制度平移”（其实质是强调收入稳定）思想的引领下，形式上的制度调整并未带来整体税制结构的“重组”或优化，因而难以实现整体的税制改进和有效发展，其与“减税降费”等促进发展的思想也不甚相合。

例如，烟叶税的纳税主体、征税范围都比较特别，其影响面较小，相应税收收入并不多，因此，关于对其是否有必要单设该税种，可否将其并入增值税或消费税，或者是否应单独对烟草行业收费等，学界一直存在不同看法。在烟叶税的税种存废方面，考虑到该税种与消费税制度存在目标冲突，从促进公平发展、保障公共利益的角度，从优化结构、简化税制、推动税法协调发展的角度，确实可将其予以废止。[①]

又如，相对于烟叶税，社会公众对房产税或房地产税则更为关心。由于对个人自住房屋应否征税，涉及大量复杂问题，关乎利益平衡，各类主体认知差异较大，因而需要权衡多种价值，以确保税制设计更为公平、合理。从保障和促进发展的角度看，明确将一定面积的个人房产作为基本生活资料，并按照“基本生活资料不课税”的原则对其免税，更有助于保障个体的发展权，体现税制的合理性；同时，“超标”的新购房产不属于“基本”生活资料，即使对其适度征税，这也会得到纳税人的理解和遵从，并有助于促进地方的经济社会发展。因此，切实兼顾需要与可能、历史与现实，全面考虑纳税人的现实收益或纳税能力，真正实现量能课税，会更有助于增进税制的合理性与合法性，并形成和谐的征纳关系，促进各类主体的协调发展。

其实，在促进发展方面，优化税制结构的目标与发展价值的要求是暗合的。无论是“结构性减税”，还是普惠性的“减税降费”，都是通过相关税制结构的优化来促进发展。[②] 各类旨在减税的制度安排的目标都不是获取短期收入，而恰恰是促进长远的经济社会发展。因此，各类税制结构优化都应体现发展价值的重要引领。

总之，无论是“营改增”，还是其他税种结构的调整，都应加强对效率与公平、自由与秩序等多元价值的协调，并在此基础上体现发展价值目标。因此，在未来的税制结构优化过程中，应强调多元价值的融入，突出发展价值的引领，从而形成具有包容性的税收制度[③]，这有助于促进经济社会发展和税法制度自身的

---

① 费茂清，石坚．烟叶税探析．税务研究，2017（9）：47－50．张守文．税制改革与税收立法的完善：以烟叶税为例．法学杂志，2018（2）：1－10．

② 国家通过减税为市场主体减负，更有助于促进经济发展［张守文．减负与转型的经济法推进．中国法学，2017（6）：187－202］。

③ 税收制度也可以分为包容性制度和汲取性制度，前者更有助于保障和促进发展（［美］阿西莫格鲁，罗宾逊．国家为什么会失败．李增刚，译．长沙：湖南科学技术出版社，2015：51－58）。

发展，推动整体税制从“收入导向型税制”向“发展导向型税制”转变，而由此确立的兼具合理性与合法性的“好的税制”，会更有助于全面实现改革、法治与发展的目标。

四、小　结

在全面深化改革的过程中，税制改革是重中之重，而税制结构的优化则是其重要路径。在既往有关税制结构的设计和研究中，人们普遍关注“直间结构”、“税类结构”和“央地结构”及其收入功能，从而形成了“收入导向型税制”。从法学视角看，对于上述税制结构不应仅关注其收入功能，还应重视其多元价值，以及相关的宏观调控功能和保障稳定功能。因此，在税制结构优化方面，应在融入效率与公平、自由与秩序价值的基础上，突出体现税制的发展价值，从而在我国推进高质量发展的新阶段，构建更能够促进和保障发展的“发展导向型税制”①。

基于“价值—规范”的分析框架，前面的讨论先在“规范”层面，从制度目标、制度功能、制度分权的维度，分析了我国税制存在的结构和功能问题，强调应重视各类税制结构的内在关联和共性问题，并优化基础性的税种结构。基于以往税制改革所确立的“统一税法、公平税负、简化税制”的基本目标，应重视税制的合理性与合法性。其中，合理性涉及效率与公平、自由与秩序等多元价值的兼顾；合法性则涉及法定原则的落实，以及对法治原则、法治精神的遵循。从“营改增”以及其他税种结构的制度调整看，对增值税、烟叶税、房产税等税制结构进行优化，都应在兼顾多元价值的基础上，突出发展价值，从而在“价值—规范”框架下，体现价值对规范的引领，以及规范对价值的融入，这对我国整体税制结构的优化亦具有普遍意义。

① 与此相关，有研究者认为，税制改革要以高质量发展为导向，围绕国家治理现代化改革总目标，推动税制中性、简便、稳定、透明［刘尚希，樊轶侠．论高质量发展与税收制度的适应性改革．税务研究，2019（5）：12－17］。

稅制结构优化与税收立法密不可分。无论税制结构如何变革，最终都要通过税收立法加以确认。这是税收法定原则的基本要求。要提升税收立法的质量，就要分析和解决整体税制存在的结构问题，同时，也要结合税收立法自身存在的结构问题不断加以改进，从而实现对整体税制的持续完善。通过税收立法推进税制结构优化，应切实回应经济社会发展需要，这既是一个政治过程，也是一个法治系统工程。[①] 因此，税收立法不能简单地搞“税制平移”，而应在整体结构上有所改进，这样的立法升级才能提升税法质量，实现税制的高质量发展。只有将税制结构的优化与税收立法的完善紧密结合起来，才能形成有助于促进经济社会发展的“好的税制”，从而不断推进税制的现代化和国家治理的现代化。

此外，在“价值—规范”的分析框架下，还隐含着“结构—功能”分析。从“结构—功能”的视角看，税制结构的优化有助于更好地发挥税制的多种功能，在国家构建新发展格局的新发展阶段，尤其需要强调发展理念和发展价值的引领，重视税制的宏观调控和保障稳定功能，以及由此形成的促进和保障经济社会发展的功能。如果税制过于强调收入功能，其就可能变成一种“汲取性制度”，只有重视税制的发展功能，其才可能成为“包容性制度”。因此，从“收入导向型税制”向“发展导向型税制”的转变，对我国税制结构与功能的优化都至关重要，也影响着未来税制的发展方向，关乎国家未来的经济社会发展。

税制结构优化及其价值引领问题，不仅是经济学研究的重要问题，更是法学特别是税法学的重要研究对象。基于税制的宏观和微观层面的结构问题，探讨其结构与功能的优化，以及相关价值的融入和引领，从而明晰税法制度的完善方向和路径，增进整体税制的合理性与合法性，是税法学研究历久弥新的重要任务。同时，构建“发展导向型税制”，推进税收法治现代化，尤其有助于深化税法理论乃至整体经济法理论研究，推动“经济法学”和“发展法学”的发展。

---

① 税收是重要的政治工具，在税收立法过程中会体现重要的政治价值观，参见［美］彼得斯．税收政治学：一种比较的视角．郭为桂，黄宁莺，译．南京：江苏人民出版社，2008：55。

第三节　数字税制的多元价值

在税制的不断改革和完善过程中，数字经济发展对现行税制提出了诸多挑战，如何构建数字税制已成为国内和国际层面高度关注且存在诸多认识分歧的重要问题，并由此形成了数字税立法的两种路径：一是在现行税法框架下进行制度改进，二是制定专门的数字税法。而无论采取哪种路径，都要依循税法领域的基本原理，并体现相关的多元价值，并且相关基本原理本来就蕴含着各类重要价值。

下面将基于差异性、经济性、规制性和可税性四大基本原理，揭示数字税立法的必要性与可行性、合理性与合法性，明晰数字税立法的目标与手段、价值与规范的内在关联。同时，强调通过对效率与公平、自由与秩序、安全与发展“三对价值”的兼顾、权衡和综合考量，并在上述价值的引领下，确立数字税立法的基本原则，增进各项税法原则之间的协同，并在立法时机、立法技术等方面作出理性选择，从而推动“发展导向型数字税制”的构建。

一、背景与问题

数字经济的迅速发展，不仅有力推动了经济增长，也带来了复杂的税收问题。从全球范围看，数字经济的发展并不平衡。基于数字经济的特殊性，“价值创造与税收规则的错配”问题普遍存在，并影响了相关国家之间的税收利益分配。因此，法国等国家已率先开征数字税，OECD 等国际组织也倡导有效解决数字企业的税基侵蚀问题，但对数字税立法的理论和实践仍存在诸多不同认识。如何构建数字经济的税收制度，不仅会影响数字经济的健康发展，也是新经济时代税收法治建设需解决的重大现实问题。

从国内情况看，我国数字经济在 GDP 中的占比已超过 40%，并将持续增长。在构建国内国际“双循环”新发展格局的过程中，无论是国内经济大循环还是国际经济循环，都离不开数字经济的有力推动，因此，大力发展数字经济，必然是国家的长期战略选择。基于税制对数字经济发展的重要影响，对于构建数字税制的具体问题，国内已有不少研究成果，但也存在诸多分歧。迫切需要在既往研究的基础上，通过求同存异形成基本共识，夯实数字税立法的理论基础。

事实上，无论是在现行税法框架下完善数字税制，还是制定专门的数字税法，都属于“数字税立法”。数字税立法非常复杂，涉及技术、经济与法律等诸多方面①，需要国家从经济发展战略与法治要求、国内法与国际法、立法时机与立法技术等多层面综合考虑。对于此类复杂的立法问题，唯有回归基本原理和基本价值，才能在多重“权衡”中形成“规矩”，在基础层面化解认识分歧，从而有助于确立数字税立法的基本原则和具体规则，并据此协调国内和国际的税收立法，持续推动数字经济乃至整体经济的发展。

有鉴于此，在全球数字经济迅速发展以及我国构建新发展格局的背景下，基于信息技术革命、数字经济发展及其引发的诸多问题，以及完善税收法治建设的现实需要，有必要在“信息技术—数字经济—税收法治”的框架下，探讨数字税立法应依循的基本原理，并明晰其应体现的基本价值，这有助于在诸多歧见中形成基本共识，推动国内与国际数字税收法治的完善和协调。下面拟着重提出数字税立法的两种路径，分析其应依循的四大基本原理，以及在立法中应着重体现的“三对”基本价值，并强调在基本价值引领下增进税法原则的协同，以期为数字税立法夯实基础，推进数字经济的健康发展。

二、数字税立法的路径及原理依循

（一）数字税立法的两种路径

对于数字税及其立法，有多种不同理解②，可大略概括为两类。第一类理解

---

① 数字经济中的“数字”，至少包含“数字技术”和“数据”两层含义，这对数字税立法的制度设计亦有影响（汤潇．数字经济：影响未来的新技术、新模式、新产业．北京：人民邮电出版社，2019：3）。

② 例如，有人认为数字税包括对电子商务征收的国内税、涉及国际税收分配的所得税，以及作为过渡性措施的数字服务税，可参见冯俏彬．开征数字服务税要从长计议．中国经济时报，2020－08－05（4）。

认为，数字税就是与数字经济相关的各类税种的统称，或者说是由涉及数字经济的多个税种组成的体系；相应地，数字税立法主要是通过对现行税法制度的改进来回应数字经济发展。数字税重点关注对数字经济的新业态、新模式所产生的销售收入或营业利润如何征税，以及对相关税收利益如何分配等问题，其立法路径是在既有税法框架下，对与数字经济相关的增值税、所得税等制度予以改进或优化。第二类理解认为，数字税是应单独开征的税种，数字税立法不能局限于既有的税种制度，而恰恰要结合数字经济的特殊性，对相关课税要素进行独立的制度设计。在以往的立法倡议或制度实践中，欧盟及相关数字输入国（消费国）从国内税收立法的角度，提出了数字服务税、均衡税、预提所得税等设想，有的国家已将相关设想付诸实施。但这些税种是否都属于独立税，与既有的商品税、所得税等是否存在根本差别，仍值得研究。[①]

基于上述对数字税的两类理解，可以提出数字税立法的两种路径：一是在现行税法框架下进行制度改进，二是制定专门的数字税法。对于上述两种立法路径，OECD都有关注，它一方面强调对既有所得税、增值税等制度的改进和完善，另一方面又将征收数字税作为过渡性措施。而在国内税收立法层面，无论选择主张上述哪种立法路径，都要从基本原理、基本价值、基本原则等视角，明晰立法的必要性与可行性、合理性与合法性，并由此形成对立法战略、立法技术等方面的基本共识。

与上述数字税立法类似，我国在房地产税、环境税等领域，也都有过关于两种立法路径的探讨。例如，曾有人主张在既有的税法框架下，通过完善与房地产行业和环境保护相关的税种，构建房地产税和环境税制度[②]，这属于立法改进的路径。当然，国家最终采用了专门立法的路径，且已制定了专门的《环境保护税法》，其中涉及不同于立法改进路径的大量特殊问题。[③] 对上述两种立法路径的

① 例如，2018年欧盟委员会提出的《数字服务税统一规则》，主张征收数字服务税（Digital Services Tax）并将其定性为临时税和间接税。

② 丁成日．房地产税制的理论回顾（上）．财政研究，2007（2）：13－18.

③ 高萍，计金标．我国环境税税制模式及其立法要素设计．税务研究，2010（1）：36－40.

探讨，都要考虑相关基本原理和法律价值，并在此基础上明确相关法律原则和具体规则，这对数字税立法同样是适用的。

此外，无论是在既有税法框架下进行制度改进，还是制定专门的数字税法，都涉及课税要素的调整。例如，在征税对象方面，农业经济时代的土地和工业经济时代的能源、资源、技术等，都可以成为征税对象，同样，数字经济时代的信息或数据，也可能成为一国的征税对象。在数字经济时代，是否要征收专门的数字税或数据税，如何确定纳税主体、征税对象和税基、税率等，需要从技术、经济、法律等维度展开研究，尤其应依循相关基本原理并体现相关基本价值，这样才可能有效确立体现数字经济特点和要求的规范，才能合理配置税收管辖权，公平分配税收利益，充分体现税制的包容性，并在此基础上构建"公平、可持续和现代化的国际税制体系"①。

总之，在推进数字税立法的过程中，无论主张采取哪种路径，抑或认为两种路径可并行不悖，同时推进，都要回归基本的原理和价值层面以展开论证，并回答数字税立法的必要性与可行性、合理性与合法性等问题，从而厘清税制设计的相关基本问题，推进数字经济的税制建设和法治发展。下面先着重探讨数字税立法应依循的原理，再分析相关的价值引领问题。

（二）数字税立法应依循的原理

数字税立法属于经济立法，各类经济立法均应依循差异性原理、经济性原理和规制性原理，即应当针对现实存在的不合理的或有害的差异，确立多种可实施的规制手段，以消除或减少相关差异，并降低交易成本，使经济运行"更经济"，从而实现经济与社会的良性运行和协调发展。数字税立法不仅应依循上述原理，还应基于数字经济税收的特殊性，体现税收立法上的可税性原理。采上述四大原理的视角，有助于明晰数字税立法的必要性与可行性、合理性与合法性，揭示其目标与手段、价值与规范之间的紧密关联。

---

① 这是OECD在《制定应对经济数字化税收挑战共识性解决方案的工作计划》中提出的目标，该计划已在2019年6月8日举行的G20财长和央行行长会议上获得批准。

第一，从差异性原理看，“经济—法律”差异是普遍存在的，各国数字经济发展和税收法律制度之间存在的较大差异，加剧了数字经济与税法制度的不匹配，由此引发的问题日益凸显，亟待在制度上得到有效解决，从而使数字税立法更显必要。

回应上述差异及其引发的问题，是数字税立法的直接动因。在国际层面，各国的数字经济发展存在差异，直接影响其税收利益分配，需要构建相应的数字税制；在国内层面，对数字企业与非数字企业的差别征税问题，亦需要通过构建数字税制加以调节。正是由于上述国家之间、企业之间存在的信息能力和分配能力的差异，数字企业或信息能力较强的一方持续更多获益，并由此导致相关利益分配的失衡，因而才需要通过推进数字税立法加以解决。①

数字经济领域的相关差异导致的不公平问题，亟待通过对传统税法制度作出变革来解决。只有重新厘定相关国家的税收管辖权、税收收益权，才能通过税权结构的调整，实现税收利益的公平分配。这既是数字税立法的重要目标和内容，也是制度变革动力之所在。因此，依循差异性原理，数字税立法应当基于数字经济领域的客观差异，重新配置相关税权，使税收利益的分配更加公平，从而有效解决不合理的差异问题。

第二，从经济性原理看，各类税收立法都应有助于促进整体经济的发展，使经济运行“更经济”。同样，数字税立法亦应有助于降低相关交易成本，促进数字经济发展，使整体的经济运行更有效率。与此相关联，在数字税立法的具体立法路径选择方面，究竟应在两种路径中“二选一”，还是沿两种路径同时推进，主要仍要看如何选择更有助于促进数字经济乃至整体经济的发展。

依循经济性原理，在回应数字经济发展与现行税法规则错配方面，需要考虑哪些不合理的差异需要解决，如何在课税要素方面进行制度设计才能促进经济发展；同时，在立法路径选择上也要进行成本收益分析。从经济性原理的视角审视

---

① 有关差异性原理的一般性讨论，可参见邱耕田．差异性原理与科学发展．中国社会科学，2013（7）：4－21。此外，财税法研究尤其应关注差异性原理，可参见张守文．企业所得税法统合的内在局限．税务研究，2008（2）：50－53。

数字税立法，更有助于揭示或说明如何进行制度设计更具有合理性。

第三，从规制性原理看，针对现实存在的差异，应当运用规制手段进行相应的法律调整，从而实现“更经济”的目标。税法的规制手段主要包括两个方面，即“积极的鼓励促进”与“消极的限制禁止”。与此相关联，数字税立法需要处理好“励进型规范”与“限禁型规范”的搭配，两类措施各自占比的多少，决定着税法制度是包容性制度抑或攫取性制度。① 只有构建具有包容性的税制，才能有效促进数字经济乃至整体经济的发展，并在更高层次上体现数字税立法的合法性。

为了实现有效规制，在纳税主体、征税对象等课税要素方面，应审慎地进行制度设计。从相关国家数字税的制度实践看，并非对所有数字企业都征税，而是分门别类、区别对待，即仅对达到一定规模的大企业进行征税。这样，既有助于保障征税效果，体现对本国税收利益的保护，又有助于促进中小数字企业的成长，推动数字经济的均衡、健康发展，从而实现税法规制的目标。

第四，从可税性原理看，对数字经济、数字产业、数字企业、数字价值等可否征税，需要考虑多种因素，尤其要考虑是否符合可税性的基本要求。只有数字企业的行为具有营利性和收益性，才具备征税的基本条件，其行为才可能成为法定的“应税行为”。数字税立法不仅要回应现实的差异性，还要符合可税性的要求，这样才能通过运用有效的税法规制手段，实现经济性的目标。因此，是否具有可税性，会直接影响数字税立法的可行性。

国家征税要遵循可税性原理，现已成为基本共识。② 面对数字经济的发展，无论是在现行税制下对相关税种进行扩展，还是开征专门的数字税，都必须符合可税性的要求。因此，对于作为数字经济时代基本要素的数据是否具有可税性，

---

① 德隆·阿西莫格鲁（Daron Acemoglu）将制度分为包容性制度和汲取性制度，并认为前者更有助于促进国家的发展（[美] 阿西莫格鲁，罗宾逊．国家为什么会失败．李增刚，译．长沙：湖南科学技术出版社，2015：51－58）。

② 有关可税性基本问题的讨论，可参见张守文．论税法上的“可税性”．法学家，2000（5）：12－19；张守文．收益的可税性．法学评论，2001（6）：18－25。

对于数字服务行为应否征税等，仍需展开深入研讨[①]，这些都是数字税立法需解决的基础问题。

总之，上述四大原理密切相关，依循差异性原理和可税性原理，有助于说明数字税立法的必要性与可行性；而依循经济性原理和规制性原理，则有助于明晰数字税立法的合理性与合法性。此外，基于上述四大原理的视角，还可以揭示数字税立法的目标与手段、价值与规范之间的内在关联。只有切实遵循和体现上述原理，才能高质量地推进数字税立法，有效地回应数字经济的发展，并有效地解决数字经济发展带来的诸多税法问题。

三、数字税立法的价值引领

推进数字税立法，需要在相关重要法律价值的引领下，确立其立法宗旨、基本原则和具体规则。事实上，在上述四大原理中，蕴含着多种基本价值，尤其是效率与公平、自由与秩序、安全与发展这“三对”紧密关联的重要价值，而对这些价值更需要在立法上进行有效的协调和平衡。只有依循上述基本原理，明晰相关价值引领，才能提升数字税立法和法律实施的质量。因此，有必要对上述基本价值展开进一步解析，以揭示价值引领的重要性。

（一）效率与公平的价值兼顾

从效率与公平的角度看，一方面，在数字经济时代，交易更为便捷，交易的规模和距离突破了地理空间的局限，使交易成本大为降低，从而带来更高的效率；另一方面，空间限制的排除，使以物理意义上的实体机构为连接点的税法制度受到冲击，导致相关国家税收管辖权“落空”，并影响其税收利益的公平分配，从而形成了对现行税制的巨大挑战。

在数字经济条件下，无论是对跨国数字企业的普遍、平等征税，还是相关国

① 对于数据是否具有可税性的讨论，可参见傅靖．关于数据的可税性研究．税务研究，2020（8）：54－61，等等。

家之间税收利益的公平分配，都涉及税收公平问题。因此，数字税立法既要关注数字经济发展所带来的效率，也要重视由此产生的影响征税公平和税收利益分配公平的问题，应切实兼顾效率与公平两类价值。其中，影响税收公平的问题的大量存在，使数字税立法变得更为必要和迫切。这也是相关国家开征数字税的重要动因。

在效率与公平价值的兼顾方面，既要肯定数字经济的效率价值，并力求使税法制度有助于促进数字经济的发展，又要正视数字经济带来的诸多问题，通过税权结构的重整，解决相关的税收公平问题。基于前述差异性原理，各国经济发展阶段、数字经济发展水平、税法制度都存在差异，相关市场主体恰恰会利用这些差异，通过事实上的税基侵蚀谋求更大的利益，从而导致相关国家依据现行税法制度的“预期可得利益”受损，并由此影响其国家利益和社会公共利益，因此，对其中涉及的税收公平问题必须通过税制的改进和优化加以解决。

数字经济带来的“新与旧”的冲突在诸多领域都有呈现。数字经济时代的技术、经营模式和经济形态等的创新，带来了收益分配的变化，需要在法治框架下推进利益结构的调整和收益的再分配。事实上，相对于数字经济带来的创新，税法制度如不能及时回应和有效应对，就会客观上形成税法的缺漏，导致数字经济活动与既有税法框架、制度预期产生背离，使数字企业被认为是客观上存在“逆法避税”的行为。针对因税法网络不能有效覆盖数字经济而导致的经济发展创新与既有税法制度的不协调或不一致①，只有及时进行税法的制度变革，才可能实现经济效率与税收公平的有机统一。因此，数字税立法应同时兼顾效率价值和公平价值，及时回应数字经济发展和税收利益分配问题，既要促进数字经济的健康、有效发展，又要在不同类型企业之间、相关国家之间实现税负公平与税收利益的公平分配。

---

① 全球化和数字化形成了新的经营模式，对相关国家税收制度造成了压力，数字经济对税法制度的重要挑战是 OECD 重视税法制度回应的重要原因（[奥] 迈克·兰，等．全球数字经济的增值税研究．国家税务总局税收科学研究所，译．北京：经济科学出版社，2017：6）。

（二）自由与秩序的价值权衡

从自由与秩序的角度看，一方面，数字经济的发展离不开市场主体的经济自由，而这尤其需要宪法以及相关经济立法的保障；另一方面，市场主体的经济自由还要受税法等多种法律的约束，才能形成公平竞争、公平分配的经济秩序，确保“有序”数字经济的发展。可以说，经济自由与经济秩序都是数字经济发展不可或缺的，且都需要法律的有力保障。

因此，数字税立法应在自由与秩序之间进行有效权衡，既要体现税收中性原则，保障市场主体的经济自由，发挥市场机制在资源配置方面的决定性作用，又要更好地发挥税收调控的作用，维护税收分配秩序和整体经济秩序。与此相关，基于数字经济与既有税法制度之间的不匹配，以及经济自由与税法秩序之间的紧张关系，对数字经济活动是否征税、如何征税，会影响对数字企业与非数字企业的公平对待问题。这既涉及一国的经济发展战略，又涉及税收法治，对这两个方面同样需要进行有效协调。

从经济发展战略看，如果一国数字经济发展得好，有望在国际竞争中占据优势地位，则该国对数字经济的税法规制就可能采取宽松的态度。例如，美国在20世纪90年代，基于当时知识经济的蓬勃发展，对电子商务就采取宽松的税法规制策略，鼓励新型经济的发展。在数字经济时代，美国对其数字企业巨头的国际竞争仍持积极的鼓励态度，反对欧洲国家对其征收数字税。而欧盟及其主要成员国的态度则相反，因其数字经济发展落后于美国等主要经济体，并认为其税收利益和国际税收分配秩序会受到影响，因而不仅出台《通用数据保护条例》（GDPR）等以加强对数字企业经济自由的限制，还注重对数字经济的税法规制，以维护其税收利益和国际税收分配秩序。可见，各国的经济发展战略与税收法治之间存在紧密关联，其中贯穿着对自由与秩序的价值权衡，以及对经济发展战略与法治发展战略的协调。这对数字税立法亦会产生重要影响。

基于经济系统与法律系统、经济发展战略与法治发展战略之间的联动与协同，在某些情况下，数字税立法的相对滞后也可能是因相关国家主动为之，而未必是因其怠于行使征税权。其中贯穿着对上述效率与公平价值的兼顾，以及对自由与秩序价值的权衡，涉及对税收中性、公平竞争的认识。从总体上说，基于效率价值和自由价值，数字税立法会更强调税收中性原则；而基于公平价值和秩序价值，数字税立法会更强调公平竞争原则。对上述与相关价值密切相关的两类原则如何协调，同样是数字税立法需要解决的重要问题。①

具体说来，在国内税收立法层面，从企业竞争的角度看，往往更重视公平竞争，强调对数字企业和非数字企业进行平等征税，而不应单独对数字企业给予税收优惠，这同税收法治的精神更加一致；在国际税收治理层面，从国家竞争的角度看，往往更重视经济发展战略。各国的经济发展战略不同，它们对公平竞争的理解和强调也可能有所不同，并由此影响国内税收立法的策略以及对跨国公司的税法规制。可见，数字税立法与一国数字经济的发展阶段、发展战略、法治体系都直接相关，其中不仅涉及自由与秩序的权衡，也贯穿着效率与公平的兼顾，体现了各类法律价值之间错综复杂的内在关联。

（三）安全与发展的价值考量

从安全与发展的角度看，一方面，数字经济有助于提升经济效率，促进经济增长，因而有必要保障其健康发展；另一方面，数字经济也会带来诸多风险，涉及技术、伦理、经济、法律等多个层面的问题，在税收领域尤其需要防控其导致的税收分配风险，保障国家的财政安全和整体的经济安全。

在信息技术高速发展的时代，对于网络化、数字化、智能化可能带来的诸多问题或负面影响，需要加强多种法律的有效规制，以在法治框架下缓解其带来的风险，保障国家的经济安全和个人的信息安全等。② 其中，数字税立法作为对数字经济活动进行税法规制的重要制度安排，既有助于通过维护税收秩序，促进税收分配公平，防控财政意义上的税收风险以及数字企业的税法合规风险，也有助于通过相关税法规则的明晰，化解相关管辖权冲突，防控相关国家的税法实施风

① 与此相关，有学者认为数字经济领域的国内税收制度应遵循税收公平和税收中性原则［李蕊，李水军．数字经济：中国税收制度何以回应．税务研究，2020（3）：91-98］。

② 对于数字经济，特别是人工智能发展可能对人类安全构成的威胁，可参见［美］托斯．人工智能时代．赵俐，译．北京：人民邮电出版社，2017：69-80。

险。因此，防控风险和保障安全，是数字税立法应体现的重要价值。

在有效防控数字经济导致的诸多风险的同时，还要看到发展数字经济的诸多积极意义。由于数字经济被视为促进经济增长的重要引擎，代表未来的经济发展方向，其对产业链、供应链、价值链的影响尤为突出，因此，数字税立法需要把握立法时机，优化立法技术，尤其在具体课税要素的确定方面，应基于各类数字企业收益模式或价值创造方式的差异，考虑是否要将所有数字企业作为纳税主体，是否要对不同主体的信息行为区别对待，以及如何确定税率和税基，等等。只有厘清课税要素，才能明晰征税的广度和深度；只有保持征税的适度和谦抑，才能构建具有包容性的税制，并据此推动数字经济的健康发展。

当前，我国正在构建新发展格局，事关国家经济的安全与发展。其中，数字经济的有效发展，既是国内经济循环的重要保障，也有助于化解逆全球化、单边主义、保护主义的影响，排除相关阻滞因素，推动国际经济循环。因此，构建国内国际双循环相互促进的新发展格局离不开数字经济的推动，相应地，对于数字税立法如何推进、如何展开，是否要征收专门的数字税，等等，都要作出谨慎选择。[①] 只有全面体现上述“三对价值”，将国内立法与国际税收治理结合起来，才能有效把握立法的时机、征税的广度和强度，实现数字税立法的预期目标。

总之，上述的效率与公平、自由与秩序、安全与发展“三对价值”，构成了数字税立法中的价值体系，能否有效兼顾、权衡和考量上述价值，并在此基础上实现税收正义和分配正义，会直接影响数字税立法的品质。因此，应在上述重要价值的引领下，确立数字税立法的立法宗旨、基本原则和具体规则，发现数字税立法与其他税收立法的共性与个性，揭示数字经济给税收立法带来的“变与不变”。

（四）价值引领与原则协同

在关于上述各类价值的探讨中，对相关税法原则已有所涉及。在数字税立法

---

① 基于不同的价值和立场，对数字税的制度设计也会有不同理解。例如，对 OECD 数字税提案就存在不同认识，可参见彼得·A. 巴恩斯，H. 大卫·罗森布鲁姆. 数字税：我们如何陷入这一迷局，又应如何摆脱困境？. 陈新，译. 国际税收，2020 (8)：8-13。

方面，同样要贯彻税法的三大基本原则，即税收法定原则、税收公平原则和税收效率原则，同时，还应在上述价值引领下，加强对相关原则的协同。

在上述“三对价值”中，基于公平、秩序、安全的价值，应强调数字经济领域的公平竞争和相应的法治保障。为此，应切实落实税收法定原则和税收公平原则，保障数字企业的基本权利和相关国家的税收管辖权，推进数字企业与非数字企业的公平竞争，维护税收分配秩序，保障国家和相关主体的经济安全。基于效率、自由、发展的价值，应强调通过依法保障市场机制的有效运行来提升经济效率，促进经济发展。为此，应切实落实税收法定原则和税收效率原则，通过建立税收法治体系，保障市场主体的经济自由，促进数字经济的有效发展。而在具体的税收立法过程中，对税收中性原则、竞争中立原则等会有更多的强调。

由于在数字税立法中，需要对上述各类价值予以兼顾、权衡和考量，因此，税法的各类原则作为上述价值的具体体现，也应推进其相互协同，从而为各类具体规则的确立提供指引，以保障税法调整目标的实现。事实上，无论是国内的税收立法，还是国际层面的税法协调，都体现了在基本价值引领下的原则协同。

例如，在数字经济发展早期，OECD曾提出电子商务的税收原则，其强调的效率原则、简化税制原则等，就与效率、自由和发展价值的要求内在一致，并由此会使税制更多地体现“包容性”。随着数字经济的不断发展，其带来的税基侵蚀和利润转移问题不断突出。因此，OECD又推出《税基侵蚀和利润转移行动计划》（Action Plan on Base Erosion and Profit Shifting，BEPS行动计划），将“关于数字经济面临的税收挑战的报告”置于首位，以回应数字经济发展对税收制度的影响，并在后续出台的多个报告中，持续体现了对效率、公平、秩序和安全等价值的重视。其实，OECD提出的数字经济时代应坚持的“税收的中性、效率性、确定性、简化性、有效性、公平性、灵活性以及可持续性原则”，正是上述各类价值的具体体现。鉴于数字经济乃至整体经济的高度复杂性，在相关价值引领下推进各类原则的协同，会更有助于回应国际税法体系的百年变革，并全面实现税法的调整目标。

对上述各类原则的协同，需在具体立法上加以体现。我国经过多年努力，对税收法定原则的落实已有较大推进，多个税收暂行条例已“升级”为法律，但对数字经济发展的回应仍很不充分，整体税法体系的优化还远未完成，这与主要采取“税制平移”的立法模式，缺少对税法的实质性修改有关。在维持既有税制框架的情况下，数字经济发展与税法之间的罅隙会不断扩大。只有切实体现上述各类基本价值，推进相关税法原则的有效协调，才能随着数字经济的发展而不断优化数字税立法，并持续推动数字税收法治的完善。

税法领域有三大基本范畴，即税权、税收行为和税收利益[①]，与此相对应，各类税收立法都要有效界定税权、规范税收行为和分配税收利益。同样，数字税立法需明晰数字经济领域的税收管辖权、应税行为和税收利益分配规则，这对国际税收协调亦非常重要。[②] 依托上述三大基本范畴，可以构建数字税立法的基本架构，如能将上述的“三对价值”及其引领下的税法原则贯穿其中，数字税立法则会“形神兼备”，这更有助于在立法的基本问题上形成共识。

四、小　结

数字经济对既有税制提出了诸多挑战，为回应数字经济发展导致的诸多问题，推进数字税立法已成为完善国内税收立法和推动国际税收协调的基本选择。但对于如何构建数字税制，如何形成有效的数字税制度，还存在诸多认识分歧。因此，有必要探讨数字税立法应遵循的基本原理和基本价值，这更有助于形成基本共识。

基于“信息技术—数字经济—税收法治”的内在关联，前面着重探讨了数字税立法应依循的四大基本原理。从差异性原理和可税性原理的维度的探讨，有助于揭示数字税立法的必要性与可行性；从经济性原理和规制性原理的维度的探

① 张守文．税收行为范畴的提炼及其价值．税务研究，2003（7）：42-48.

② 在OECD提出的应对经济数字化的税收挑战的共识性解决方案中，就涉及这三个方面的协调［樊轶侠，王卿．经济数字化背景下国际税收规则发展：对OECD“统一方法”的解读与研究．税务研究，2020（6）：79-85］。

讨，有助于说明数字税立法的合理性与合法性。上述四大基本原理蕴含着立法的目标与手段、价值与规范的内在关联，由此也可以发现四大原理与基本价值之间的紧密联系。在此基础上，上文进一步探讨了数字税立法应体现的基本价值，强调效率与公平、自由与秩序、安全与发展这“三对价值”尤为重要，它们构成了数字税立法的价值体系。由于上述各类价值既相互独立又紧密关联，因此，应重视对各类价值的兼顾、权衡和综合考量。这直接影响数字税立法的基本原则和具体规则的确立，以及各类税法原则之间的协同，从而会影响现行税制的改造和完善。

针对数字税立法的两种路径，各国需要依据本国数字经济的发展阶段，结合本国的经济发展战略和法治发展战略，在立法时机、立法技术等方面作出理性选择，同时，应注意国内立法与国际治理的有机协调，并在总体上构建“发展导向型”的、具有包容性的“数字税制”。这对弥补工业革命时代形成的税制框架之不足，推动数字经济乃至整体经济的发展，丰富税法的价值论、规范论和运行论，均具有重要的现实意义。

第三章　发展理念与法治逻辑

基于前述现代化发展目标，通过落实相关重要价值来推动税制改革，会有助于促进经济、社会和税收法治的发展。在此过程中，与发展目标、发展价值相对应的发展理念，对税制改革与税收立法至关重要。因此，应将发展理念贯穿各类税制改革和税收立法过程，由此形成“发展导向型税制”。与此同时，税制改革和税收立法还应充分体现经济和法律的基本原理，实现经济逻辑与法治逻辑的有机统一。

本章先从发展理念的角度，解析新发展理念对构建“发展型税收法治”的重要价值，及其在增值税立法中的体现；再以消费税为例，探讨发展理念对形成消费税制度改革的发展导向的重要影响；最后，基于发展理念、经济原理在各类税制中的体现，以增值税立法为例，分析其中贯穿的法治逻辑，包括一般法治逻辑和特殊法治逻辑。这些探讨既是对前两章有关法治问题的进一步回应，也是对后面各章有关法治探讨的一个铺垫。

本章所探讨的发展理念，与前面两章所探讨的现代化目标、改革开放的路径以及多元价值密切相关，同时，也与本书所倡导的构建“发展导向型税制”内在一致。正是基于发展理念，在税制改革和税收立法中，不仅要体现传统的一般法治逻辑，还要进一步体现现代税制或现代税法的特殊法治逻辑，即将经济原理与法治原理、经济逻辑与法治逻辑有机统一的“税收法治逻辑”，这也是贯穿全书的基本逻辑。因此，本章在全书中具有“承上启下”的作用，所探讨的发展理念与法治逻辑，不仅涉及税制改革的历史与现实，更影响税收立法或整体税收法治的未来发展。

第一节 发展理念与增值税立法

不同时期的税制改革，都会体现一定的理念。基于实现中国式现代化的发展目标，税制改革应当更多体现发展理念，并基于该理念，形成具体税制改革的发展导向。

我国曾在2014年开启改革开放以来的第四次税制改革，“14税改”与新发展理念的提出恰好对应，因此，新发展理念对此次税制改革以及相应的税收法治建设有更大的影响，并会与税收法治逻辑形成紧密关联。

一、背景和问题

我国已开启全面建设社会主义现代化国家的新发展阶段，面对新时期的发展问题、发展矛盾和发展任务，需要全面强化新发展理念的引领，加快建设现代化经济体系，构建“双循环”的新发展格局，推动经济和社会的高质量发展。① 而在此过程中，能否完整准确地理解和全面贯彻新发展理念，对于税制改革和税制完善同样具有重要影响。

自我国2015年提出新发展理念以来，对于创新、协调、绿色、开放、共享这五大发展理念，已有大量解读和诸多研究成果。② 只有系统把握上述发展理念

① 有关高质量发展的探讨，可参见高培勇．理解、把握和推动经济高质量发展．经济学动态，2019（8）：3-9。

② 例如，曾有学者从政治经济学的视角展开研讨，可参见顾海良．新发展理念的新时代政治经济学意义．经济研究，2017（11）：15-17。

之间的逻辑联系，准确理解其与“旧发展理念”的不同，切实将其作为“实践的引领”而不是“空洞的口号”，才能真正实现其蕴含的多种重要价值。由于理念是行动的先导，发展理念对税制改革实践有重要引领作用，因此，需要对新发展理念有完整、准确的理解。

完整、准确理解新发展理念的根本目的，是通过对其全面贯彻来指导和引领各领域的发展实践。例如，在税制改革和税收立法方面贯彻新发展理念，会有助于构建“发展导向型税制”和“发展导向型税收立法”①，由此又会进一步促进新发展理念在各相关税收领域的落实，从而有助于全面实现相关税收法治目标。

有鉴于此，在我国开启全面建设社会主义现代化国家的新发展阶段，构建新发展格局，推进高质量发展的背景下，有必要基于既往研究成果，从“历史—系统”的维度对新发展理念加以解析，以对其进行完整、准确的理解，从而全面发挥其重要引领作用。在此基础上，考虑到税收实践既需要新发展理念的价值引领，又离不开各类税法制度的规范、促进和保障，还应进一步从“价值—规范”的维度，探讨新发展理念与税制改革、税收法治建设之间的关系，特别是对构建“发展型税收法治”的影响，以及其对税收法治现代化乃至全面实现现代化目标的重要价值。

基于上述考虑，下面先从“历史—系统”维度对新发展理念进行解析，以增进对新发展理念的全面理解和整体把握，揭示将其融入税制改革和税收立法的必要性；然后再从“价值—规范”的维度，探讨新发展理念与税收法治建设的紧密关联，强调应将“在税收法治建设中贯彻新发展理念”作为重点，并由此构建“发展型税收法治”。

二、对新发展理念的“历史—系统”解析

从“历史—系统”的维度展开解析新发展理念，会有助于增进对新发展理念

① 有关“发展导向型税制”的讨论，可参见张守文．论“发展导向型”的税收立法．法学杂志，2016（7）：8－17。

的完整、准确理解。

(一) 基于历史维度的解析

新发展理念是与“旧发展理念”相对应的。对于何为发展、发展什么、如何发展等，各国都曾存在不同认识。[①] 我国在革命、建设与改革，计划经济与市场经济等不同历史时期，从不重视经济建设发展到“以经济建设为中心”，从片面强调经济增长速度发展到重视经济发展质量，这都体现了不同阶段发展理念的变化。由于税收制度与经济和社会的发展关联密切，不同时期的经济社会发展需要，以及相应的发展理念变化，对税制改革和税收立法都会产生重要影响。

随着全面建设社会主义现代化国家新征程的开启，我国经济社会发展已进入新发展阶段，社会主要矛盾已不同于既往，面对发展目标、发展环境、发展条件的调整和改变，更需要确立新的发展理念，以指导包括税收领域在内的各个领域的全面发展，对此应从历史维度加以解析。

自我国改革开放以来，“发展才是硬道理”日益成为社会共识。在市场经济体制确立之初，基于“以经济建设为中心”的导向，“经济发展”备受重视，且往往被简单地等同于“经济增长”。由此形成了突出的 GDP 导向，经济与社会的全面发展被忽视。[②] 随着各类发展问题的凸显，人们日益认识到，不能将狭义的经济增长等同于经济发展，应树立更为全面的“发展观”。据此，我国从过去较为重视经济增长或者“唯 GDP”的发展观，转而强调科学发展观，并进一步融入新发展理念，更加重视发展质量和发展效益，强调系统、全面的发展，从而形成了日臻完善的发展观。[③] 这对税制改革和税收法治建设也有重要影响。

---

① 例如，在对于“发展”的界定或理解方面，国际货币基金组织、世界银行等国际组织曾更关注经济增长，而阿马蒂亚·森（Amartya Sen）等学者则更关注全面发展的理念（[加] 崔贝尔考克，[美] 丹尼尔斯．法治与发展．冯川，等译．南京：南京大学出版社，2014：4)。

② 由高速增长转向高质量发展符合量变到质变的发展规律。有关发展理念和相应的经济发展理论演进的探讨，可参见洪银兴．改革开放以来发展理念和相应的经济发展理论的演进：兼论高质量发展的理论渊源．经济学动态，2019 (8)：10-20。

③ 发展观经过了从 GDP 发展观到可持续发展观，再到科学发展观的不断完善的演进过程，而新发展理念则进一步充实和完善了发展观 [简新华．发展观的演进与新发展理念．当代经济研究，2017 (9)：22-31]。

上述发展观的转变，体现了发展理念的变迁。事实上，发展理念是发展观的核心，不同的发展理念，体现了对影响发展的各类价值的强调或取舍[①]，尤其是对效率与公平、自由与秩序、安全与发展等重要价值的权衡；同时，还会直接影响对发展的认识，包括何为发展（涉及对发展的界定）、为何发展（涉及发展问题与发展目标）、发展什么（涉及发展领域与发展对象）、如何发展（涉及发展手段或发展路径、发展动力）等，从而形成了不同的发展观。基于上述的发展观框架，在税收领域，也要考虑何为税收（涉及对税收的界定）、为何征税（涉及征税目标、理据）、征什么税（涉及征税对象等）、如何征税（涉及税收的计量、程序等），并且，基于不同时期对发展的重视和考量的不同，对上述问题的回答也会有别。

此外，上述发展理念的变迁，与经济和社会发展的阶段性特征直接相关。从更长远的历史看，自 1860 年以来，我国一直在探索独立自主、自立自强的发展道路，并在不同历史阶段多次提出现代化目标。在经历了从革命到建设、从计划经济到市场经济、从贫困到小康的“历史性跨越”后，我国开启了建设现代化国家的新征程。而要完成新发展阶段的新任务，就需要有新发展理念的引领。同样，在税收领域，要完成新时期的税收治理现代化的目标，就需要切实融入新发展理念。

其实，当前强调新发展理念的引领，还与复杂的国际环境直接相关。2008 年全球性金融危机产生的萧条效应，叠加 2020 年以来不断蔓延的全球性公共卫生危机，对各国的经济社会发展产生了严重冲击，极大地影响了发展环境和发展路径。只有全面融入新发展理念，有效应对上述“双重危机”，才能突破发展困境，重构发展格局。因此，落实新发展理念，既是历史发展新阶段的要求，也是未来长期的重要任务，它关系我国经济和社会发展的全局。

另外，从经济社会发展的历史转型看，我国从传统的农业经济到工业经济，

① 对于经济法的理念和价值存在着不同理解，可参见徐孟洲．经济法的理念和价值范畴探讨．社会科学，2011（1）：96－102。

再到今天的信息经济或数字经济，从闭关锁国到全面开放，从单纯强调经济增长速度到重视经济发展质量，既离不开创新发展、开放发展和绿色发展，也需要协调发展和共享发展，其中贯穿和体现着各类发展理念之间的内在关联。对此，不仅应从历史维度解析，还要作基于系统维度的整体把握，这对税制改革和税收法治建设全面回应经济和社会发展尤为重要。

（二）基于系统维度的整体把握

欲完整、准确理解新发展理念，需要从系统维度对其予以整体把握。从发展理论的角度看，“发展问题—发展手段—发展目标”三者之间存在着内在关联，它们构成的“发展分析”框架，有助于探讨涉及发展的各类问题，同样适用于研究新发展理念与税制改革、税收法治建设的紧密关联。①

依据上述“发展分析”框架，我们需要关注与新发展理念相关的三个方面的问题：第一，应从问题定位的角度，明确我国存在的发展问题和发展矛盾；第二，应基于不同阶段的发展问题和发展矛盾，确立解决上述问题和矛盾的发展手段，尤其要明确具体的发展动力、发展路径和发展方式；第三，应通过相关发展手段的有效运用，实现相关的发展目标，如高质量发展目标、全面现代化目标、共同富裕或全民共享目标等。理解上述紧密关联的三个方面，有助于从系统维度增进对新发展理念的全面理解和整体把握，也有助于研讨新发展理念与“发展型税收法治”的相关问题。

首先，从发展矛盾、发展问题的角度看，随着我国社会主要矛盾的变化，发展不平衡、不充分的问题更为突出。针对多个领域、多个层次的发展不平衡问题，必须考虑落实“协调发展”理念，实施多种类型的协调②，如区域协调、城乡协调、内外协调、制度协调，等等，从而解决区域发展、城乡发展、收入分配方面的差距过大等发展失衡问题，以及因存在内外差别、制度差别而导致的不公

---

① 有关该分析框架的解析和运用，可参见张守文．公共卫生治理现代化：发展法学的视角．中外法学，2020（3）：590-611。

② 协调发展是针对事物发展的矛盾性，着眼于事物发展的整体性，解决事物发展的平衡性［杨明伟．协调发展：对发展问题的哲学总结．当代中国史研究，2016（6）：38-46］。

平竞争等问题。在落实协调发展理念的过程中，尤其应基于相关发展矛盾，特别是发展失衡等发展问题，明确发展路径和发展模式，不断改进发展手段，增进发展动力，优化发展环境，等等。其实，我国目前存在的区域差距、城乡差距、分配差距（“三大差距”），在一定程度上也与税收制度有关，因此，优化税制，完善税收立法，加强相关制度协调，有助于解决上述三大差距问题，或者相关的发展失衡问题。

其次，从发展动力、发展方式或发展手段的角度看，创新发展、协调发展、绿色发展和开放发展的理念缺一不可。例如，在创新发展方面，能否通过理念和理论的创新、制度和技术的创新，以及发展模式的创新，构建新经济、新模式、新业态，形成发展的新机制、新引擎，会直接影响发展动力，因此，在五大发展理念中，创新发展被置于突出位置，它关乎发展方式或发展手段的优化。此外，针对区域或城乡等领域存在的发展不平衡、人与自然关系不和谐，以及各领域开放发展程度较低等问题，尤其需要落实协调发展、绿色发展、开放发展的理念，以推动发展方式、发展路径的转变，并解决相关的发展失调或发展失衡问题。事实上，上述四大发展理念，都在从不同角度回答“如何发展”的问题，涉及发展动力、发展方式、发展路径、发展手段，直接影响前述发展矛盾和发展问题的解决，关乎发展目标的实现。与此相关联，税制改革和相关的税收法治建设也要注意鼓励创新，促进城乡、区域的协调发展，推动生态环境保护和对外开放。

最后，从发展目标或发展目的的角度看，新发展理念蕴含着重要的发展思想，特别是“以人民为中心”的民本思想，它与共享发展的理念存在紧密关联。而基于共享理念，在发展过程中应充分保障各类主体的发展权①，不断提升其发展能力，这样才能使各类主体共享改革开放成果②，实现共同富裕，并推动经济

---

① 其中，经济发展权尤为重要，可参见程信和．经济法基本权利范畴论纲．甘肃社会科学，2006（1）：138-146；张守文．经济发展权的经济法思考．现代法学，2012（2）：3-9。

② 有研究者提出“共享权利”的概念，将其界定为涉及共享经济成果、政治成果、文化成果、社会成果和生态成果的综合性权利［张彦，洪佳智．论发展伦理在共享发展成果问题上的“出场”．哲学研究，2016（4）：101-107］。

与社会的良性运行和协调发展。在税制改革和税收法治建设方面，尤其要注意解决各个分配环节的分配问题，依法减轻各类主体的税收负担，保障各类主体的经济发展权，从而在更高的层次上推进共享发展。

以上基于“发展问题—发展手段—发展目标”的“发展分析”框架，简要解析了各类发展理念之间的内在联系，以及各类理念与税制改革、税收法治建设的密切关联。据此，既要看到不同发展理念对各类发展问题的解决各有侧重，也要看到它们在上述“发展分析”框架下存在的紧密联系，以及税制改革和税收法治建设对于解决发展问题的积极价值。例如，从各类发展理念的各自侧重看，创新发展理念侧重于解决发展动力问题，协调发展理念侧重于解决发展不平衡问题，绿色发展理念侧重于解决人与自然和谐发展问题，开放发展侧重于解决内外联动发展问题，共享发展侧重于解决公平分配和发展正义问题。其中，协调发展、绿色发展、开放发展都在解决不同领域、不同层次的发展失衡问题；解决上述失衡问题需要理论创新、制度创新、技术创新，将创新思维、创新理念融入其中；只有深化改革，扩大开放，才能不断解决发展失衡问题，才能进一步解决分配公平和发展正义问题，实现共享发展。可见，各类发展理念虽有侧重，但密切相关。在“发展分析”框架下，上述的发展失衡体现的是“发展问题”，而创新发展是解决发展问题的发展手段，共享发展（或均衡发展）则是受到普遍认可的发展目标。①

此外，从系统维度看，不仅要关注上述各类新发展理念所构成的体系或系统，还要关注新发展理念与新发展阶段、新发展格局的紧密关联，从而在更大的系统中实现对新发展理念的整体把握。例如，新发展阶段的核心发展目标，是在协调共生、共同富裕、和平发展的基础上，全面建设社会主义现代化国家。要完成这一旷世系统工程，必须对新发展阶段、新发展理念、新发展格局进行系统的整体把握，并由此明晰我国的发展矛盾、发展问题、发展模式、发展动力和发展

① 与此相关，有研究者认为，五大发展理念作为一个有机的整体，是目标导向与问题导向的结合，立足国内和全球视野的统筹、合规律性与合目的性的统一［陈金龙．五大发展理念的多维审视．思想理论教育，2016（1）：4－8］。

路径，不断优化发展政策和发展环境。正是在这样的大背景下，需要构建有助于保障和促进发展的“发展型税收法治”，这对全面实现“中国式现代化”的发展目标亦甚为重要。

总之，要完整准确理解新发展理念，需要从多个维度分析各类发展理念的内在逻辑联系。由于观察视角不同，对相关发展理念的认识可能会“横看成岭侧成峰，远近高低各不同”，因而更应整体、系统地加以把握，而不能孤立、片面、僵化地理解。这既是对新发展理念进行完整准确认识的基本要求，也有助于在税制改革和税收法治建设中对其予以全面贯彻。在全面依法治国的背景下，还需进一步思考如何切实落实新发展理念，构建“发展型税收法治”。

三、新发展理念与“发展型税收法治”

我国正在全面推进深化改革和依法治国，应将新发展理念切实融入税收法治建设。据此，在税收领域的立法、执法、司法、守法等税收法治建设的各个环节，都应充分体现新发展理念，由此会形成有助于保障和促进经济社会发展的“发展导向型税收法治”，亦可称其为“发展型税收法治”[①]。

（一）新发展理念与“发展型税收法治”的紧密关联

在新发展阶段，需要不断优化各类主体的发展环境，改善其发展条件。对此不能仅靠市场主体的内生动力，还要有国家的外力推动，尤其需要良法善治的保障和支撑。正是在这个意义上，应基于新发展理念与税收法治建设的紧密关联，将新发展理念融入税收法治建设的各个环节，持续构建“发展型税收法治”。为此，应着重关注如下两个方面：

一方面，应重视新发展理念对税收法治建设的重要引领作用。新发展理念所蕴含的重要价值，对税收法治建设具有重要引领作用。只有全面落实新发展理

① 这其实也是国家的重要法治战略［顾功耘．论重启改革背景下的经济法治战略．法学，2014（3）：3－15］。

念，并将其融入相关法治理念、法治思想和法治理论，才能实现税收法治理论的创新和税制的优化。为此，在推动税收法治发展的过程中，应注意协调税收政策与税法的关系，以及税法与其他社会治理手段的关系，并在协调和解决各类问题过程中保持税法体系的开放发展，推动“良法”的持续生成；同时，还应推动税收法治自身的绿色发展，降低各类制度性交易成本，加强各类税法制度的成本收益分析，增进相关税法的实效，促进税法价值的实现。上述方面体现了对创新、协调、绿色、开放等新发展理念的落实；在此基础上，还应确立共享发展的目标，使税收法治能够均衡保护各类主体的利益，成为促进发展的重要支撑。①

另一方面，还应关注税收法治建设对落实新发展理念的重要促进和保障功能。在税收法治建设中体现“发展导向”，会更有助于在税收领域贯彻新发展理念，并由此推动经济和社会的发展，例如：体现新发展理念的“发展型税收法治”，既有助于促进各领域的创新发展，也有助于促进区域、产业等方面的协调发展；既有助于推动对外开放，畅通国内国际“双循环”，又有助于保障各类主体的发展权，提升其发展能力，推动公平分配，解决共同富裕、共同发展的问题，从而实现共享发展成果的目标。② 因此，切实构建“发展型税收法治”，尤其有助于为新发展理念的落实提供法治保障。

总之，基于新发展理念与“发展型税收法治”的紧密关联，既要看到落实新发展理念对于构建“发展型税收法治”的重要推动作用，又要看到构建“发展型税收法治”对于落实新发展理念、促进相关领域发展的重要保障作用。只有在税制改革和税收法治建设中全面落实新发展理念，才能不断推进整个税制或税收法治体系的优化，并在税收法治框架下保障和促进经济社会的发展。

（二）新发展理念在税收制度中的落实

构建“发展型税收法治”，需要将新发展理念融入各类具体税法制度中，以

---

① 公丕祥．新发展理念：中国法治现代化的战略引领．法治现代化研究，2017（1）：22－36.

② 有关高质量发展阶段的主要特征的分析，参见王一鸣．百年大变局、高质量发展与构建新发展格局．管理世界，2020（12）：1－13。

实现其重要引领作用。融入新发展理念的税法制度，有助于促进创新、协调、绿色、开放、共享等新发展理念在相关领域的落实。具体如下：

第一，在创新发展方面，税法应有助于支持相关领域的创新，特别是技术创新。对此，应在税率优惠等广义的税收优惠制度中，作出包含激励创新的制度安排。[①] 尤其在信息技术革命、数字经济快速发展的背景下，更需要税法在推动创新方面作出有效的制度安排。

第二，在协调发展方面，基于重要的协调思想，应将协调的理念和手段贯穿于税法的诸多制度之中。[②] 考虑到区域或城乡的发展差距、不同群体或个体的收入分配差距等发展失衡问题，都与税收制度有紧密关联，应通过税法制度的优化，协调解决“三大差距”问题。

第三，在绿色发展方面，随着工业化、市场化和全球化的发展，尤其需要处理好人与自然，以及与生态环境相关的人与人之间的关系。只有不断减少负外部性带来的“公害”，切实将私人成本内部化，才能构建良好的发展环境，保障社会公共利益和基本人权。为此，在促进绿色环保产业发展方面，应运用环境保护税、消费税、所得税等制度，促进绿色发展理念的落实，从而推动绿色发展或永续发展。

第四，在开放发展方面，各类税法制度都发挥了重要作用。我国在改革开放之初，曾在经济立法中率先制定了《中外合资经营企业所得税法》和《外国企业所得税法》，对推动对外开放起到了重要作用，但同时也形成了我国税法领域内外有别的“二元税制”。直至我国加入 WTO，普遍存在于商品税、所得税和财产税各领域的“二元税制”问题才得到有效解决[③]，由此形成的较为统一的税制更有助于促进公平竞争和对外开放。在对内开放方面，为了构建全国统一大市场，需要打破区域、行业、所有制等各种壁垒，促进国内开放，保障国企与民企等各

① 华国庆．促进自主创新的财税法研究．科技与法律，2009（1）：22－26.

② 刘文华，王长河．经济法的本质：协调主义及其经济学基础．法学杂志，2000（3）：7－10. 张守文．论经济法上的协调思想：“国家协调论”的启示．社会科学，2011（1）：88－95.

③ 刘佐．我国改革开放后涉外税制的建立与内外税制统一．涉外税务，2010（1）：32－36.

类主体之间公平竞争，优化营商环境，这需要相关税法制度发挥重要作用。

第五，在共享发展成果方面，需要对各类主体的合法权益予以均衡保护，使其能够享有经济社会的发展成果。为此，需要依据税法规定，有效规范税收征纳行为，依法规制税收逃避行为，同时，需推动公平分配，在三大分配环节中发挥税法的重要作用，从而促进全民的共同富裕，使其共享改革和发展成果。[①]

可见，随着新发展理念的不断融入，整体的税收立法或税收法治会更加有助于促进公平竞争，发挥市场机制在资源配置方面的决定性作用，也有助于促进良好营商环境的形成，从而保障和促进经济社会发展。这对构建现代化经济体系，实现经济社会高质量发展尤为重要。

此外，在构建现代化经济体系的过程中，包括现代税收体制在内的现代经济体制亦居于重要地位。[②] 只有不断推进制度创新，建立现代税收制度，才能构建“发展型税收法治”的基本框架，推动税收领域的发展矛盾和发展问题的有效解决。

四、新发展理念的体现：以增值税立法为例

在构建“发展型税收法治”的过程中，税收立法具有基础地位。体现新发展理念的各类税制改革的成果，都要通过相应的税收立法加以体现。因此，需要关注各类具体税收立法中的新发展理念的落实情况，这对于推进“发展型税收法治”的构建尤为重要。下面以增值税立法为例，审视相关新发展理念在税收立法中的体现。

增值税是我国的第一大税种，如果仅强调国家获取税收收入的需要，则整体增值税立法的重心应是服务于更多地获取收入；如果强调增值税的宏观调控等多元功能，则在增值税立法中应强调多元目标，并应重视增值税在保障和促进经济

---

① 法治应当为经济社会发展保驾护航，更好地滋养、保障和推动发展［江必新，邵长茂．贯彻五大发展理念的法治保障．现代法学，2016（6）：3-14］。

② 张守文．现代经济体制的构建及其法治保障．政法论丛，2019（1）：3-14.

社会发展中的重要作用，至少应当将防止扭曲市场机制的税收中性原则作为重要原则，并在整体上体现立法的发展导向。[①]

强调增值税立法的发展导向，必然要重视相关发展理念和发展价值，并将增值税制度作为保障和促进经济发展的重要手段。基于增值税税种的特殊性及特殊功能，尤其应将创新、协调、开放的发展理念融入立法过程，并体现在相关的增值税制度中。这更有助于提升增值税立法的质量，确保其更好地促进高质量发展。[②]

（一）增值税立法与创新发展理念

增值税是我国最重要的税种，其覆盖范围广，贯穿市场交易的各个领域，影响社会经济生活的方方面面。从 20 世纪 20 年代提出增值税的理论构想，到 20 世纪 50 年代以后陆续在多个国家推行，体现了理论创新和制度创新的有机结合。目前，要在我国的增值税立法中，充分体现创新发展的理念，至少应强调两个方面：一方面，增值税制度应有助于鼓励市场主体的创新发展，从而推动整体经济的创新发展；另一方面，还应推进增值税制度自身的创新发展。

1. 增值税立法推动创新发展

首先，增值税立法应有助于推动经济的创新发展。增值税因其“道道课征，税不重征”而被认为更能体现“税收中性”的原则，并且它更有助于促进专业分工的细化和经济结构的优化。我国在“94 税改”中用增值税替代产品税，就集中体现了对增值税的上述功能的肯定。在全面建设社会主义现代化国家的新发展阶段，要建设现代化经济体系，就需要建设现代产业体系，不断优化产业结构和整体经济结构，而创新发展则是必由之路。在推进创新发展的过程中，增值税制度通过全链条的环环相扣，通过对货物和劳务的全覆盖，在整体上有助于均衡税负；同时，增值税作为突出的中性税种，有助于创新型企业税负转嫁，由此推动

① 税收立法应融入各类发展理念，从“收入导向型”立法向“发展导向型”立法转变［张守文．论“发展导向型”的税收立法．法学杂志，2016（7）：8-17］。

② 《增值税法》第 1 条规定，该法的立法目的是“健全有利于高质量发展的增值税制度”，这体现了该法重要的“发展导向”。

市场主体在组织创新、模式创新、技术创新的过程中脱颖而出，并在带动产业转型升级的过程中，推动经济的高质量发展。

因此，在增值税立法中，必须充分体现税收中性原则，确立纳税人的抵扣权，使相应的税款抵扣机制能够充分发挥作用。这直接关系市场机制在资源配置方面的作用的发挥，有助于防止税法制度扭曲市场机制。在“营改增”试点实施过程中，曾发生创新型企业因不能充分抵扣而导致税负增加等问题，这就体现了抵扣权方面的问题，对此应在立法上综合解决。① 毕竟，对于某些轻资产的创新企业来说，其可抵扣的项目相对较少，由此会导致其税负增加。此外，与之相反的是，某些创新企业进项税额较大，而销售渠道暂未打开，导致其留抵税额较大，影响其资金占用。因此，增值税立法应在强调普适性、统一性的基础上②，关注税负的均衡性，这对于推进创新发展更为重要。

近些年来，各类技术特别是现代信息技术的广泛应用，数字经济的发展迅猛，推动了产业创新、组织创新，新经济、新业态、新模式备受关注。对由此带来的新税源如何征税，对现代服务业如何征收增值税等，相关交易是否具有可税性，等等，都需要重点关注。对于上述领域的创新发展，既要强调税收中性原则，又要考虑相应的税收调控，还涉及国际税收治理方面的制度协调。

2. 增值税制度自身的创新发展

增值税立法要有效推动整体经济创新发展，也需要其自身有创新发展。我国自 2014 年开启第四次税制改革以来，国家立法机关曾试图在 2020 年前完成把各类税收暂行条例上升为税收法律的艰巨任务。为此，立法机关一方面按照“先易后难原则”，推进环境保护税、烟叶税等立法；另一方面，在立法过程中，非常强调和重视“平移原则”，强调“税负平移”“制度平移”。这些“平移”有助于减少立法成本，提升立法效率。但如果每个税种立法都进行“制度平移”，就很难有税制的改革和优化，更难有制度创新。

---

① 增值税的各类制度改革试点，都会带来多方面的问题，需要从税收法治的角度加以解决［张守文．我国税收立法的“试点模式”：以增值税立法“试点”为例．法学，2013（4）：59－66］。

② 张守文．税法的普适性及其局限．中外法学，2001（5）：554－566.

因此，基于创新发展的理念，必须进行真正的税制改革，必须在立法模式、立法结构、立法内容等方面切实创新。至少在立法体例或立法形式上，不能再简单照搬既往的税收暂行条例，而必须基于重要立法应有的形式或体例，来设计增值税法的基本框架。这对于推进增值税制度自身的创新非常重要。

例如，从已经颁布的《环境保护税法》等多部税收法律看，它们尽管在名义上都是“法律”，但基本上仍沿袭了“条例”的框架和格局。而统一的《增值税法》作为一部重要的税收法律，即使从其复杂性、重要性、广覆盖性的角度，也不应沿用既往“税收暂行条例”的框架和格局，而应当具有一部重要法律所应有的体例框架，尤其应当包含一些重要的基本内容。例如，在总则部分，其应当规定增值税的立法宗旨、基本原则等，尽管这些条款的规定对于许多重要法律，或者对于通常的立法技术而言，并不构成制度创新，但在增值税立法或税种立法方面，却可以视为一种创新，并且，这种创新还应扩展至其他税种立法，毕竟，每个税种立法的宗旨和原则还是有差别的。这是在强调税收法定原则的背景下，在努力解决“部门立法”弊端的前提下，应当推动的制度创新。

在增值税的制度创新方面，需要有多方面的探索。一方面，通过“营改增”，我国实现了增值税制度对营业税制度的“吸收合并”，增值税的征税范围大为扩展，形成了面向货物与劳务、动产与不动产、有形资产与无形资产的交易征税的“大增值税”制度。另一方面，针对大一统的增值税制度，还需要实现多个方面的制度优化，例如，在税率方面如何通过减少税率档次避免在各类市场主体之间形成过多的差别对待，保持增值税抵扣链条的完整；又如，如何通过完善抵扣制度，在财政能力允许的情况下，确保纳税主体能够及时在各个环节得到增值税退税，从而如 OECD 的相关指南所说，不让各类交易主体在中间环节承担增值税税负①，从而全面体现增值税的中性或中立性，实现真正以增值额为依据进行征税，而不给纳税人造成额外负担。这是在制度创新方面需要关注的重要问题。

---

① OECD 在 2006 年发布的《国际增值税/货物劳务税指南》第一章强调，增值税的总原则是对最终消费征税，除非法律明确规定，否则（征税环节中的）企业本身不应承担增值税负担。

因此，增值税的制度创新，核心是要回归增值税的基本原理，回归以增值额为计税依据进行课税，从而体现增值税的税收中性，这正是增值税制度在绝大多数国家和地区被迅速推开的重要原因。因此，在制度创新方面，无论如何进行创新，都要围绕基本原理展开，这是基本规律的体现和要求，否则，背离基本原理，就不可能实现有效创新，或者可能会导致相关制度不再是增值税制度，这是在落实创新发展理念、构建现代增值税制度方面需要特别注意的问题。

（二）增值税立法与协调发展理念

协调发展理念在增值税立法中的体现，涉及多个方面。其中，增值税立法与经济发展的协调，以及增值税立法与相关法律制度的协调尤其需要被强调。

1. 增值税立法要与经济发展相协调

经济发展是税收立法的基础，税收立法对经济发展会具有反作用，因此，两者之间必须有效协调，这在增值税立法方面同样非常重要。

事实上，在不同的经济体制下，在经济发展的不同阶段，增值税制度会有不同的体现。在我国计划经济时期，由于商品经济日益萎缩，建立在交易基础上的与商品经济和市场经济相对应的增值税制度，不可能得到确立。1958 年国务院将货物税、商品流通税、营业税和印花税合并简化为“工商统一税”[①]，其后受“非税论”的影响，多种税法制度被不断废止，整体税制近乎为单一税制。在改革开放以后，工商统一税的征收范围很有限，主要征收对象为涉外企业，但它毕竟与工商业和商品交易相关。从相关原理的角度看，工商统一税为后来的商品税体系的建立乃至增值税制度的确立奠定了重要基础。

随着我国改革开放的进行，商品经济不断得到发展，增值税的试点也开始在局部地区、部分行业展开，我国于 1984 年制定了《增值税条例（草案）》。在 1993 年“市场经济”入宪后，为了与实行的市场经济体制相适应，我国在 1994 年开启大规模税制改革，并制定了《增值税暂行条例》，将增值税作为商品税中

---

① 1958 年 9 月全国人大常委会通过、国务院发布试行的《中华人民共和国工商统一税条例（草案）》第 1 条。

的主体税种，替代之前的产品税。这是增值税立法对市场经济发展的重要回应。

随着我国市场经济的进一步发展，市场化程度不断提高，目前我国商品领域的市场化程度已经达到97%，大量商品交易都是通过市场途径展开的。在市场分工日益细化的情况下，货物和劳务、动产与不动产、有形资产与无形资产的大量交易，需要在税制上得到一致的对待，迫切要求通过“营改增”，解决市场交易的税制不统一、税负不一致、重复征税等问题。对此，有必要形成更大的增值税制度，将其覆盖面扩展至各类市场交易，这就需要进一步整合原来的《增值税暂行条例》以及《营业税暂行条例》的相关规定，吸纳有关“营改增”试点的相关规定，推进增值税的统一立法。

可见，在经济发展的不同时期，需要将增值税制度与经济发展阶段相协调，不断调整增值税的征收范围，以及相应的征税机制。只有增值税立法与经济发展同步，才能在经济发展过程中，实现税收的各项基本职能，并通过增值税制度的有效运用，保障和促进经济的健康发展。

为此，应构建现代增值税制度，增进其与经济发展之间的协调性，充分体现公共经济与私人经济之间的关系；同时，应强调增值税立法的“包容性”，构建增值税领域的“良法”①，并以此为基础，保障和促进产业之间、行业之间的协调发展，推进货物与劳务等各类征税对象的税负均衡。

2. 增值税立法与相关法律制度的协调

税法制度乃至整体法律制度是一个系统，增值税立法应与其他相关法律制度相互协调，并由此推动各类法律制度的协调发展，这对形成增值税领域的良法善治尤为重要。

首先，增值税立法要与税法以外的法律制度相协调。例如，增值税的征收要以货物的销售、劳务的提供为基础，因而涉及大量市场交易，这就需要以民商法的调整为基础，要加强增值税制度与民商法规范之间的协调。据此，从物权到债

① 要使增值税立法形成良法善治，就需要推进增值税的持续转型，优化主体的权利配置，推进税收法制的不断改进［张守文．增值税的“转型”与立法改进．税务研究，2009（8）：59-64］。

权，从有形资产到无形资产，从动产到不动产，在制度的界定、适用等方面都要与增值税立法相互协调。此外，增值税的制度设计，还要与财政法、金融法、产业法、价格法等诸多方面的具体制度相互协调①，这样才能更好地发挥法律系统的整体功用。

其次，增值税立法还要与税法体系内部的其他制度相协调。建立在“营改增”基础上的增值税立法，需要统一货物与劳务两类征税对象，它与消费税、关税、所得税等税法制度都紧密关联，需要在上述制度的完善过程中相互协调，例如，多环节课征的增值税，与特定环节征收的特别消费税，在理论上都属于消费课税，两者之间存在非常紧密的关联。我国1994年开征的消费税，就是在征收增值税的基础上加征了的一道税，而且，消费税具有多元目标，应更多地体现发展理念。总之，两者之间的协调变得日益重要。

最后，增值税法内部各类制度或规范之间同样需要有效协调。例如，原来的增值税制度与原来的营业税制度，就需要在“营改增”后统一的增值税立法中被协调。在废除营业税制度后，对原来营业税制度的相关内容，需要在增值税立法中重新明确其取舍，这涉及新旧两类增值税制度的协调。既然是“统一”的增值税立法，其就更要体现统一性和协调性，包括纳税主体、税基确定、税率结构、征税范围、税收优惠等方面，就更要加以协调以实现制度的统一性。从国际增值税制度的发展看，有些国家实行单一税率，就是为了提高协调性和统一性。②

以上主要关注了增值税制度与相关国内法律制度的协调，其实，随着经济全球化的发展，与国际法律的协调或国际经济治理亦非常重要，需要关注增值税领域的国际协调问题。事实上，税法领域里涉及大量国际协调，例如WTO对关税制度的协调，OECD在所得税、财产税等多个税种领域作出的相应协调。又如，

---

① 例如，在交易方面一定会涉及价格问题，这直接影响税基的确定，需要与价格法相协调。对此，在修改《价格法》方面，也需要考虑与税法之间的关联［张守文．《价格法》修改：发展需要与方向．法学杂志，2022（4）：1］。

② 统一比例税率应成为我国增值税税率简并的终极改革目标［朱为群，陆施予．我国增值税税率简并改革的目标与路径选择．地方财政研究，2016（9）：9-14］。

随着数字经济的发展，OECD 又提出了 BEPS 行动计划，以防止税基侵蚀和利润转移，并在数字税领域推进相关协调。再如，欧盟在增值税/货物服务税等方面都有大量协调规定。对于上述商品税、增值税领域的协调及其形成的诸多共识，我国在增值税立法方面也应高度关注，并吸纳和借鉴其相关经验。

（三）增值税立法与开放发展理念

增值税立法要体现开放发展的理念，既要对国外开放，有效借鉴国外先进经验，并有效解决跨国经济活动的相关税收问题，也要对国内的社会公众开放，吸纳各方立法意见和建议，保持增值税制度自身的开放性，使其能够在开放中发展。

第一，增值税立法要对国外开放。

首先，增值税立法对国外开放，是指应以开放的心态，吸收和借鉴国外增值税立法的优秀成果。从欧盟、澳大利亚到越南、蒙古，从发达国家到发展中国家，无论是实行传统增值税制度还是实行现代增值税制度，它们都积累了增值税立法的大量成功经验和失败教训，这些都非常值得我国的增值税立法借鉴。

其次，增值税立法对国外开放，还指其相关制度设计应充分体现国民待遇原则和平等征税原则，而不应实行内外有别的两套增值税制度，以有效解决跨国经济活动中的相关增值税问题。因此，无论是基于 WTO 的相关要求，还是基于商品税征税的基本规则等，都不应将增值税制度作为阻碍跨国经济活动的工具，只有确保商品和服务的自由流动，不以增值税人为构筑壁垒，全面实施出口退税制度等，才能更好地保障和促进对外开放。

第二，增值税立法要对国内的社会公众开放。

这是民主立法、科学立法的必然要求。增值税立法事关社会经济生活的方方面面，其在不同地区、不同行业、不同领域的制度实施，可能存在特殊性，因而增值税立法需要广泛听取社会公众的意见，以确保制度的设计和实施能更好地体现税收公平原则和税收效率原则，并在法治的框架下，全面兼顾效率和公平。

社会公众中还包括具有专门知识的各领域专家群体。增值税立法涉及面广，对于各类征税对象如何确定相关课税要素，如何进行制度设计，需要听取多方面的专家意见，这对形成科学、合理的增值税制度尤为重要。国家立法机关在制定《增值税法》的过程中曾发布征求意见稿，向社会公开征求意见，这是对社会公众开放的重要体现。但与此同时，还需要更好地发挥专家作用，使增值税立法能够符合高质量立法的要求。

第三，增值税立法应保持自身的开放性。

与各类税收立法一样，增值税立法也是一个动态的制度优化过程，应保持其自身的开放发展，而不应僵化和封闭。因此，随着经济和社会的发展，应不断对增值税立法进行相应调整，从而保持其制度自身的开放性，这样，才能更好地体现增值税制度的包容性，并有效实现增值税法的相关目标。

总之，税制的现代化须通过立法的不断优化来实现，为此，应在立法过程中切实融入各类新发展理念。上述的创新发展、协调发展和开放发展理念对增值税立法具有更为直接的影响，如果能够将其贯穿增值税立法之中，并切实解决立法方面的突出矛盾和问题，则更有助于制定一部符合中国实际和国际惯例，具有更高质量的《增值税法》。

随着各类发展理念的体现和融入，增值税的各类制度会更有助于保障和促进发展，从而形成“发展导向型”的增值税制度。事实上，只要增值税制度充分体现税收中性原则，其就不会造成市场机制的严重扭曲，就会更有助于市场化机制对资源的有效配置，从而更有助于保障和促进经济与社会的健康发展。

五、小　结

在我国开启全面建设社会主义现代化国家的新发展阶段，对新发展理念的完整准确理解和全面落实，不仅事关新发展格局构建和高质量发展，也会影响整体法治的完善，直接关系现代化经济体系建设和国家治理的现代化，因此，非常有必要增进对新发展理念的全面理解，并将其融入具体的税制改革和税收法治建设，从而构建“发展型税收法治”。

前面的讨论，基于“历史—系统”的维度，通过对新发展理念的解析，探讨了将其融入税收法治建设的必要性；同时，基于“价值—规范”的维度，分析了新发展理念与税收法治建设的紧密关联，以说明新发展理念与“发展型税收法治”的内在逻辑联系。在此基础上，上文还以增值税立法为例，强调应将新发展理念融入其中，构建“发展导向型”的增值税制度。

在新发展理念的引领下构建“发展型税收法治”，有助于促进和保障新发展理念的持续落实，从而不断解决各类发展失衡问题，推动高质量发展[①]，实现国家的整体现代化。在税制改革和税收法治方面，只有将新发展理念与税收法治结合起来，才能通过构建“发展型税收法治”，促进税收的法治化和税收法治的现代化。

对于新发展理念与“发展型税收法治”的研究，涉及多种不同维度，其中，“历史—系统”维度、“价值—规范”维度，以及“发展问题—发展手段—发展目标”维度等，都可以成为重要的分析框架。上述分析框架有助于研究发展理念、发展价值与税制改革、税收法治建设方面的有关具体问题，并在此基础上发现税制改革的发展逻辑、法治逻辑，对于构建符合中国实际的“发展型税收法治”，具有特殊的重要意义。

第二节　消费税制度的发展导向

基于前述税制改革和税收立法应体现的发展理念，在各类税制改革和税收立法中，会日益呈现突出的发展导向。一方面，在整体的税制改革方面，需要从“收入导向型税制”向“发展导向型税制”转变；另一方面，由于各类具体税收制度都要体现发展理念以及保障和促进发展的“税收法治逻辑”，因此，从税收

① 有学者认为，高质量发展阶段必须有更具本真价值理性的新动力机制，以体现市场经济工具理性与经济发展本真理性的有效契合［金碚．关于“高质量发展”的经济学研究．中国工业经济，2018（4）：5－18］。

实体法制度到税收程序法制度，都会体现出一定的发展导向，而这种发展导向，与现代税法贯穿的“税收法治逻辑”是内在一致的。

上述发展导向不仅在所得税等直接税制度领域有明显体现，而且随着整体税制的不断完善，在增值税、消费税等间接税制度领域，也有不断体现。下面以消费税制度为例，来说明税制改革为什么要体现发展导向，以及如何体现发展导向。

一、背景与问题

立足新发展阶段，构建现代税收制度，实现税收治理的现代化，是税制改革的重要目标。能否实现整体税制的系统优化，直接关乎税制的转型升级，并影响经济社会的高质量发展。因此，结合新的发展问题和发展目标，全面推进税制改革，是当前亟待解决的重大现实问题。①

在“14税改”时期，我国商品税领域的“营改增”最令人瞩目，而与其密切相关的消费税制度改革，虽在相关文件中被多次提及，推进却较为缓慢。由于消费税较为独特，其制度改革直接影响整体税制优化，学术界已对其开展了大量研究。这对凝聚改革共识至关重要。

既往对消费税制度改革的有益研讨，相对集中于如下方面：一是从税制结构或税种定位的角度，探讨消费税与增值税、环境保护税、资源税、烟叶税等相关税种的关系；二是从税制目标、功能的角度，探讨消费税究竟侧重于获取财政收入，还是侧重于经济调节或宏观调控②，以及如何实现其多元目标；三是从税制设计的角度，探讨消费税的征收范围、税率、征收环节等具体课税要素如何调

---

① 张守文．税制结构的优化及其价值引领．北京大学学报（哲学社会科学版），2021（5）：147－158.

② 瓦格纳（Adolph Wagner）认为，税收不仅具有“纯财政”的目的，还具有调节国民收入和财富分配的第二目的，通过征收高额消费税以减少消费，体现的就是第二目的（［美］马斯格雷夫，皮考克．财政理论史上的经典文献．刘守刚，等译．上海：上海财经大学出版社，2015：25－27）。

整；四是从收益分配的角度，探讨消费税收入在中央与地方层面如何分配，以及消费税应否成为地方税的主体税种等。由于上述问题紧密关联，且前者往往是后者的前提或基础，因而应将其视为一个系统进行“整体把握”，这更有助于形成改革共识，推动消费税立法乃至整体税制的完善。

考虑到各类制度改革都会涉及三个基本维度，即定位、定向、定则（“三定”），消费税制度改革同样应围绕上述“三定”展开。例如，在定位方面，应明确消费税与相关税种的左右关系（体现功能的互补性）、上下关系（体现税基的层级性）和前后关系（体现税改的阶段性），从而增进整体税制的系统性；在定则方面，应基于“可税性”原理，对其税目的增减、税率的高低、征收环节的前后等予以适当安排，以提升制度设计的合理性。由于上述定位、定则均与定向直接相关，且不同的导向会影响税制改革进程和相关立法质量，因而应对税改导向问题展开深入研讨。

基于税改导向的重要性及既往研究的相对不足，在下面的讨论中拟提出消费税制度改革应坚持发展导向。基本的研讨路径是：通过审视我国消费税制度的变迁，分析其中蕴含的发展导向及其成因，说明确定发展导向的必要性；在此基础上，着重揭示发展导向对消费税制度改革的目标定位和具体定则的影响，进而基于发展导向的普遍意义，强调我国应构建“发展导向型税制”，并由此推动税收立法和整体税收法治的完善，实现税收治理的现代化。

二、消费税制度改革及其发展导向的形成

消费税制度的历次变革，都与相关改革导向密切相关。考察其税制变迁的重要节点，有助于揭示历次税改逐渐强化的发展导向及其成因，并说明未来的消费税制度改革或相关立法坚持发展导向的必要性。

（一）从消费税制度的变迁看发展导向

从历史维度看，在新中国成立之初，依据税收政策应“照顾生产的恢复和发

展及国家建设的需要”等原则[①]，政务院于1950年1月公布了《全国税政实施要则》，明确将特种消费行为税作为当时开征的十四个税种之一。上述制定税收政策的原则，体现了有利于生产和建设的发展导向。对此，特种消费行为税的立法同样有所体现。[②] 但随着计划经济体制的逐步确立，我国商品经济的因素逐渐减少，商品税制亦随之发生巨变，特种消费行为税也被废止。受“非税论”的影响，我国的整体税制近乎单一税制，税收制度对经济发展的影响被大大削弱。

如前所述，改革开放以来，我国形成了“十年一易”的税改周期。[③] 其中，“84税改”实现了商品税多个税种的陆续开征。在消费税领域，我国在1989年曾对彩电、小轿车征收特别消费税[④]，以对其消费进行税收调节。但直至“94税改”，消费税才在立法层面被正式确立为独立税种。尽管在上述不同时期，从“特种消费行为税”到“特别消费税”再到“消费税”，税种名称不断被简化，但其实质征税对象始终是特殊消费品或特殊消费行为，因而都属于有别于一般消费税的选择性消费税，其征收具有特殊的经济和社会意义。

“94税改”开征的消费税，最初的主要目标定位是弥补产品税改征增值税可能导致的收入缺口，因而其收入功能备受重视，它与增值税构成的“两税”合计收入曾一度在税收总收入中占比过半。随着经济发展和税制调整，消费税收入在整体税收收入中的占比已不足10%，其收入功能和调控功能此消彼长，相应的制度改革更关注如何保障和促进经济社会发展，从而日益呈现突出的发展导向。

---

① 当时具有宪法地位的《中国人民政治协商会议共同纲领》第40条规定：国家的税收政策，应以保障革命战争的供给、照顾生产的恢复和发展及国家建设的需要为原则。据此，制定税收政策和税收立法既要保障供给，又要兼顾发展需要。

② 依据政务院1951年1月16日公布的《特种消费行为税暂行条例》规定，特种消费行为税由消费者负担，其税目包括电影、戏剧及娱乐、舞场、筵席、冷食、旅馆，体现了有利于生产和建设的发展导向。

③ 张守文．税制变迁与税收法治现代化．中国社会科学，2015（2）：80－102.

④ 参见1989年1月30日的《中华人民共和国海关关于对进口彩色电视机征收特别消费税的公告》、1989年2月14日的《国家税务局关于对彩色电视机征收特别消费税的若干具体问题的通知》、1989年4月1日的《国家税务局关于对小轿车征收特别消费税有关问题的规定》等。

例如，在“04 税改”阶段，国家曾于 2006 年大幅增加消费税税目和调整税率[①]，并于 2008 年修改《消费税暂行条例》，使消费税的调控功能明显增强，进一步体现了保障和促进经济社会发展的导向。在“14 税改”阶段，从 2014 年取消具有特定财政意义的汽车轮胎等税目[②]，到 2015 年将电池、涂料列入消费税征收范围[③]，以及多次调整成品油税率，这些都持续体现了税制改革的发展导向。只是从税收法治角度看，消费税的历次税改大都以相关通知为依据，因而与税收法定的要求仍相距甚远。

上述的税制变迁表明，尽管不同时期的消费税名称有别，但其始终以特殊消费品或特别消费行为为征税对象。消费税征税对象的选取，与其调节消费、再分配、优化产业结构等调控功能直接相关；同时，对税率、计税依据等课税要素的特别安排，又使其调控功能进一步强化。正是通过税制的不断改革，消费税制度的收入功能和调控功能此伏彼起，这既有助于实现其多元目标[④]，也使其呈现突出的保障和促进发展的发展导向。

（二）消费税制度改革发展导向的成因解析

消费税制度改革所呈现的发展导向，既与消费税税种的内在规定性或特殊性相一致，也与市场经济条件下整体税制改革的发展导向密切相关。对此，可以从税制的目标与功能，以及其对安全与发展价值的兼顾等维度展开解析。

1. 目标与功能维度的解析

从税制的目标和功能看，一国的整体税制可以有多元目标和多种功能，但具体税种制度的目标和功能应相对有所侧重，从而既能使其目标定位清晰，并形成

---

① 《财政部、国家税务总局关于调整和完善消费税政策的通知》（财税［2006］33 号），增加了高尔夫球及球具、高档手表、游艇、木制一次性筷子、实木地板等税目，取消了汽油、柴油、护肤护发品税目，增列成品油税目，并相应作大量税率调整。

② 《财政部、国家税务总局关于调整消费税政策的通知》（财税〔2014〕93 号），取消汽车轮胎、酒精等税目，这体现了对产业发展的调控功能。

③ 《财政部、国家税务总局关于对电池、涂料征收消费税的通知》（财税〔2015〕16 号）。

④ 税收功能已从单纯筹集财政收入拓展到经济、政治、文化、社会、生态文明等诸多领域［李万甫．共和国 70 年税制变迁：历程、脉络和经验．财政研究，2019（10）：3－11］。

各类主体相对稳定的预期，又能使各类制度相互协调并形成整体合力，共同促进经济和社会的发展。因此，整体税制不应单纯强调收入功能，还应综合发挥调控等功能，从而在更高层面促进和保障经济社会的健康发展。[①] 从长远发展看，只有体现发展导向的具有包容性的税制，才能充分发挥税制的各种功能，使各类主体各得其所，并由此推动私人经济和公共经济的发展。因此，基于发展导向，构建“发展导向型税制”非常必要。

例如，与消费税关联最为密切的增值税，曾长期被视为以获取收入为主要目标的“中性税种”。但从2004年东北地区的增值税转型试点到后来的“营改增”试点，再到近年来为“减税”而进行的课税要素调整，都使其在产业结构调整乃至整体经济运行方面的调控功能有所增强[②]，体现了增值税制度促进经济发展的基本导向。

其实，在全面落实新发展理念的背景下，我国整体税制都应体现有助于保障和促进发展的导向，消费税制度更是如此。诸如消费税、环保税、资源税、耕地占用税、证券交易印花税等，都涉及对负外部性的矫正，它们通过增加应税行为人的交易成本，实现对市场主体行为的规制以及对整体经济的调控，从而实现“寓禁于征”或“寓限于征”的目标。正是基于上述原理、逻辑与目标，我国自2006年以来，对消费税的税目、税率等课税要素多次进行调整，其对经济社会发展的调控功能不断增强。审视上述课税要素的变动，尤其有助于解释消费税制度的功能变化和发展导向的形成。

2. 兼顾安全与发展价值维度的解析

上述的发展导向，还同消费税制度对安全与发展两类价值的兼顾有关。由于安全是发展的前提，因此，消费税制度更强调通过保障相关领域的安全来促进经

---

① 斯泰因（Lorenz Von Stein）认为，税收制度的价值不在于税收的数量和水平，而在于通过促进国民的经济发展能力（税收潜力）的提升，增强国家经济力量和纳税人创造资本的能力（[美] 马斯格雷夫，皮考克主编．财政理论史上的经典文献．刘守刚，等译．上海：上海财经大学出版社，2015：58－59）。

② 例如，增值税转型立法也涉及宏观调控的考虑，可参见张守文．增值税的“转型”与立法改进．税务研究，2009（8）：59－64。

济和社会发展，由此使消费税制度改革体现突出的发展导向。

从安全价值看，某些消费品的过度消费或不当使用，会危害个人健康或良好环境，带来多方面的安全问题，涉及经济安全和社会安全、个体安全和公共安全，并具体影响人身财产安全（如烟酒、鞭炮焰火）、生态环境安全（如木质地板、电池、涂料等）、能源安全（如石油类消费品）等。只有保障上述安全，才能实现更高层次的发展，包括人类自身的发展、经济社会的稳定发展、资源环境的可持续发展等。可见，通过保障相关安全来实现发展目标，统筹安全与发展，是消费税制度的内在价值逻辑。

从发展价值看，各国的消费税制度主要形成于工业经济时代，诸如烟酒类、奢侈品类、石油类或化石能源类消费品是征税的重点对象。其中，烟酒、奢侈品等并非生活必需品，对其征税符合“基本生活需要不课税”原则，且有益于个人的健康发展。此外，石油类消费品及与其相关的小汽车、摩托车，以及其他与自然资源和环境保护相关的消费品，事关生态环境的可持续发展。消费税制度通过选取特定的消费品或消费行为进行征税，这有助于解决负外部性问题，保护相关主体的生存权和发展权，促进经济与社会的协调发展，由此消费税制度变迁呈现出重要的发展导向。

基于对安全与发展价值的兼顾，以及相应的发展导向，消费税制度改革对征税对象、税率等课税要素的调整，既应有助于保障相关领域安全，保障居民生活和个人发展，也应有助于推进产业结构调整，调节生产、分配、流通和消费，从而促进经济社会的良性运行和协调发展，体现消费税制度的目标、功能与价值的统一。

总之，随着消费税制度改革的不断深入，其制度目标和功能日益明晰，这体现为其收入功能和调控功能此消彼长，安全价值与发展价值得到兼顾，并将促进和保障经济社会发展作为重要目标①，由此使其制度变革呈现突出的发展导向。

① 有学者认为，调节功能或调控功能是消费税的基本功能（蒋震．中国消费税改革研究．北京：中国税务出版社，2017：115）。

基于发展导向，应关注消费税制度对市场的影响，调整可能扭曲资源配置的制度安排，取消单纯旨在获取收入的税目，从而通过“寓禁于征”的税收调控，促进产业发展，保障人类健康和生态环境的可持续发展。这对经济社会的长远发展尤为重要。

当前，立足新发展阶段，要建立现代消费税制度，就必须全面落实新发展理念，构建“发展导向型”的消费税制度，以体现其对生产、分配、流通、消费等各环节的调控功能，推动新发展格局的构建，并由此实现经济社会的高质量发展。[①] 基于上述“三新一高”的发展要求，还应在消费税制度改革的目标定位和具体定则方面进一步体现发展导向。

三、消费税制度改革的目标定位与具体定则

上述的发展导向对各类税制改革的定位和定则均有重要影响。据此可以对消费税的制度改革进行多维目标定位，以明晰其立法的基本原则，并在此基础上确定消费税征收和分配的具体规则，从而促进消费税制度优化，提升其立法质量。

（一）消费税制度改革的多维目标定位

依循发展导向，消费税制度改革应体现协调、绿色等发展理念，并从多个维度明晰其目标定位：既要推动整体税制发展，又要兼顾经济与社会发展，统筹安全与发展，协调人与环境的发展。上述的多维目标定位，也是消费税立法应遵循的基本原则。

1. 推动整体税制的发展

通过协调消费税与相关税种的关系，推动整体税制的发展，是消费税制度改革的直接目标。其中，在商品税体系内部，尤其应基于消费税与其他税种的互补性、层级性关系，推动相关税制的优化和发展。

---

① 相关具体探讨可参见张守文．新发展格局与“发展型法治”的构建．政法论丛，2021（1）：3－13；张守文．论“发展导向型”的税收立法．法学杂志，2016（7）：8－17。

例如，增值税与消费税存在突出的互补性，在现行税制框架下，消费税是增值税之上“加征”的一种税，而由此形成的税制性重复征税，体现了整体税制的调控功能。在此基础上，基于“两税”的互补关系和发展导向，还要进一步强化消费税自身的调控功能。①

此外，消费税可能影响关税的税基，并与城市维护建设税、教育费附加等存在计税依据上的层级性或主从性，因此，其制度调整产生的“联动效应”，可能改变相关税种纳税人的税收负担，从而影响收入分配和消费行为，并由此起到间接调控作用。当然，如何通过优化城市维护建设税、教育费附加等制度以完善地方税体系，尚需深入研讨。

另外，基于发展导向，还应关注消费税与烟叶税的关系。如果是基于减少烟草消费、保障人类健康的经济和社会目标，以及优化商品税制、化解烟叶税与消费税调控方向冲突的税制改革目标，而不是侧重保障特定地方财政收入，则应考虑适时取消烟叶税。②

2. 兼顾经济与社会发展

消费税的纳税主体是经营者（生产者、销售者），但负税主体是消费者，它对生产、流通（如进口）、分配、消费等经济循环的各环节均有影响。同时，消费税不仅影响经济活动，还会影响人类的消费理念和消费行为，从而影响社会的文明进步和人类发展。只有兼顾经济与社会发展，才能构建更具合理性的消费税制度。

从现代化的发展目标看，税收治理的现代化，与制度的现代化、人的现代化均密切相关。只有基于发展导向，兼顾经济与社会发展，建立现代的消费税制度，才可能推动多个维度的现代化。因此，不应将消费税仅视为一个普通税种，而要在促进经济与社会良性运行和协调发展的更高维度，理解其重要的制度目标

---

① 有学者提出应将消费税的功能定位为基于增值税基础之上的“调节”，而非普遍全面征收［冯俏彬．从整体改革视角定位消费税改革．税务研究，2017（1）：38－41］。

② 胡德伟．中国烟草税收：历史沿革、现状及改革．北京：税务出版社，2009：67－73，81－84．张守文．税制改革与税收立法的完善：以烟叶税为例．法学杂志，2018（2）：1－10.

和功能。

3. 统筹安全与发展

消费税制度改革要围绕消费、消费品、消费行为展开。如前所述，消费税制度的重要目标，是通过保障消费安全、生态环境安全、能源安全等相关领域的安全，来促进人自身的发展、产业发展和生态环境的可持续发展，因此，需要统筹安全与发展两类价值，尤其应慎重选择纳入征税范围的消费品①，合理确定其他课税要素，这对消费选择和产业发展，对国内国际“双循环”的良性展开更为重要。

基于统筹安全与发展的目标定位，消费税制度改革应关注上述与消费相关的各类安全，从而保障经济安全、社会安全，这是经济和社会良性运行和协调发展的前提。可见，安全与发展具有内在统一性，它与上述的兼顾经济与社会发展的目标定位具有内在一致性。

4. 协调人与环境的发展

消费税制度通过调节消费行为来减少相关的负外部性，这既涉及人自身的发展，又涉及相关环境的发展，由此有助于改善自然环境、社会环境，促进经济与社会的整体发展。消费税制度改革应充分体现绿色发展、协调发展、创新发展等发展理念，对违背上述发展理念的消费行为，应通过增加税收成本的手段加以限制，以体现经济性原理和规制性原理的要求。

基于发展导向，通过协调人与环境的关系，促进经济与社会的高质量发展，是消费税制度改革的重要目标定位。为此，应将绿色发展等理念融入税制改革，并协调好消费税与环保税、资源税等相关税种制度的关系。事实上，这几类税种制度都旨在通过税收手段解决负外部性问题，例如，环境税制度是通过对污染环境的行为征税来保护环境，而消费税制度则是通过增加消费行为的税收负担来降

① 有学者认为，消费税改革应以推动经济高质量发展为目标，仅对不利于资源环境保护的消费品继续实施增税［罗秦．我国促消费背景下深化消费税改革之探讨：历史回顾、国际经验与现实选择．税务研究，2019（6）：36－44］。

低其负外部性。上述相关税制的系统协调，有助于推动“双碳”目标的实现，促进人与环境的和谐发展。

（二）基于发展导向的具体定则

上述体现发展导向的多维目标定位，有助于进一步确定消费税的具体征税规则和分配规则。其中，征税规则与税收立法权、税收征管权关联密切，而分配规则与税收收益权紧密相关。

1. 征税规则的目标与结构

征税规则涉及实体法要素和程序法要素，其中，消费税的征税范围和税率调整，以及相关税目征税环节的后移等，对纳税人税负和地方税收收益影响更大，因而备受关注。[①] 基于发展导向，上述课税要素的确定要有助于保障和促进发展，而不能单纯以获取收入为目的，这对确立征税规则的目标和结构尤为重要。

从征税规则的目标看，如前所述，我国在开征消费税之初，曾一度将保障税收收入作为其主要目标。随着整体税制的变迁和相关税种功能的变化，消费税制度的主要目标已经从保障税收收入，变为通过对消费、分配等环节的调节，对产业结构的调整，以及对生态环境的保护等，来保障和促进经济与社会的协调发展。这是确立其征税规则的主要目标。

从征税规则的结构看，基于上述发展导向和规则目标，应有效调整消费税征税范围，以确立更为合理的税目结构。而与此相应的“扩围说”或“调整说”等观点，普遍强调应将高耗能、高污染产品及部分高档消费品等“三高”消费品作为征税对象。基于上述共识，可以考虑将影响环境安全的化学农药、化学肥料、洗涤用品、塑料包装物、矿物能源等列为税目[②]；同时，还应基于增值税的“扩围”，对消耗资源、能源较多的服务业项目，如高级航空服务、高档洗浴、娱乐业等征收消费税。[③] 上述拟增税目，既有相关国家的征税实践作为参照，又体现

---

① 自2013年《中共中央关于全面深化改革若干重大问题的决定》明确提出要“调整消费税征收范围、环节、税率”以来，这三个方面已成为消费税定则方面最受关注的内容。

② 龚辉文．消费税征收范围的国际比较与启示．涉外税务，2010（5）：22－25.

③ 蒋震．消费税需要“扩围”至服务业领域．税务研究，2013（7）：38－41.

了我国的现实需求，如能对其适当取舍，这会更有助于促进高质量发展。

除税目结构外，对税率结构也要重点考虑。增值税为中性税种，其税率层级应尽量简化，而强调调控功能的消费税，其税率层级应相对复杂，以通过区别对待实现相应的调控目标。对于各类拟增税目，尤其应确定合理的税率结构，这样，通过税目结构与税率结构的协调组合，消费税可以与资源税、环保税一起，共同发挥在调整产业结构和促进生态环境保护方面的作用，从而引导消费行为，保障消费安全，促进人与环境的协调发展。

此外，与增值税的多环节课征不同，消费税单一课税环节的调整，会影响税收征管权的具体行使，并可能影响税收收益权的实现，因此，国务院的相关改革方案决定：后移消费税征收环节并稳步下划地方，在征管可控的前提下，将部分消费税品目逐步后移至批发或零售环节征收，以拓展地方收入来源，引导地方改善消费环境。① 对此，既要从征税规则的视角，关注高档手表、贵重首饰和珠宝玉石等条件成熟品目征收环节的陆续后移，也要从税收收益权行使或分配规则的视角，综合推进相关改革。

总之，随着消费税制度改革的深化，其调控功能和发展导向更受重视，并由此影响征税规则具体目标的确立，以及税目、税率等多种结构的形成。这些都是完善消费税立法时需要关注的重要问题。

2. 分配规则的确定

与上述征税规则密切相关的分配规则，主要用于解决税收收益权的分配问题。只有回归本源，从消费税的定位、目标、功能以及它与相关税种之间的协调出发，才能有效确定具体征税规则和相应的分配规则。反之，如果仅为保障地方财政收入而确定课税要素结构，就可能影响税制结构安排的合理性和合法性。因此，应当基于消费税制度的发展导向和目标定位，确定其应有的税制结构和分配规则，这既符合税制改革的基本逻辑，也有助于经济、社会的长远发展。

① 参见《国务院关于印发实施更大规模减税降费后调整中央与地方收入划分改革推进方案的通知》（国发〔2019〕21 号）。

基于发展导向来优化税制结构，并确立相应的税收收益分配规则，是税制改革的基本路径和核心内容。分配规则的确立，要从整体税制乃至整体财政系统、经济系统的视角加以考虑。税收收益权历来是分配规则的核心，直接影响税收收入的归属。在既往研究中，对于消费税收入归属，以及消费税能否成为地方税主体税种，存在诸多认识分歧。如果考虑消费税的调控功能以及其对整体经济社会发展的影响，应将其归入中央税①；如果考虑中央与地方在政府职能与财力匹配度上存在的差异，则可以通过共享税的形式，或赋予地方一定立法权的方式，适当增加地方税收收入。鉴于我国税收立法权相对集中，且“共享型分税制”模式短期内不会改变，将消费税与增值税一并作为共享税，可能是较为可行的方案。② 因此，国务院在前述改革方案中明确了税收收益权分配，即按照健全地方税体系改革要求，后移消费税征收环节，改革调整的存量部分核定基数，由地方上解中央，增量部分原则上将归属地方，从而使消费税成为对地方日益重要的共享税。

以往对于消费税属于中央税抑或地方税的理解，其实融合了立法权划分与收益权分配两种维度。消费税分配规则的核心内容是税收收益权分配，但该规则的确定需经由立法途径，同时，它并非仅涉及“税收立法”问题，还需要“财政立法”上的分税制规则的完善。基于消费税的调控功能，将其定位为中央与地方共享税，更有助于在体现宏观调控统一性的同时，兼顾地方的差异性。因此，基于对集权与分权、中央与地方、调控功能与收入功能的兼顾，将消费税作为中央与地方共享税，比将其单纯作为地方税税种更为合适。③

总之，消费税的征税规则和分配规则，是消费税制度改革和相关立法的核心内容。从制度变迁看，早期的消费税制度改革更关注税收政策，但随着税收法定

---

① 有学者认为消费税体现调节功能，适用多档税率，更适合作为中央税［吕冰洋．地方税系的建设原则与方向．财经智库，2018（2）：13－24］。

② 有学者认为将消费税作为地方税既不合理也不可行，应将其作为共享税［尹音频，张莹．消费税能够担当地方税主体税种吗？．税务研究，2014（5）：27－31］。

③ 与此相关，需要关注消费税作为地方税可能影响区域竞争，导致区域、产业发展失衡等问题［茅孝军．迈向地方税的消费税改革：制度基础与风险防范．地方财政研究，2020（2）：29－37］。

原则的落实，税收立法日益受到重视，这有助于各类主体形成稳定的预期，从而保障经济、社会的长远发展。因此，应基于发展导向，在消费税立法中切实体现法治原则，确保消费税具体规则的确定符合法治要求。

消费税作为独特的重要税种，其立法不是对《消费税暂行条例》的简单更名，而应切实推进制度优化升级。因此，应基于上述的发展导向和多维目标定位，明确消费税立法的宗旨和基本原则；基于上述的征税规则，确立消费税的具体制度；基于上述的分配规则，进一步完善分税制的财政体制。将上述几个方面作为一个整体，有助于通过制度的系统变革，推动消费税制度的持续完善。

由于体现发展导向的税法制度，更有助于保障和促进经济社会发展，因此，构建“发展导向型税制”，是我国未来税制改革的重要方向。[①] 以发展导向为标尺，有助于衡量具体税制设计是否具有合理性、合法性和可操作性，并使税制改革更具有包容性和前瞻性，从而提升税收治理的现代化水平。

四、小　结

消费税制度改革事关整体税制优化，对税法体系的完善甚为重要。基于消费税制度的重要地位和独特功能，既往对于其定位和定则问题已有大量研究，在此基础上，需要加强对其定向问题的研讨，以进一步深化理解和解决相关定位和定则问题。

前面的讨论着重从定向角度，探讨消费税制度改革的发展导向问题。通过审视消费税制度变迁，分析其日益呈现的发展导向及其成因，可以认为，只有在消费税制度改革中坚持发展导向，才能有效推动消费税立法的持续优化。为此，应基于发展导向，对消费税制度改革进行多维目标定位，并由此确立消费税立法的基本原则，明晰消费税的征税规则和分配规则等具体规则，确保上述原则和规则

① 《深化财税体制改革总体方案》提出，深化税收制度改革的目标是“建立有利于科学发展、社会公平、市场统一的税收制度体系”，这里同样强调了税制改革的发展导向。

全面体现法治的要求，这对消费税制度优化或立法完善尤为重要。

从消费税制度目标与功能的变化，不难发现，保障和促进发展已成为历次税改的重要方向，此类发展导向的持续体现，会不断引领未来的制度完善。其实，在消费税制度乃至整体的税制变迁中，都不同程度地贯穿着发展导向，这是在税制现代化进程中需被关注的重要问题。深入研究发展导向问题，有助于厘清或解决相关税制定位和定则方面的困惑或认识分歧，推进相关改革的深化和立法的完善。

随着税收法定原则的不断落实，消费税制度改革的成果将集中呈现于立法层面。坚持发展导向，会有助于确立消费税立法宗旨、基本原则和具体规则，推动落实协调、绿色、创新等发展理念，兼顾安全与发展等价值，这对我国“消费税法”的制定和完善尤其具有重要价值。

如将上述认识予以拓展，则应强调各类税制改革不仅要关注定位和定则问题，还要重视发展导向的引领作用，并从系统维度促进整体税制的优化；同时，基于发展导向的视角，其也有助于增进对课税依据理论或税制存续合理性的理解。① 在全面建设社会主义现代化国家的新发展阶段，要推动经济社会的高质量发展，需要切实将新发展理念融入税制改革，充分发挥税制保障和促进发展的重要作用。为此，应依循发展导向，持续推动税制改革，在整体上构建“发展导向型税制”，从而实现税收治理的现代化。

第三节　增值税立法的法治逻辑

基于发展理念，各类税制改革和相关立法都要保障和促进经济发展。为此，税制改革和税收立法必须体现相应的经济规律和税收的基本原理，使税法制度更

① “公需说”“交换说”等课税依据理论，主要是基于国家与国民之间的“取予关系”展开的；而基于税制改革的发展导向及相应的“发展理论”，也许更有助于从整体视角揭示课税依据或国家征税的必要性。

加具有合理性；同时，其还必须符合相应的法治原则，体现基本的法治逻辑，从而确保合法性。因此，基于发展理念和法治的要求，税制改革和税收立法都必须回归基本的经济原理或税收原理，并体现宪法和上位法的要求，体现社会公共利益。这就需要将经济原理特别是税收原理融入相关税制改革和税收立法，推动整体法治建设。上述税收原理与法治的有机融合，就会形成不同于其他部门法领域的“税收法治逻辑”，它是税收立法应遵循的内在逻辑。

只有将上述税收原理有效融入相关的税法规范之中，才能形成有效保障和促进发展的“良法善治”，并由此构建税收领域的“发展型税收法治”，其中贯穿的就是“税收法治逻辑”，该逻辑是税收立法乃至整体税收法治建设都必须遵循的。下面以我国适用范围最广泛、最重要的增值税制度为例，探讨其中贯穿的法治逻辑。

一、问题的提出

增值税作为我国第一大税种，对国家税收收入和整体经济发展影响巨大。增值税的“扩围”“转型”“营改增”等改革的不断深化，迫切要求尽快完善增值税立法。只有厘清贯通上述改革和立法的法治逻辑，才能依法展开税制改革，提升税收立法的质量，并由此促进经济发展和法治进步，推进国家治理现代化。

我国的“14 税改”的主要目标，是建立现代税制。[①] 其中，旨在构建现代增值税制度的“营改增”，不仅改变了实施多年的商品税制，而且对各类市场交易和整体市场经济运行具有基础影响，其带动的税制优化，关系经济体制的完善以及市场机制作用的发挥，事关整体经济和社会发展[②]，因而需要着力加强其法治保障。

① 张守文．税制变迁与税收法治的现代化．中国社会科学，2015（2）：80－102.

② “营改增”对宏观经济运行和全面深化改革开放均有重要影响［高培勇．“营改增”的功能定位与前行脉络．税务研究，2013（7）：3－10］。

从税制改革与税收立法的一般关系看，一方面，税制改革会推动税收立法，良好的税制改革有助于税收立法的完善；另一方面，税制改革的成果也需要税收立法加以确认和保障。两者的上述良性互动，使增值税改革和立法日益重视增值税的基本原理和相关法治原则，并使增值税的制度变革呈现一定的连续性。[①] 而上述基本原理与法治原则的有机融合，则逐渐形成了贯穿增值税改革与立法的"税收法治逻辑"。揭示并遵循此类法治逻辑，对税制优化和税收立法完善具有重要意义，学界非常有必要对其展开深入研究。

有鉴于此，下面将着重探讨增值税改革与立法的法治逻辑，具体从以下几个方面展开：第一，通过分析增值税改革及其所涉及的相关法治问题，揭示遵循法治逻辑的重要性；第二，强调增值税改革和立法都要体现一般法治逻辑，尤其要符合统一原则、公平原则、协调原则的要求，并由此增进改革和立法的合理性与合法性；第三，重点讨论增值税立法应将增值税的基本原理与法治原则有机融合，体现税收领域的特殊法治逻辑，并据此确立增值税的立法模式、立法结构、立法内容等，以不断提升增值税立法质量。

这些探讨试图说明：增值税改革和立法既要体现一般法治逻辑，又要体现增值税领域的特殊法治逻辑，这样才能实现增值税领域的良法善治。由此扩展，各类税制改革以及相应的税收立法，不仅要体现基本的经济原理或经济逻辑，还要体现重要的法治逻辑，这更有助于优化税收职能，完善税收法治，从而在法治框架下更好地运用税收手段，保障和促进经济、社会健康发展。

二、增值税改革及其法治问题

我国的增值税制度是通过多次改革试点而不断确立和完善的。在此过程中，改革方案从更多关注税收收入以及征税的经济效应，逐渐转向强调其要同时具有

① 连续性是在各类制度变迁中都需要关注的问题（[美] 坎贝尔．制度变迁与全球化．姚伟，译．上海：上海人民出版社，2010：2）。

合理性与合法性。[①] 与此相对应，增值税改革从最初重视经济逻辑，转向同时重视法治逻辑，因此，有必要通过审视改革试点的历程及其中存在的法治问题，来说明遵循法治逻辑的重要性。

从增值税改革试点的重要历史节点看，在改革开放之初，“84 税改”并未将增值税作为主体税种，直到“94 税改”废除产品税，增值税才作为其替代，成为商品税的主要类型。随着 2004 年以后增值税“转型”改革以及 2012 年以后“营改增”试点改革的推进，增值税第一大税种的地位不断巩固，其相关制度也得到持续完善。

从增值税改革与立法的具体历程看，1979 年初财政部最早提出试行增值税的设想，并在部分地区对机器机械、农业机具等行业按增值额计征工商税。1981 年 7 月，财政部制定了《增值税暂行办法》，开始小范围试行增值税。其后，财政部对《增值税暂行办法》进行了两次修订。“84 税改”启动后，1984 年 9 月，国务院发布了《中华人民共和国增值税条例（草案）》，进一步扩大了增值税的征税范围。从 1989 年 1 月起，我国对已实行营业税的工业企业所从事的工业性加工、工业性修理和修配业务，由征收营业税改为征收增值税，这可以视为一次小范围的“营改增”，它为“94 税改”阶段的增值税改革奠定了重要基础。1994 年 1 月 1 日，《增值税暂行条例》开始实施，将征税范围拓展至所有货物的销售、进口和加工、修理修配劳务，同时，大幅度简化税率结构，原来 12 档税率变成了 3 档，并在主体结构、计税方法等方面作出较大改进。2004 年，我国在东北等地区开启增值税转型试点，推进生产型增值税转为消费型增值税，并通过后来的《增值税暂行条例》的修订加以确认，这是构建现代增值税制度的重要一步。从 2012 年到 2016 年，我国分地区、分行业进行“营改增”试点，意在解决营业税导致的重复征税，以及增值税抵扣链条完整性等问题[②]，作为“14 税改”浓墨

---

① 税制改革应当不仅是为了实现收入目标，还要实现诸如改善横向公平或纵向公平、提高经济效率、简化税制等其他目标，参见［英］桑福德．成功税制改革的经验与问题：第 1 卷．张文春，匡小平，译．北京：中国人民大学出版社，2001：5。

② 相关具体探讨，参见刘植才．我国增值税制度回顾与展望，2018（10）：31－38。

重彩的一笔，其成果亦通过《增值税暂行条例》的修订加以体现。

上述简要的历史回顾表明，增值税的“改革”与“立法”存在具体的对应关系。自改革开放以来，经由历次增值税改革试点，增值税的征税范围不断扩大，从20世纪80年代初期的几个行业，扩展到90年代的整个货物销售领域，到2016年又涵盖了原来征收营业税的领域，对货物与服务、有形资产与无形资产、动产与不动产的销售行为统一征收增值税，从而终结了原来基于“货物—劳务”二元结构而形成的增值税制与营业税制的分立，形成了“大一统”的增值税体系。

在征税范围不断扩大的同时，增值税的税额确定机制也发生了变化，表现为进项税额的抵扣范围不断扩大。从“征税范围的扩展”到“抵扣范围的扩展”，其实这些都可以称为“扩围”改革①，它们影响增值税的覆盖面调整，以及从生产型增值税向消费型增值税的转型。持续的增值税改革试点，对市场主体的生产经营、市场交易和市场竞争，对整体资源配置效率的提升，都产生了重要影响。

增值税的上述改革，推动了立法的完善。从1981年财政部制定的《增值税暂行办法》，到1984年国务院发布的《中华人民共和国增值税条例（草案）》，再到1994年实施的《中华人民共和国增值税暂行条例》（后多次修改），作为增值税改革依据的规范性文件，在制定主体和法律层级方面不断提升，这体现了对税收法定原则认识的不断深化，也使相关法治逻辑日渐明晰；同时，从上述办法到条例（草案），再到暂行条例以及酝酿多年的《增值税法》，不仅体现了立法技术的提升，更体现了对税收法治的重视。

可见，增值税改革的持续深化，是在法治框架下不断回归增值税原理的过程。增值税征税范围和抵扣范围的不断扩大，直接影响纳税主体的规模和行为，以及消费型增值税制度的构建，对有效避免重复征税，充分体现税收中性原则，提升经济效率尤其重要。只有在增值税改革中全面体现相关法治逻辑，才能有效

---

① 随着增值税的“扩围”，还需要解决好中央与地方财政体制中增值税的税权配置和收入分享问题，可参见施文泼，贾康．增值税“扩围”改革与中央和地方财政体制调整．财贸经济，2010（11）：46－51。

保护纳税人权利，保障纳税义务的依法履行，并有效实现国家建立增值税制度的目标。[①]

尽管长期的增值税改革，有助于为相关立法积累实践经验，但如果忽视相关法治逻辑，就会带来诸多法治问题。其中，如下几类问题尤其值得关注：

第一，从改革的法律依据看，增值税改革都应于法有据，而频繁的改革试点则会影响税收法定原则的落实和《增值税法》的制定。例如，在 2016 年 5 月 1 日，全国推行“营改增”试点之时，增值税的基本制度主要包括原来的《增值税暂行条例》以及依据国务院“通知”制定的《营业税改征增值税试点实施办法》。[②] 上述的暂行条例已有全国人大的立法授权，而该试点实施办法能否以该授权为依据则不无疑问。因此，国务院于 2017 年 11 月废止《营业税暂行条例》并修改《增值税暂行条例》的举措非常必要。[③]

第二，从法治的基本要求看，增值税改革试点会带来诸多不确定性，影响市场主体的可预见性；同时，长期、多变的改革试点，还会影响相关区域、行业的纳税主体之间的公平性，有悖于平等征税原则和税收公平原则的要求。例如，“营改增”试点从 2012 年开始，在全国多个省份、行业、领域逐步推行，直至 2016 年在全国范围内实施，其间财税部门发布了大量规范性文件，对多种课税要素不断进行调整，相关主体的税负和预期受到较大影响。因此，非常有必要及时总结改革试点情况，调整不当的试点做法，并将长期稳定、行之有效的试点经验，在相关增值税立法中加以确认。[④]

第三，从制度的相互融合看，增值税改革试点未能全面解决不同领域的税制融合问题。例如，在应纳税额的确定方面，“营改增”之前的增值税侧重于对货

---

① 在增值税改革的价值目标中也蕴含着重要的政治价值观，参见［美］彼得斯．税收政治学：一种比较的视角．郭为桂，黄宁莺，译．南京：江苏人民出版社，2008：55。

② 参见《财政部、国家税务总局关于全面推开营业税改征增值税试点的通知》（财税〔2016〕36 号），其中最重要的是《营业税改征增值税试点实施办法》。

③ 参见《国务院关于废止〈中华人民共和国营业税暂行条例〉和修改〈中华人民共和国增值税暂行条例〉的决定》（自 2017 年 11 月 19 日起施行）。

④ 张守文．我国税收立法的“试点模式”：以增值税立法“试点”为例．法学，2013（4）：59－66.

物销售征收，营业税侧重于对服务征收，而在“营改增”之后，各类行业会因其进项税额存在差异而承担不同的税负。本来增值税应更多体现税收中性原则，尽量减少征税对市场化机制的扭曲，但如果抵扣链条或抵扣机制存在问题，这就会导致不同行业产生税负差异。又如，在税率方面，增值税制度原有三档税率，在“营改增”之后，上述税率与原营业税的多档税率叠加，导致税率结构更加复杂，影响税收中性原则的落实。① 因此，应当在法治框架下，有效推进营业税与增值税的制度融合，保障增值税制度的合理性与合法性。

第四，从制度的实施效果看，对增值税改革的制度评估还存在缺失。增值税是对增值额进行征税，如果借用“增值”的概念并对其拓展理解，就要考虑在持续的改革试点中，增值税制度是否带来了“增值”？国家收入或纳税人收益是否有增值？如果税制改革并未实现增值，或者因制度成本过高而增值甚微，则对改革试点就不应作过高评价。因此，应具体考察增值税改革试点是否增加了行业税负，能否使市场主体在一定程度上避免被重复征税，其相应负担是否得到减轻；还应关注增值税改革是否增加了纳税人的遵从成本和征税机关的监督成本，是否加大了征纳双方的税法风险，能否有效降低各类主体的制度性成本从而推动经济发展，等等，这些都是需要关注的法治问题，都需要作出相应的制度评估。②

总之，经过长期、多次的增值税改革试点，我国从最初较为重视经济逻辑，到日益重视法治逻辑，这是一个重要的进步。随着增值税改革的不断深化，其需要更充分地体现法治逻辑，否则就会带来诸多法治问题，影响税制改革的实施效果，以及各类主体权益和增值税制度目标的实现。因此，基于法治的要求，增值税改革试点要于法有据，并力求以最小的代价来探索制度的可行性，确保相关主

---

① 有研究者建议采用基本税率、优惠税率、零税率（免税）和征收率的税率模式［梁季．我国增值税税率简并：与市场资源配置机制的对接、改革设想与路径分析．财政研究，2014（9）：8－14］。

② 立法后评估重在评估法律法规对经济、社会和环境的实际影响，评估社会执法、司法和守法的具体问题［席涛．立法评估：评估什么和如何评估（上）：以中国立法评估为例．政法论坛，2012（5）：59－75］。

体有较为稳定的预期，从而通过全面体现经济逻辑和法治逻辑，增值税制度更能兼具合理性与合法性。

三、增值税改革与立法的一般法治逻辑

上述增值税改革试点工作的持续展开，是一个长期的制度试错和制度创新过程，在一定程度上有助于为增值税立法积累经验。事实上，通过税制改革试点，实现对具体制度的相应取舍，是我国各类税收立法的普遍做法，由此税制改革与税收立法也具有内在一致性。如何在“改旧制、立新法”的过程中持续体现一般法治逻辑，始终是需要特别关注的重要问题。

基于法治的一般要求，税收领域和其他领域一样，都应注重法治统一，平等保护各类主体合法权益，确立和维护有效的法律秩序，因此，增值税改革和立法同样应遵循统一原则、公平原则和协调原则，从而体现一般法治逻辑。其中，基于统一原则，增值税制度应解决内外有别等差异化安排，保持基本制度的统一，保障各类主体的稳定预期；基于公平原则，增值税制度应更多体现税收中性原则，减少不必要的税收优惠，保持抵扣链条的完整性；基于协调原则，增值税制度应确保内外协调，包括相关税种制度之间、各类课税要素之间的协调，以形成有效的税收法律秩序。上述三类原则紧密相关，相互影响，体现了增值税改革与立法应予遵循的一般法治逻辑，对此，有必要从三类原则的维度，分别略作展开探讨。

（一）统一原则的维度

增值税的改革和立法都要符合统一原则的要求。从历史上看，“94 税改”的重要目标就是“统一税法、公平税负”，以构建与市场经济体制相适应的税制框架。据此，我国在多次税制改革中，都着力解决税制的“内外有别”问题，如：将内资企业所得税制度和涉外企业所得税制度合并，统一制定《企业所得税法》；将房产税制度和城市房地产税制度合并，统一制定《房产税暂行条例》；将车船税制度和车船使用牌照税制度合并，统一制定《车船税法》。此外，我国还于

2006年取消了农业税，实现了城乡税制的基本统一。[①] 税种的合并、取消，有助于简化税制，推进税制的统一，实现税负公平，提升税收效率。

基于统一原则的要求，我国不仅注重对上述所得税、财产税等直接税领域进行税制合并，还在1994年税制改革时，由全国人大常委会专门发布决定，对涉外企业统一适用增值税等国内商品税制度[②]，从而完成了间接税领域的内外税制统一。由于统一的增值税制度对市场交易、市场竞争的影响更为直接，因而间接税领域的税制统一起步更早，并对整体税制的统一起到了引领作用。事实上，"94税改"的核心目标，是构建与市场经济体制相适应的税收制度，因而需要在增值税等间接税领域率先统一税制。而直接税领域的内外税制统一，则是在我国加入WTO后才着手推进，并在"04税改"周期中逐渐完成的。[③]

增值税对各类市场主体均有重要影响，通过增值税改革和立法，实现增值税制度的统一，更有助于商品和要素的市场化配置，促进全国统一大市场的形成，维护相关领域的公平竞争，为现代市场体系乃至现代化经济体系建设提供法治保障。这也体现了增值税的经济逻辑与法治逻辑的内在一致性。

（二）公平原则的维度

与上述统一原则密切相关，增值税改革和立法还应符合公平原则。据此，征收增值税应符合可税性原理，即应考虑纳税人的纳税能力，以其有可征税的收益为前提，如果没有收益就不应当征税。[④] 在增值税领域，收益主要体现为增值额，对其征税不会构成重复征税，有助于鼓励生产经营的分工细化，提升经济效

---

① 应当以废除农村税费制度、统一城乡税制为改革的切入点，调整城市偏向的国民收入分配政策，彻底解决农民负担过重问题［刘书明．统一城乡税制与调整分配政策：减轻农民负担新论．经济研究，2001（2）：43-49］。

② 依据《全国人民代表大会常务委员会关于外商投资企业和外国企业适用增值税、消费税、营业税等税收暂行条例的决定》，外商投资企业和外国企业自1994年1月1日起适用国务院发布的增值税、消费税和营业税等暂行条例，1958年9月11日全国人民代表大会常务委员会原则通过、1958年9月13日国务院公布施行的《中华人民共和国工商统一税条例（草案）》同时废止。

③ 刘佐．我国改革开放后涉外税制的建立与内外税制统一．涉外税务，2010（1）：32-36.

④ 张守文．论税法上的"可税性"．法学家，2000（5）：12-19.

率，这是征收增值税的基本理据或正当性基础。只有依据可税性原理，强调征税以收益为前提和基础，考虑纳税主体的纳税能力，体现税制的公平性，才能提升征收增值税的合法性，提高纳税人的遵从度。

各类税制改革的核心，都是通过改革实现制度完善，提升制度的合理性和合法性，有效兼顾公平和效率。从以往增值税的“扩围”和“转型”改革看，增值税征税范围、抵扣范围的扩大，以及从生产型向消费型的转变，都要符合公平原则。“营改增”作为影响深远的税制改革[①]，如果只在表面上扩大增值税征税范围，而未展开实质性的制度变革，则改革后的增值税不过是两税叠加的“货物—劳务税”。只有进行相应的制度重构，对税率结构、税基结构、优惠措施结构等进行必要调整，使增值税抵扣链条更完整，才能有效解决原来“两税分立”格局下的重复征税问题，体现公平原则的要求，并提升经济效率和征收效率，其改革成果才值得在立法上加以确认。

为了充分体现上述公平原则的要求，增值税改革和立法应回归增值税的基本原理，在抵扣机制、税率结构、税收优惠等方面，尽量体现税收中性原则[②]，实现公平税负的重要目标。

例如，在抵扣机制方面，应当保持抵扣的顺畅和连续，确保进项税额能够及时抵扣，有效解决留抵退税问题，体现增值税制度的公平性。又如，在税率结构方面，“营改增”导致税率结构更加复杂，必须简化税率级次，推进税负公平。[③]此外，在税收优惠方面，应尽可能减少税收减免安排，防止过多的税收优惠影响抵扣链条的连续性、完整性，从而在实现税收优惠目标的同时，最大限度地保障税制的公平性。因此，应特别强调直接税与间接税的差别，不能将增值税的税收减免等同于所得税的税收减免，这对保障增值税制度的公平性尤为重要。

---

① “营改增”是完善现行流转税制的基础性举措，也是推动经济结构调整的重要手段；它可能催生地方主体税种和地方税体系的重建，以及直接税体系建设的提速，并倒逼分税制财政体制的重构和相关领域的改革［高培勇．“营改增”的功能定位与前行脉络．税务研究，2013（7）：3-10］。

② 为实质性发挥增值税对收入分配的调节作用，平衡增值税税率与国民经济发展的互动关系，有必要进一步简并税率［杨小强．增值税税率比较：国际立法与中国选择．政法论丛，2022（3）：76-86］。

③ 靳东升．营改增后我国增值税现存问题及改革设想．地方财政研究，2017（6）：4-7.

（三）协调原则的维度

上述的统一原则、公平原则，都与协调原则密切相关。各类税制是否协调，会影响税制的统一性和公平性。因此，既要关注增值税内部的制度协调，又要关注增值税与其他税种在整个税收体系中的制度协调。

首先，应加强增值税内部的制度协调。为此，要关注原增值税制度与原营业税制度在征税范围、税率、税基等方面的融合，构建现代增值税制度。虽然“营改增”的整体试点已告结束，但局部的制度试点仍在持续，尤其在征税对象分类、税率结构、抵扣权制度等方面，增值税制度尚有较大优化空间。从总体上说，原营业税征税对象的并入，涉及整体增值税制度的重构，也会影响纳税人的遵从，如何在制度“吸收合并”的过程中，实现各类制度的有效融合、有机统一，是增值税立法完善需解决的重要问题。

其次，应加强增值税与其他商品税税种的制度协调。为此，要关注增值税制度与消费税制度、关税制度的协调，从而形成协调互补的商品税体系。例如，消费税是在征收增值税基础上加征的税收，关税与进出口环节征收的增值税、消费税存在政策上的一致性，因此，在制定《消费税法》《关税法》及其配套规则的过程中，尤其需要体现增值税与消费税、关税的制度协调，充分考虑市场主体的负担、遵从成本等因素，以及整体商品税制度对市场主体的交易和竞争的重要影响。

再次，还应加强“大税种”与“小税种”之间的协调。例如，我国虽然取消了农业税，但保留了烟叶税。烟叶税作为小税种是否应单独征收？这涉及整体税制改革需要关注的“大税种”与“小税种”的协调匹配问题，以及商品税体系的重构问题。是否应取消烟叶税，征收单一的增值税或消费税，并调整中央与地方的收入分配比例，也是未来税制改革需要回答的重要问题。①

最后，应加强增值税与所得税、财产税的制度协调。这与增值税的税收规模及其合理性，以及国家整体税制改革的目标密切相关。例如，自“94 税改”以

---

① 有研究者建议分阶段取消烟叶税，可参见李小热，夏杰长．我国烟草业税收的现状、问题与改革机制．税务研究，2009（5）。

来，增值税“一税独大”的格局就已经形成，其作为收入规模最大的主体税种，一直备受关注。[①] 基于国家“逐步提高直接税比重”的导向，需要考虑增值税规模的合理性问题。我国近年来推进减税降费[②]，一直将增值税作为减税的重要税种，2020 年疫情发生以后，更是通过降低增值税税率、实施阶段性税收优惠等手段，大规模推进增值税留抵退税等，着力减轻中小微企业等市场主体税负。上述的减税、退税措施会在一定程度上影响增值税的规模，有助于提高市场主体的发展能力，减轻消费者负担，推进经济发展，从长远看会有助于扩大所得税等直接税税基，提高直接税比重，这也体现了增值税与直接税的协调。

基于协调原则，全面加强上述的内外制度协调，对增值税的改革和立法尤为重要。只有通过改革不断解决影响制度优化的各类问题，才能实现增值税制度的统一和协调，并充分体现增值税的原理和法治逻辑，体现制度的公平性。只有遵循增值税原理和法治逻辑，形成增值税的具体制度和规则，才能更好地提升增值税的合理性和合法性，为增值税立法奠定重要基础。

总之，推进税制的统一、公平和协调，是税制改革和税收立法应遵循的一般法治逻辑。落实上述三类原则，有助于提升增值税改革和立法的合理性和合法性，更好地兼顾公平与效率。对此，应在税收法治的框架下，理解上述三类原则的紧密关联。其中，税制的统一性会影响税制的公平性；为了实现税制统一、公平的目标，应加强各类具体税制之间的协调，以形成有效的税法秩序；而相互协调的税制，更有助于实现税制的统一和公平。

四、增值税立法的特殊法治逻辑

增值税改革和立法不仅要体现上述一般法治逻辑，还要体现特殊法治逻辑，

---

① 增值税曾长期与消费税为影响税收收入最大的“两税”，备受关注，但未来的消费税制度应更多体现发展导向［张守文．消费税制度改革的发展导向．税务研究，2022（3）：85－92］。

② 减税降费与中长期税制优化和财政可持续性的关系是减税降费政策框架的核心内容［张斌．减税降费的理论维度、政策框架与现实选择．财政研究，2019（5）：7－16］。

下面着重以增值税立法为例来加以说明。目前，我国已有多数税种完成了税收法律的制定。依据税收立法上的“先易后难”原则，已制定的税收法律相对简单，基本都采取了税制平移、税负平移的模式，相关税法制度并未发生较大制度变革，因此，整体立法较为平稳。受多种因素影响，我国在 2020 年未能按计划将全部税收暂行条例上升为法律，至今仍有少数重要税种尚未完成立法程序。如何进一步提升立法能力①，体现税收领域的特殊法治逻辑，是需要进一步探讨的重要问题。

相对于各类小税种，增值税的立法推进较为缓慢。2019 年 11 月，财政部曾发布《中华人民共和国增值税法（征求意见稿）》，但其与较为理想的立法文本要求仍有一定差距。按照一般理解，在“营改增”完成后，增值税的许多制度已基本定型、成熟，增值税应与其他税种一样，立法进程加快，但事实表明，增值税牵涉甚广且非常复杂，其影响的主体数量多，征收范围广，获取收入多，其他税种无法“与其比肩”。因此，我国的《增值税法》直至 2024 年 12 月 25 日才由全国人大常委会通过，自 2026 年 1 月 1 日起施行。增值税立法质量如何，事关国家整体税法体系建设。在增值税改革和立法过程中，不仅要落实前述三类原则，遵循一般法治逻辑，还要结合增值税自身特点和原理，体现特殊法治逻辑。下面以增值税立法中涉及的立法模式、立法结构、立法内容等为例，探讨相关增值税原理与法治原则有机融合所形成的特殊法治逻辑，以期有助于推动增值税立法的完善。

（一）立法模式

在立法模式方面，既往制定税收法律大都采取“税制平移”模式，已制定的税收法律与原来的条例在基本内容、体例上差异不大，主要是对某个税种领域的课税要素简要加以规定。基本上纳税主体与应税行为，税目、税率与计税依据、税收优惠等基本制度，再加上税收征管的相关制度，就构成了包含实体法规范与

① 立法能力包括认知能力、决策能力、起草能力、协调能力、论证能力、审议能力、解释能力［宋方青．立法能力的内涵、构成与提升以人大立法为视角．中外法学，2021（1）：161－178］。

程序法规范的税收法律。[①] 其中，较为简单的如《烟叶税法》等，其条文仅有十余条，这与税法以外的其他领域的法律形成了较大反差。此类“税制平移”的立法模式，可称为“简单立法模式”。

国家采取简单立法模式，意在通过稳定税负，保障国家的收入不受影响。尽管保持国家收入的基本稳定确有必要，但税收立法不是对原有税收条例进行简单“易名”，应确保立法的合理性和合法性，有效纠正原来行政法规可能存在的偏重考虑政府利益等问题；要兼顾国民的负担能力，提升整体税制的合理性，对不合理的税制结构进行改革；同时，还应在每部具体税收法律的“结构—功能”方面作出相应调整，而不是进行简单的制度平移，否则，仅仅把条例改成法律并无多大意义，也不能真正实现税收法定原则的目标。例如，我国 2013 年提出“落实税收法定原则”后制定的首部重要税收法律是《环境保护税法》，强调将排污费的负担平移，使税费负担相当。尽管仅就该部税收法律而言，采取此类模式有一定的合理性，但如果每个税种立法都如此，不考虑新旧税制之间的转换、衔接等问题，而只以获取或保障政府收入为主要目标，则税制结构就难以优化。[②]

因此，在增值税的立法模式选择方面，不应采取“税制平移”的简单立法模式，而应立足增值税的“大税种”特点，将增值税的基本原理融入具体的复杂制度安排，从而体现增值税领域的特殊法治逻辑。

（二）立法结构与立法内容

事关纳税人财产权利的税收立法，其立法结构和立法内容应更为严谨。作为“大税种”的增值税，其立法更不应采取上述的简单立法模式，而应确立更为复杂的立法结构，有效安排相应立法内容，以充分发挥增值税立法的重要作用。为此，国家立法机关已基于增值税立法的重要性，在《增值税法》中，确立了包含总则、分则和附则的立法结构，堪称在立法观念和立法技术上的重要进步。至少

---

① 在分税种立法中形成的“实体法规范与程序法规范熔于一炉”的特点，体现了现代税法的“自足性”。在“大税种”的立法中，这种“自足性”会导致立法的复杂化。

② 相关探讨可参见张守文．我国环境税立法的“三维”审视．当代法学，2017（3）：12－20。

表明国家立法机关已认识到增值税作为“大税种”的特殊性，并寻求在立法结构和立法内容上取得适度突破。下面着重探讨总则和分则部分基本内容。

1. 总则部分的基本内容

从应然的角度说，增值税法的总则部分，至少应包括立法宗旨、适用范围、基本原则、征管体制等内容。

第一，立法宗旨。按照各类立法之通例，总则部分应规定立法宗旨条款，并将其作为首要条款。[①] 但我国各类税种立法普遍缺少立法宗旨条款，没有在法律上回答为什么立法、为什么征税、为谁征税等基本问题，由此会影响人们对立法目的的理解，以及对相关法律原则、具体规则的解释。因此，《增值税法》非常有必要明确其立法宗旨，并体现重要的法律价值。

鉴于每个税种的目标侧重和功能不同，各类税收立法可能涉及多元目标。[②] 例如，增值税立法要关注税收收入目标，强调税收经济效率、税收中性原则等；所得税立法要关注公平分配、宏观调控等目标，重视经济公平和社会稳定等。当然，上述区分仅具有相对意义，因为增值税立法同样也强调税收公平，以保障和促进经济稳定发展；所得税立法也关注收入获取，并力求不因征税而影响经济效率。基于不同的价值或目标侧重，各类税种立法对其立法宗旨可以有不同规定，由此会影响其基本原则和具体规则的确立。

第二，适用范围。以往的税种立法主要规定纳税主体的范围，普遍缺少对法律适用范围的专门规定。《增值税法》应规定该法的适用范围，如“在中华人民共和国境内从事的增值税应税行为，适用本法”[③]。作为一般条款或兜底条款，上述规定有助于明确税收管辖权，解决对相关主体的征税或不征税问题；同时，对于应税行为的具体类型，也可在分则中详细规定。这样总分结合，各有侧重，

① 应充分发挥立法目的条款的功能，进一步完善立法目的条款的表述技术［刘风景．立法目的条款之法理基础及表述技术．法商研究，2013（3）：48－57］。

② 例如，有学者认为环境税法宜将环境保护确定为首位立法目的，将财政收入确定为次位立法目的，辅之纳税人权利保护为底线立法目的［叶金育，褚睿刚．环境税立法目的：从形式诉求到实质要义．法律科学（西北政法大学学报），2017（1）：79－89］。

③ 目前《增值税法》在第3条和第4条分别对纳税主体和应税交易作出规定。

相互呼应，有助于形成法律的系统调整。

此外，由于在增值税领域存在大量跨境应税行为，需要明确域外相关行为的法律适用问题，因此，我国曾多次就对境外相关行为是否征税、免税等作出规定。[①] 与此相关联，《增值税法》同样应明确域外适用问题，这也是适用范围的重要内容。[②]

第三，基本原则。基本原则既是上述立法宗旨的具体化，又是各类具体规则的本源性规则。在各类具体的税种立法中，不仅要在整体上体现税法的三大基本原则，即税收法定原则、税收公平原则和税收效率原则，还应结合各税种的具体特点，增加规定相关基本原则。例如，《增值税法》可以规定“税收中性原则”，并据此构建相关具体制度。

第四，征管体制。在总则部分规定增值税的征管体制，有助于明确税务机关与海关的征税职权（如进出口环节的增值税由海关代征）[③]，从而解决征税主体从事征税行为的法律依据问题。同时，征管体制的核心是税收征管权的划分问题，它与增值税的退税制度和零税率制度等相互衔接，也有助于增进各类增值税制度的协调性，强化税收制度的国际协调。

上述总则部分的基本内容，已融入增值税原理和法治原则的要求，体现了增值税立法的特殊法治逻辑。同时，这些内容不仅与分则部分存在紧密关联，还对后者具有重要的引领意义。

2. 分则部分的基本内容

从应然的角度说，增值税法的分则部分，应具体规定各类课税要素，明确征税机关的征税权力与相关义务，以及纳税主体的纳税义务与相关权利。对分则部分的基本内容，可从以下几个角度进行观察。

---

① 例如，国家税务总局在2016年曾制定《营业税改征增值税跨境应税行为增值税免税管理办法（试行）》。

② 我国在印花税等税收立法中已经开始重视对域外适用条款的规定［张守文．税收立法要素探析：以印花税立法为例．政治与法律，2022（5）：2-13］。

③ 参见《增值税法》第32条。

首先，从征税机关的角度看，分则部分应主要解决征税机关对哪些主体的哪些行为征税、征什么税、征多少税等问题，因此，需要明确征税主体的征税权力与相关义务的具体类型，尤其要确立其具体的管辖权；同时，对纳税时间与纳税地点、税款征收与税务管理、涉税服务与税务协助，以及征税的特别程序等，也要作出相关规定。此外，针对增值税专用发票管理和出口退税等特殊制度，还要作出专门规定。

其次，从纳税主体的角度看，与前述总则部分的一般条款相对应，在分则部分应明确应税行为的具体类型，并据此确定具体的纳税主体。同时，基于增值税征管的特殊性，还要将纳税主体分为一般纳税人和小规模纳税人，由此确立增值税法特殊的主体制度。基于该制度，可进一步确定增值税的税率与征收率制度、发票管理制度、计税方法制度、抵扣制度、征管制度等①，这些制度构成了分则部分的基本框架或主要内容。

再次，从纳税义务的角度看，我国税收立法普遍以确定纳税人的纳税义务为主线，来确立相应的税收立法框架并作出具体制度安排。循此主线亦可确定增值税法的核心制度或主要内容。我国的增值税制度一直侧重于规定“纳税主体—应税行为—纳税义务的度量（税率、税基、税收优惠等）”三类制度，并将其作为最核心的内容。

最后，从逻辑结构的角度看，我国在《增值税法》的立法过程中，虽然试图对总则与分则加以区分，但在立法内容的逻辑结构上其仍有完善空间。因此，应依据增值税的特殊法治逻辑，基于增值税法基本原则特别是税收中性原则的要求，着重在分则部分确立课税要素的具体内容，并通过实体法要素与程序法要素的相互协调和支撑，使增值税立法更加条分缕析、浑然一体，形成各类主体更易于遵从的法律文本。

---

① 例如，抵扣权作为增值税纳税人的一项核心权利，应引入增值税立法中［翁武耀．论增值税抵扣权的产生．税务研究，2014 (12)：54－58. 张守文．增值税的“转型”与立法改进．税务研究，2009 (8)：59－64］。

（三）二元结构与税收中性原则

增值税立法不仅要体现上述的总分二元结构，还要基于特殊法治逻辑，确立多种特殊的二元结构，并在这些二元结构中有效落实税收中性原则。①

1. 增值税法中的二元结构

在增值税法的各类课税要素制度中，存在多种类型的二元结构，例如：在主体结构方面，涉及征税主体的二元结构（税务机关和海关）和纳税主体的二元结构（一般纳税人和小规模纳税人），它们直接影响征管体制和纳税机制；在应税行为方面，涉及行为类型的二元结构（如销售商品和提供服务）；在具体征税对象方面，涉及多种二元结构，如货物与劳务、动产与不动产、有形资产与无形资产；在税率方面，涉及普通税率与特殊税率的二元结构，其中，普通税率作为一般税率，是更为基础的，故也被称为标准税率，而特殊税率可能有多个档次，通常包含低税率或零税率，在税率方面需重视比例税率的选择、多档税率的确定及其相互之间的衔接。

上述各类二元结构，与增值税的特殊法治逻辑密切相关。例如，基于一般纳税人与小规模纳税人的主体结构，针对各类主体不同的应税行为，适用不同的税率，体现了立法上的区别对待和政策考量。又如，尽管在理论上增值税的税基都是增值额，但基于征税效率，又会对一般纳税人和小规模纳税人的计税方法加以区别，这与相关主体的纳税能力、计税能力、征税能力等密切相关，也体现了兼顾效率与公平的价值追求。

因此，增值税立法需要综合考虑多种二元结构，包括征税主体的二元结构、纳税主体的二元结构、应税行为的二元结构、境内境外的二元结构、税率的二元结构（一般税率与特殊税率）、税率与征收率的二元结构、计税方法的二元结构，等等。上述二元结构与征税对象的二元结构（如货物与劳务、动产与不动产、有

---

① 税收中性原则一个重要理念是，增值税纳税人与增值税纳税人（B2B）的交易应该不产生税收负担。因此，OECD也强调，“除了法律明确规定以外，增值税负担本身不应该由应税企业承担”（［奥］迈克·兰，［比］伊内·勒琼．全球数字经济的增值税研究．国家税务总局税收科学研究所译．北京：经济科学出版社，2017：180）。

形资产与无形资产）相互交织，形成多种组合，由此使增值税制度变得更为复杂，并会影响税收中性原则的具体落实。

上述各类二元结构涉及的多种“区分”或“差别”，以及各类二元结构之间的内在关联，是增值税特殊法治逻辑的重要体现。例如，基于纳税人的主体二元结构，把握一般纳税人和小规模纳税人的区分，就可以揭示从两类纳税主体到其应税行为，从其适用税率或征收率到相应计税方法，从其抵扣权的有无到税收优惠安排的“节节贯通”的逻辑主线。由此可以从二元结构的视角，审视增值税立法的一般法治逻辑和特殊法治逻辑，理解增值税立法的统一性与差异性、法定性与政策性，从而实现制度设计的持续优化。

2. 在二元结构中落实税收中性原则

在上述二元结构中落实税收中性原则，也是增值税特殊法治逻辑的要求或重要体现。税收中性原则与税收效率原则、税收公平原则均密切相关，直接影响税负公平、竞争中性和资源的有效配置，因此，包括抵扣机制或抵扣权设置、退税机制或退税权设置等，都要符合税收中性原则的要求。

其实，各个国家和地区在增值税的立法中，都重视税收中性原则的落实。无论是以欧盟及相关国家为代表的增值税（VAT）立法（如欧盟的《增值税指令》等），还是以澳大利亚、新西兰、印度等国家为代表的货物与服务税（GST）立法，等等，尽管其立法名称各异，立法内容各有千秋，但作为实质意义上的增值税立法，都非常重视税收中性原则的落实。

各国增值税立法对税收中性原则的落实有不同程度的体现，对该原则不能作绝对的理解。一方面，从突出税收中性原则的角度，各国往往把尽可能多的商品和服务，都纳入征税范围，并规定较大的抵扣范围；但另一方面，许多国家仍会基于宏观调控或征管便利的需要，确立诸多区别对待的制度，由此使税收中性原则的落实受到一定影响。例如，对一般纳税人和小规模纳税人的区分、对计税方法、多档税率、税率与征收率的区分，等等，所有的区分都会导致制度的不统一。由于税收中性原则与统一性相对应，而区分与差异性对应，因此，各国的增值税制度都是在统一性与差异性、税收中性原则与区别对待原则之间权衡。从增值税法治实践看，没有绝对的税收中性。税收中性原则的确立和实施要考虑各类成本①，而一旦考虑了成本、税收调节等因素，就一定会在增值税制度中强调相应的“区分”。

上述统一性与差异性的权衡，对增值税立法乃至整体税法制度的构建都非常重要。由于每类税法制度基本上都涉及此类问题，并由此会体现出相关理论、原理与制度实践之间的差距，因此，基于解决实践问题的需要，应不断回归税收原理，完善税法理论，切实将相关经济逻辑与法治逻辑统一起来，并充分体现每个税种制度中的特殊法治逻辑。

例如，我国在实行生产型增值税时期，针对抵扣范围受限的情况，通过前述的改革试点不断扩大抵扣范围；近几年，国家又积极推动留抵退税改革试点，以减轻纳税人因不能及时退税而承受的较大资金压力，这些改革都体现了增值税原理的要求，也更符合税收中性原则。与此类似，在出口退税方面，针对曾经出现的退税不及时、不足额等问题，我国也按照增值税原理和相应的法治逻辑，相应进行了制度优化。其实，在许多方面，增值税的原理是清晰的，法治逻辑也是明确的，只是由于诸多政策或对策考虑，税收中性原则的落实才受到影响。

在增值税立法中如何体现税收中性原则，还涉及对政府与市场关系的理解。该原则的落实程度，也表征着国家干预度与市场自由度之间的协调，涉及效率与公平、自由与秩序之间的价值平衡，以及税收收入职能与税收调控职能之间的平衡。② 因此，透过增值税改革与立法这“一滴水”，审视其中贯穿的经济逻辑和法治逻辑，特别是相关重要原则的落实，可以发现许多值得关注的重要问题。对此，既需要从财税法乃至整体经济法的视角展开思考，也需要从社会科学的多学科视角深入研究。

---

① 税率不统一和大范围的免税项目都会破坏税收中性、干扰消费模式，同时影响生产与分销模式，大大增加了征收成本和遵从成本（[美] 申克，等．增值税比较研究．熊伟，任宛立，译．北京：商务印书馆，2018：27）。

② 张守文．税制结构的优化及其价值引领．北京大学学报（哲学社会科学版），2021（5）：147-158.

五、结论

增值税的改革与立法关联密切，通过不断进行改革试点，可以为立法积累经验；而不断完善的增值税立法，则有助于保障税制改革的展开。增值税的改革与立法具有内在的一致性，它们不仅要体现相关的经济原理或经济逻辑，还要遵循相应的法治逻辑，这对税制改革的深化和税收立法的优化尤为重要。

目前，对于增值税改革和立法的法治逻辑，还缺少系统研讨。前面着重从增值税改革的视角，提出其中涉及的相关法治问题，强调遵循法治逻辑的重要性；基于增值税改革和立法的紧密关联，提出两者都要体现一般法治逻辑，尤其要符合统一原则、公平原则、协调原则的要求，以增进增值税改革和立法的合理性与合法性；在此基础上，基于增值税基本原理与法治原则的有机融合，还着重探讨了增值税立法应遵循的特殊法治逻辑，强调应据此审视增值税的立法模式、立法结构、立法内容，进一步落实税收中性原则，不断提升增值税的立法质量。

增值税改革和立法要体现一般法治逻辑，这是实现增值税领域良法善治的基本保障。据此，应及时将重要改革成果通过税收立法确立下来，提升增值税制度的统一性；对于增值税改革过程中出现的可能影响税负公平和公平竞争的问题，要尽快解决，确保税制的公平性①；同时，应当在法治框架下对增值税的各类制度进行内外协调，提升税制的协调性。增值税改革和立法只有充分体现一般法治逻辑，才可能有效解决其中涉及的基本法治问题。

此外，增值税改革和立法毕竟不同于其他领域的改革和立法，因而还要体现特殊法治逻辑，这是实现增值税领域良法善治的重要保障。为此，应在法治框架下，充分体现增值税原理。基于增值税作为“大税种”的特殊性，我国在其立法方面并未采用“税制平移”的简单立法模式。尤其在分则部分有关纳税人的抵扣

---

① 税制改革的重要目标是减少市场自由运作的税收障碍，为市场主体提供“平坦的竞赛场地”，防止“场地凸凹不平”（[英] 桑福德．成功税制改革的经验与问题：第1卷．张文春，匡小平，译．北京：中国人民大学出版社，2001：23）。

权、退税权、减免权的规定，以及相应的税收管理制度等，都有别于其他税种立法。

同样，基于增值税的特殊法治逻辑，增值税立法还应不断回归增值税原理，充分体现税收中性原则。增值税的“转型”“扩围”“营改增”等改革，以及相应的法律修改，都是遵循增值税特殊法治逻辑的体现。与此相关，增值税的改革和立法无论以何种形式、模式或结构呈现，无论涉及哪些内容和原则等，都要切实有机融合增值税原理与法治原则，并依循其特殊法治逻辑对征税权与纳税人权利进行有效配置，而不应单纯从纳税义务的角度进行制度设计，这更有助于提升增值税改革和立法的严谨性和有效性。

增值税的改革与立法，是整体税制改革与立法的重要缩影。如果对上述思考进一步扩展，可以认为：税制改革要于法有据，就要重视法治逻辑；税收立法要体现经济合理性，就要回归经济原理或税收原理。因此，各类税制改革仅关注经济原理或经济逻辑，各类税收立法仅关注法治逻辑，都是不够的。包括增值税在内的各类税制改革与立法，都要遵循将相关税收原理与法治原则相融合而形成的税收税法逻辑，并将其作为检验各类税制改革和税收立法质量的基本标尺，从而持续推动改革的深化和改革成果的及时入法。这尤其有助于促进政策与法律、改革与法治的良性互动，推动各类税法制度的优化，逐步实现税收法治的现代化。

第四章　分配问题与税收法治

实现中国式现代化，必须有效解决分配问题。分配问题作为重要的发展问题，必须通过发展不断加以解决。基于前述的发展理念、发展价值、发展理论，依循税收公平原则和共享发展理念的要求，应不断推进公平分配，促进共同富裕。这也是税收法治现代化和全面建设社会主义现代化国家的内在需要。

税法是典型的“分配法”。分配收入是税收的基本职能，保障公平分配是税法的重要价值。在全面推进中国式现代化的背景下，尤其需要充分实现税收的基本职能，发挥税法的重要价值，运用税法的多种调节手段，在多个环节和领域解决相关的分配问题，切实保障公平分配，促进共同富裕。

考虑到解决分配问题需要保障公平分配，而公平分配又直接影响共同富裕目标的实现，并与个人收益直接相关，本章在第一节将探讨公平分配的税制改革路径，分析如何通过税制改革和税收立法促进公平分配，在第二节将探讨共同富裕的税收法治保障问题，在第三节将以个人所得税法为例，探讨个人收入分配与相应的个人所得税立法完善问题，从而揭示通过税制改革和税收立法有效解决分配问题的重要意义。

第一节　公平分配的税制改革路径

分配收入是税收的重要职能，公平分配一直是税制改革和税收立法的重要目标。如何在国家与国民之间实现公平分配，保障国民的负担适度，如何在纳税人之间保障税负公平，使各类市场主体的税负更为合理，从而体现平等征税、公平征税的精神，对实现公平分配，解决分配问题尤为重要。

事实上，分配是影响发展的重要因素，同时，分配本身具有独立的价值。因此，应在法治框架下，通过税制改革推进公平分配，保障和促进发展，从而使税制改革和税收立法既要体现一般的法治逻辑，也要体现分配法治逻辑和发展法治逻辑，这是税收法治方面的特殊逻辑。在税制改革和税收立法中全面贯穿上述逻辑，对实现税收法治现代化尤为重要。本节将着重探讨公平分配的税制改革路径，并分析其中涉及的税收法治问题。

一、背景与问题

在人类的发展进程中，分配始终是至关重要的问题，它关乎国计与民生，贯穿经济、社会乃至政治、法律等诸多领域，不仅影响政治安定、经济增长、社会发展和文化繁荣，也影响国民财富积累和基本人权保障。综观古今中外历史上的诸多纷争、制度变迁乃至政权更迭，往往皆因分配失当或分配失衡等“分配问题”而起，因此，分配问题历来受到高度关注。

对于如何看待和解决分配问题，历史上曾有多种不同的认识，在一定时期还形成过“均贫富”的思想或“患不均”的文化[①]，并成为农民起义的口号或理念

① 有国有家者，不患寡而患不均，不患贫而患不安。盖均无贫，和无寡，安无倾（《论语·季氏》）。尽管对孔子的分配思想人们有多种理解，但该思想至今仍然有现实意义。综观历史，诸多治乱循环的生成，大抵与分配之不均、不公、不当所导致的分配失衡有关，因此，对分配失衡可能引发的分配风险和分配危机必须保持高度警惕。

支撑，体现了对财富分配平等的一种追求。受到历史、文化方面相关因素的影响，社会公众一直高度关注财富分配是否公平，并将其作为评判时代好坏的重要标尺。随着经济社会的发展和人们权利意识的增强，这一标尺更显重要。因此，古今中外都将收入或财富分配的不平等问题作为重要问题来对待，只有处理好这一问题，才可能实现国家的长治久安。

正因为分配问题极其重要，所以我国的改革开放就是从解决分配问题开始的。最初以实行家庭联产承包责任制为主要路径的农村改革，重点是调整国家、集体、个人“三者利益”的分配关系。其后于 1984 年开启的城市改革，重点是优化国家、企业和个人“三者利益”的分配关系。从生产关系中的分配入手，有助于大大解放生产力，增强企业和个人的生产积极性，从而为后来实行市场经济体制奠定重要基础。事实上，我国的整个改革开放历程，始终贯穿着分配调整的主线。[①] 从让一部分人、一部分地区先富起来，到实现共同富裕，不断解决分配问题，是我国改革开放的基本路径和目标。

但是，随着工业化、城市化、市场化、信息化和国际化进程加快，分配差距过大、分配不公、分配失衡等分配问题日益凸显，已影响经济发展、社会团结和社会和谐。同时，我国正处于跨越“中等收入陷阱”的关键时期[②]，必须通过有效解决分配问题，保持经济稳定增长，保障社会稳定和政治安定。因此，尤其需要依法规范分配活动，保障分配秩序，并针对发展中的各类分配问题，加强相关法律调整。

事实上，有效解决分配问题，需要好的分配制度。各国分配制度之优劣良莠存在差别，会直接影响分配公平、分配正义的实现，因此，必须构建好的分配制度，加强分配领域的法治建设。其中，税法乃至整体的经济法，都是典型的“分

① 张守文．改革开放与中国经济法的制度变迁．法学，2018（8）：19－31.

② “中等收入陷阱”（Middle Income Trap）的概念由世界银行在《东亚经济发展报告（2006）》中提出，强调当一国脱离“贫困陷阱”，经济增长达到人均 GDP3 000 美元附近时，由于经济发展方式等内外原因，极易出现经济增长停滞、贫富分化严重、腐败与民主乱象、各类矛盾突出等问题，导致其无力与低收入国家和高收入国家展开竞争，并长期难以进入高收入国家之列，从而陷入所谓“中等收入陷阱”，因此，我国必须及时调整分配结构，解决好分配问题，努力绕开这一陷阱。

配法”，对于解决各类分配问题具有特殊的功用，因此，应当大力推进税制改革，不断优化税制，并通过完善税收立法乃至整体税收法治，持续解决各类分配问题，推进公平分配。

近年来，我国的分配问题更加突出，分配差距过大、分配不公已成为各界高度关注的经济问题和社会问题，都需要加强相应的法律规制。鉴于税收制度对解决各类分配问题均有重要作用，在税制改革以及相关税收立法中，尤其应将公平分配作为重要问题加以考量。只有有效解决影响公平分配的各类问题，特别是分配结构失衡问题，才能进一步推动分配的均衡和公平。下面将着重讨论如何通过税制改革，推进分配结构的调整，从而在国家与国民之间，以及各类纳税人之间实现更为公平的分配，并进一步提出税制改革和税收立法在推进公平分配方面的重点措施。

二、税制优化与分配结构调整

我国存在着多个维度的分配结构，这些分配结构在一定程度上影响着公平分配，需要通过税制的优化和相关税收立法，调整相关主体之间的分配权，从而实现公平分配。

依据不同的标准，可以将分配结构分为多种类型，其中以下几类是较为重要的，需要在税制改革和税收立法方面特别关注。

1. 政府、企业和居民个人的分配结构

政府、企业和居民个人构成的分配主体结构，具有基础和重要地位。前述谈及我国改革开放之初所关注的三者利益分配关系，其实就是这一分配主体结构的体现。这三类主体的收入在整个分配体系中的占比，是需要关注的重要指标。从历史情况看，大体上自 1978 年到 1995 年，随着国家推出“放权让利”等政策和制度，国家财政收入在整个收入分配体系中的占比逐年下降，居民个人收入的占比则逐年上升；但自 1996 年至今，国家财政收入和企业收入的占比则逐年递增，而居民个人收入的占比则逐年递减。于是，国家财政收入占比的变化轨迹呈现为

“U形曲线”，而居民个人收入占比的变化轨迹则呈现为“倒U曲线”①。

上述体现我国分配主体结构特点的两类曲线表明，1996年后居民收入的占比呈现下降趋势，在国家与国民的分配关系中，存在国民负担加重的现象和问题，其中，国民的税负是否过重，是在税制改革过程中需要特别关注的公平分配问题。针对国家财政收入增长较快而居民个人收入增长较慢的分配结构失衡问题，需要运用多种政策和法律制度实施有效调整，以改变不合理的分配结构，不断提高居民个人收入在整个国民收入中的占比，增强居民的分配能力和消费能力。而在此过程中，税收政策和税收立法都应发挥重要作用。

2. 劳动者与资本等要素拥有者的分配结构

相对于国家、企业，居民个人的收入在整体收入分配体系中的占比下降，这是影响公平分配的重要问题。与此同时，在居民个人之间，更是存在着突出的分配差距。这主要表现为在劳动者与资本等要素拥有者所构成的分配主体结构中，劳动者的收入占比相对下降，而资本等要素拥有者的收入占比相对上升，这其中固然有多方面的原因，但仍需要从税制优化的角度考虑如何实现公平分配。

目前，我国高度重视劳动力、土地、资本、技术、数据等要素的市场化配置②，强调对各类要素根据其贡献决定相关收益分配。从实践情况看，基于劳动力要素获取的收入呈现相对下降的趋势，而资本等要素拥有者在初次分配中的收入则不断提升，由此拉大了分配差距。对于此类分配差距的形成，固然需要通过多种制度的调整加以解决，但税收制度的调整还是非常重要的，我国的相关税制改革，尤其是个人所得税制度的改革等，应当有效解决此类问题。对勤劳所得和投资所得等实行“厚此薄彼”的不同税制，会加剧分配差距的扩大，影响公平分配。

3. 城市居民与农村居民的分配结构

我国长期存在突出的城乡差别或城乡二元结构问题，城乡发展差距较大，城

① 我国1994年进行的分税制财政体制改革和大规模的税法变革是产生这一变化的重要原因［张守文．贯通中国经济法学发展的经脉：以分配为视角．政法论坛，2009（6）］。

② 相关讨论可参见张守文．要素市场化配置的经济法调整．当代法学，2022（5）。

市居民与农村居民在收入分配方面的差距也非常大。这是需要特别关注的一类分配结构。对此，我国提出城镇化、农村现代化，实施乡村振兴发展战略，通过多种手段解决“三农”问题，尤其对农民增收问题高度关注。这些都有助于解决农村居民的收入占比相对较低的问题，这对于推进农村现代化，实现共同富裕和中国式现代化尤为重要。

上述两类主体之间的收入差距问题，其实与长期存在的“二元税制”等问题也有一定关联。对此，我国在2006年取消了农业税，保留了烟叶税，并进行了相关税制的改革，试图在解决此类问题上有一定的推进。[①] 包括在增值税领域对农产品低税率或免税的安排、在企业所得税领域对农业的优惠，以及在财产税领域的相关安排等，都在一定程度上有助于缓解相关矛盾。但由于城乡二元结构成因复杂，并非单一的税制调整所能解决，因此，在未来的税制优化方面，还需要结合实际，进行相应的调整。

上述三类分配结构，都是从主体角度作出的划分，因而都属于分配主体结构。对这三类结构，还可进一步概括如下：第一，国家、企业、居民（个人）的分配结构，可被称为“国—民分配结构”，此类结构更具有宏观意义和基础意义，是考察一个国家整体分配状况的重要结构。在税制改革和税收立法方面，要有效解决相关分配问题，尤其需要考察此类结构的现状与成因，并有的放矢地进行相关的制度优化。第二，“劳动者”与“资本等要素拥有者”的分配结构，也可大体简称为“劳—资分配结构”，因为资本等要素主要是资本或相关资源，这些要素与劳动力要素一样，都是国家推进市场化配置的重要对象，是重要的交易客体，只是劳动力要素与劳动者主体的联系更为紧密。第三，城市居民与农村居民的分配结构，可以简称为“城—乡分配结构”，它们与城乡的空间差别或地域发展差异直接相关，因此，承载主体的空间对分配的均衡性具有重要影响。

---

① 受取消农业税冲击大的地区，其制造业的税负增加更多［陈晓光．财政压力、税收征管与地区不平等．中国社会科学，2016（4）：53－70］。

上述各类分配结构的形成，与包括税法在内的多种法律制度相关。这些法律制度直接影响了各类分配主体的分配权，从而影响其收入或财富方面的收益。由于分配问题贯穿经济、社会等诸多领域[①]，分配关系是非常基本的经济关系或社会关系，因此，各类相关法律制度的调整必须不断优化，通过着重规定参与分配的主体，分配的客体，分配的时空和分配的权利、方式、方法等，形成分配的主体结构、客体结构、时空结构、权利结构等多种分配结构，这些结构直接关系分配是否失当、失衡，以及是否会引发各类分配问题。只有好的分配制度，才能在分配领域有效实现“定分”和“止争”[②]。

在上述各类分配结构的形成过程中，一国的税制具有重要影响。因此，当各类分配结构存在失衡问题，影响分配公平时，就要考虑如何进行税制改革，调整相关主体的分配权，从而影响相关主体收入在分配结构中的收益权重或占比。对于调整分配权的税制改革的成果，需要通过相应的税收立法加以确立，并在税法实施中加以保障，这正是税收法治的重要任务。

事实上，每次重要的税制改革中，最受关注的正是国家征税权与纳税人纳税义务的调整，以及由此产生的各类主体收入的变化，它们影响着人们对公平分配的判断。对于上述三类分配结构存在的问题，还需要在税制改革中进一步回应，这是从问题导向的角度出发而必然提出的要求。因此，税制改革不仅要优化自身结构，还要改进相关分配结构，这是税制结构与分配结构之间的紧密关联的重要体现。只有通过税制结构的优化，不断改进失衡的分配结构，才能有效推进公平、均衡的分配，才能进一步解决相关的分配问题。

---

① 许多学者都讨论过分配的重要性问题，例如：李嘉图在《政治经济学及赋税原理》中认为“确定调节分配的法则是政治经济学的基本问题”；克拉克在《财富的分配》中认为，“至关重要的一个经济问题是财富在不同索取者之间的分配”。对此，布朗芬布伦纳进行了总结，认为在强调分配的重要性时，“有人把收入、财富和权利的分配看成是远比‘稀缺’或‘效率’更重要的经济问题”（［美］布朗芬布伦纳．收入分配理论．方敏，等译．北京：华夏出版社，2009：1-2）。

② 张守文．分配结构的财税法调整．中国法学，2011（5）：19-31.

三、税制改革中的公平分配考量

在历次税制改革中，如何实现相关主体之间的公平分配，始终是一个重要问题。在公平分配方面，涉及两个重要的维度：一个是国家与国民之间的公平分配，另一个是国民之间的公平分配。前者对应于"国—民分配结构"，后者对应于各类居民主体构成的分配结构，如"劳—资分配结构""城—乡分配结构""高—中—低收入者分配结构"等。当然，由于居民主体类型多样，在广义上包括企业和个人，因此，各种类型的居民主体构成的分配结构，也就是纳税人构成的分配结构，其横向的公平分配问题非常值得关注。

有鉴于此，有必要着重从国家与国民之间，以及各类纳税人之间的公平分配的维度，探讨税制改革和税收法治建设中应关注的相关问题。

（一）国家与国民之间的公平分配

我国自改革开放以来多次实施的较大规模的税制改革，带动了相关的税收立法，逐渐形成了税收法治的基本体系。而在此过程中，国家与国民之间的分配问题始终被作为重中之重，需要按照税收公平原则的要求，不断解决相关的公平分配的问题。

例如，在改革开放之初，我国事实上分别进行了农业税制和工商税制的改革。最早的农业税制改革，主要体现为家庭联产承包责任制改革，其基本精神或规则是农民"保证国家的，留足集体的，剩下都是自己的"，因此，其核心是解决农业税领域的国家、集体和个人三者之间的利益分配关系。在此之前的农业税分配制度过于严苛，导致农民个人收入所剩无几，而家庭联产承包责任制作为实质上的农业税制改革，对于农民而言分配更加公平，因而极大调动了农民的生产积极性，使农村改革获得了很大成功。可见，农村改革实质上是从农业税制改革开始的，其核心是实现国家与国民（农民）之间的分配的公平性。

在农村改革获得初步成功的基础上，我国于 1984 年开始了以国营企业为重点的城市改革，核心是处理国家、企业、个人三者之间的利益分配关系。考虑到税收是分配的重要手段，国家明确实行“利改税”，即将国营企业主要上缴利润改为主要上缴税收。[①] 与此相关联，我国在 1984 年进行了大规模的工商税制改革，开征了产品税、增值税、营业税等多个重要税种，从而使国家与企业之间的分配关系更集中地体现为税收分配关系。并且，通过税收立法进行更为制度化的安排，比之前上缴利润的形式更加具有公平性，使企业有更多的税后留利，职工个人的收入也有适度的增长、相比于原来上缴利润的分配方式，其更能体现公平分配的要求，更能调动企业和职工的积极性，从而有助于促进经济的发展和社会的和谐稳定。[②]

我国在实行市场经济体制以后，又于 1994 年进行了大规模税制改革，核心目标是确立与市场经济体制相适应的税法制度。“94 税改”是在财政领域“两个比重”下降的情况下推出的重要改革，因此，如何通过税制改革，提高税收收入在 GDP 中的占比，以及中央的税收收入在整体税收收入中的占比，实现国家与国民、中央与地方之间的更为公平、合理的分配，是此次税制改革要考虑的重要问题。为了解决上述问题，无论是消费税等新税种的开征还是增值税等税种的扩围，无论是具体税法制度中相关课税要素的设定还是税收收益权的分配等，都是围绕提升税收收入的占比和中央税收的占比展开，从而解决“两个比重”下降问题的。上述努力与市场经济对国家宏观调控能力的要求等密切相关，对其合理性和正当性的认识，会直接影响对国家与国民之间公平分配的理解。

对国家与国民之间的分配，需要进行动态调整，以保持其适度均衡，保障其公平性。随着“94 税改”的推进，上述“两个比重”下降的问题得到了有效解决，与之相应的是，上述居民收入在整体收入中占比过低，以及劳动者报酬在居民收入中占比过低的问题。面对这“两个比重”过低，需要从公平分配角度进行

① “利改税”引领了我国完整的税制体系的递进构建，适应了社会经济发展和国内外经济环境的变化，奠定了中国经济市场化的基石[王文素，马腾飞．论中国经济走向市场化的奠基石：“利改税”．中央财经大学学报，2022 (1)：121－128]。

② 有关国营企业“利改税”和工商税制改革的作用及意义的探讨，可参见刘佐．国营企业“利改税”及其历史意义．税务研究，2004 (10)：27－33。

动态调整。因此，我国于2004年开启的税制改革，着手进行实质性的“结构性减税”[①]，包括增值税的转型、农业税的废除等，以推进国家与国民之间的公平分配。在“14税改”期间，我国更是大力推进“减税降费”，而且在疫情背景下对小微企业等进行普惠型减税。这些制度调整不仅有助于减轻市场主体的负担，推动经济的恢复增长[②]，也有助于形成国家与国民之间更为公平的分配机制，实现税收公平原则的基本要求。

可见，我国历次重要的税制改革，都涉及国家与国民之间的公平分配问题，并且都会根据不同时期的经济社会发展，以及国家履行宏观调控等职能的需要，进行动态调整。因此，公平分配并不是一个僵化的指标，它需要随着经济周期、政治周期而进行调整。但无论如何调整，基于税收公平原则的要求，都必须保障国民的负担适度，这在一定意义上也可以视为公法上的比例原则的体现，或者说是经济法上的调制适度原则的体现。

（二）纳税人之间的公平分配

在税制改革和税收立法方面，不仅要重视国家与国民之间的公平分配，还要重视纳税人之间的公平分配。随着纳税人类型的日益多元化，各类不同所有制、不同国籍、不同行业、不同地域的纳税人逐渐增多，需要按照税收公平原则的要求，依法对这些纳税人进行平等征税和公平征税，从而实现相应的公平分配。

在进行“84税改”时，我国的主要纳税主体是国营企业，与国营企业相关的税种最多，其税负也最重。随着改革开放的深入，我国的商品化、市场化发展迅速，多种类型企业不断涌现，我国按照所有制和国籍的不同，分别对其适用不同的税制，于是就形成了针对国营企业、集体企业、私营企业、涉外企业各有差别的税收制度，甚至在涉外企业方面，针对三资企业也有所区分。其结果就是尽管都是企业，但由于其所有制性质存在差别，企业所适用的税率以及其他相关税

① 从法治的角度看，在结构性减税方面需要注意减税权的问题，可参见张守文．“结构性减税”中的减税权问题．中国法学，2013（5）：52－64。

② 张守文．疫情经济、宏观调控与法治保障．经济法研究，2023（1）：38－49.

法制度都不同，税负自然也不同。其中，国营企业税负最重，集体企业、私营企业、涉外企业的税负依次减轻，从而带来了各类企业的税负不公平问题，这是在企业纳税人层面的分配不公，在客观上也导致了一个时期内国营企业发展存在突出问题。

在“94税改”时，针对上述情况，我国特别提出“公平税负”的原则，试图通过统一相关税制，来解决不同类型企业税负不公平突出的问题。解决这一问题，不仅有助于实现分配公平，也有助于实现公平竞争。因为税负的不同，直接影响企业的负担和竞争能力，在市场经济条件下，公平竞争至为重要，要构建与市场经济体制相适应的税制，就要实现相关领域的税制统一。

其实，在“94税改”前，不只是在各类企业中存在税负不公的问题，我国对个人征收的所得税中，同样存在类似问题。例如，我国的《个人所得税法》早在1980年就已经公布，但其事实上主要是对外籍个人征税。此外，我国还对个体工商户等征收个人收入调节税，相关税制设计也有所不同。因此，从公平税负的角度看，对个人应统一征收个人所得税，这更能体现分配公平。

在上述诸多税负不公平的制度安排中，内外有别的“二元税制”是重要根源之一。当时在商品税、所得税、财产税各个领域，都存在内外有别的税制安排，随着我国市场经济的发展，特别是加入WTO后，“二元税制”的问题日益凸显。因此，我国在“94税改”时，就在商品税领域率先实现了是内外税制的统一，在个人所得税领域实现了立法的统一，但企业所得税和财产税领域的“二元税制”问题，延迟至“04税改”以后才陆续解决。例如，鉴于所得税领域的制度的统一非常重要①，我国在2007年统一了内外资企业的所得税立法，实现了名义税率等重要制度的统一。② 在财产税领域，我国先后统一了车船税、房产税等。

上述税制或税收立法的统一，核心问题是“公平税负、简化税制”，这是

① 张守文．企业所得税法统合的内在局限．税务研究，2008（2）：50－53.

② “两税合一”是为内外资企业打造一个公平竞争的平台，有助于提高内资企业的活力和竞争力，有助于外资结构的优化［安体富，王海勇．论内外两套企业所得税制的合并．税务研究，2005（3）：45－52］。

“94 税改”提出的重要目标，但实现这些目标不是一次税制改革所能够完成的。公平税负对于各类纳税人之间的公平分配尤为重要，它直接影响相关税收立法的合理性与合法性，影响对某项税收立法是否属于“良法”的判断。各类纳税人之间的公平分配，对于市场主体而言，会影响其公平交易和公平竞争；对于个人而言，会影响其税后利益的实现，并在整体上影响社会公平和社会稳定。如果纳税人之间的税负不公平，纳税能力相同的人不被征收相同的税，纳税能力不同的人不被区别对待，就会因直接违反税收的横向公平原则和纵向公平原则，而影响纳税人对税法的遵从，以及有效的税法秩序的形成。因此，对于税负公平以及相应的公平分配，在税制改革或税收立法方面必须特别注意。

总之，无论是国家与国民之间，还是作为纳税人的国民（或税收居民）相互之间，都要在税制改革方面关注其税负公平问题。如果对前述的税收公平原则作进一步拓展，则可以认为：在国家与国民之间，涉及税负的纵向公平问题，即国家征税必须要适度，不能过度加重纳税人的负担，这是“发展导向型税制”的基本要求，也是它与“收入导向型税制”或“攫取型税制”的重要区别。[①] 同时，在同类纳税人之间，应保持其税负的横向公平，在基本的课税要素方面，应体现平等征税、普遍征税的原则，并且，即使是税收优惠的制度安排，也必须体现实质公平原则的要求。其中既涉及传统法治的一般逻辑，也涉及税收法治的特殊逻辑。

对于公平分配，还可以从“税法”的特殊性或特殊逻辑来理解。从总体上看，“税法”是“税”与“法”的结合，可以分别从“税”和“法”两个层面来认识。

从“税”的角度看，一方面，税收分配涉及相关主体收入、财富的变化，并形成其经济损益，因此，“税”是典型的经济问题；另一方面，税收的征收主体和缴纳主体、征税依据又涉及纵向的国家与国民的关系，因而它又是政治问题，

---

① 张守文．税制结构的优化及其价值引领．北京大学学报（哲学社会科学版），2021（5）：147－158.

涉及国家或政府的合法性。对此，课税依据理论中的“交换说”有相应讨论。

从“法”的角度看，税收的征收与缴纳都要遵循相关规则，由此涉及法律和法治。因此，研究“税”与“法”的结合问题时，一方面需要税收原理，一方面又需要法律原理或法治逻辑，在研究税制改革和税收法治建设方面，需要将税收原理与法治逻辑结合起来，形成“税收法治逻辑”。“税”本来就涉及公平问题，而“法”更强调公平，因而“税”与“法”之间具有内在的契合之处，这是研究“税收法治逻辑”的重要基础。

四、税制改革与税收立法的重点路径

要通过税制改革推进公平分配，可以采取许多措施，尤其应通过财税法调整，降低中低收入者税负，提高高收入者税负，使各类主体的纳税能力与其税负相匹配，这样才能避免税制的“累退性”，保障实质公平。为此，可以在税制改革以及相应的税收立法方面，进行多方面的具体调整，例如：

（一）调整减税降费措施

近些年来，我国为了减轻市场主体负担，推进公平分配，促进经济增长，已采取大量减税降费措施。[①] 尤其在增值税领域，从降低增值税税率，到实施相关税收优惠，再到留抵退税，等等，广义上的减税措施已经有很多。下一步，有必要将减税重点移至直接税。由于增值税等间接税的税负可以转嫁，而直接税税负对市场主体影响更大，因此，可以通过降低所得税等直接税的税负，来推进公平分配，具体路径如下：

首先，可以考虑修改《企业所得税法》。在全球税收竞争与合作的形势下，大多数国家调低了企业所得税税率，我国 25%的基本税率已相对偏高。建议将企业所得税基本税率降为 20%、优惠税率定为 15%。这样，既可以使市场主体在经济不景气时得以存续和发展，从而有助于推动共同富裕，又可以涵养税源，

① 郭庆旺．减税降费的潜在财政影响与风险防范．管理世界，2019（6）：1－10.

长期看有利于国家获取更多的直接税，并由此实现逐步提高直接税比重的目标。

其次，可以考虑修改《个人所得税法》。目前，我国个人劳动所得的税负偏重，而投资所得的税负偏轻，严重影响了收入公平分配。劳动要素在收入中占比较低而资本等要素在收入中占比过高，是分配差距过大的重要原因。因此，有必要通过修改《个人所得税法》，降低劳动所得的税负，提升资本所得的税负。[①]税负的“有减有增”，既有助于稳定税收的基本规模，又有助于稳固税源基础，促进共同富裕。

（二）降低居民个人税负水平

在国家、企业、居民三者分配结构中，应着力解决居民收入占比过低的问题，提升居民消费能力，尤其应提升中低收入者的收入水平。为此，应降低居民个人税负水平。

例如，在所得税领域，从国家与国民之间的公平分配看，个人综合所得的超额累进税率最高为45%，对此可以适当调低，与经营所得的超额累进税率保持一致，统一为35%。这样可以减少税率级次、扩大税率级距，还可以减少利用不同类型所得税率差额较大而产生的税收逃避行为，从而实现更为公平的分配。

在财产税领域，社会各界普遍关注的是房产税或房地产税。1986年以来普遍开征的房产税，对居民个人自己居住的房屋免征，因而对这部分税负，除个别试点地区的居民外，许多人都是没有承担的。[②] 但是，由于对房地产税立法的讨论此起彼伏，社会各界的关注度极高，许多人认为这是对居民个人税负影响极大的税种，因此，在课税要素的设计上，要特别考虑降低居民个人税负水平。此外，契税、车船税、印花税等税种，也与社会公众关联较为密切，是否要调减其税负，也非常值得考虑。

在间接税领域，由于增值税、消费税等税负最终都会转嫁到消费者身上，因

① 我国个人所得税制度应对劳动所得和资本所得一视同仁，以体现横向公平［朱为群．中国个人所得税的公平分析．经济与管理评论，2015（6）：89－98］。

② 张守文．关于房产税立法的三大基本问题．税务研究，2012（11）：48－53.

此，居民个人作为负税人，承受的税负更重。我国的减税降费措施被大量用在间接税领域，最终对消费者的影响其实会更大。因此，增值税税率的调低会对消费者产生影响，如果汽车、石油类产品等消费税的税率也能调低的话，则对居民个人的影响会更大。

从整体的公平分配看，通过相关税制改革和税收立法，对整体税制结构进行优化，进一步降低企业和个人的税负水平，会形成更有助于促进企业发展和个人增收的“发展导向型税制”。当然，这种调整可能在一定时期内会影响政府收入，因此，应切实转变政府职能，降低政府支出负担，减轻财政压力，通过政府的减负与转型①，形成更加良好的税收收支结构这更有助于降低纳税人的税负，从长远看有助于促进经济和社会的发展。

（三）优化制度试点

在税制改革过程中，往往都是采取制度试点的模式，并将试点取得的经验推广到整体税制。在各类税收制度试点过程中，应充分考虑保障和促进公平分配的目标。例如，我国居民主体家庭财产的主要形式是房产，许多中低收入者倾全家之力贷款买一套房。如果国家普遍开征房地产税，其纳税压力会陡然增大，其就可能产生抵触情绪，这会影响制度的遵从和实施。因此，如果一定要征收房地产税的话，在征收初期，重点应当是“限高”。可考虑在房地产税改革试点地区，仅对拥有多套房产的高净值人群征税，以高起点征税有助于减少制度试点的阻力。同时，根据试点情况可以先高后低调整起征点。

此外，我国增值税制度从最初制定开始，就经历了多次试点。另外，我国的水资源税制度等仍在多个省区试点；上海、重庆两地的房产税改革试点从2011年延续至今；等等。对于各类税制改革试点，应尽快总结经验，并作出相应取舍：确实有推广价值的，要予以制度化、法律化，在法治框架下，推进相关制度的实施；否则，长期没有法律依据地进行试点，与税收法治的要求相距甚远，而且对试点区域与非试点区域，对不同试点区域的企业和个人等，在

① 张守文．减负与转型的经济法推进．中国法学，2017（6）：187－202.

税收权益保护方面是不同的，这对分配公平也会产生不同影响。[1] 从法治的角度看，如果可以不用试点，就尽量不要搞试点；如果确实需要试点，也应符合相应的法治要求，以使相关税制改革更具有合理性和合法性。这是需要特别注意的问题。

通过持续优化各类税制改革试点，尽快推进必要的税制改革，并实现从传统的“收入导向型税制”向“发展导向型税制”转变，这样会更有助于实现公平分配的目标，更有助于保护纳税人的合法权益。

从法治逻辑的角度看，各类税制改革的制度试点必须符合最基本的税收法定原则，这是一般法治逻辑的基本体现；同时，还要将一般法治逻辑与税收的原理、原则相结合，具体体现税收法治逻辑，进一步满足税收公平原则和税收效率原则的要求。从税收公平原则看，税收具有分配收入的职能，在分配收入方面一定要保障公平，由此使公平分配与税制改革、税收法治建设存在密切关联。与此同时，从税收效率原则看，税制改革和税收法治建设都应有助于保障和促进经济社会发展，应更多体现发展理念，体现发展导向。只有推进公平分配，才能保障稳定发展、共享发展、协调发展、永续发展，因此，应基于相关税法原则、理念之间的内在关联，将其融入税制改革和税收法治建设，使其成为税收法治逻辑的重要组成部分。

可见，税制改革既要遵循一般法治逻辑，又要体现税收领域的特殊法治逻辑，尤其要与分配、发展相关联。通过税制改革的路径来促进公平分配，需要全面理解税收的分配收入职能，并结合税收的宏观调控职能和保障稳定职能，来促进税制的优化。对此，应改变过去的“收入导向型税制”，即不应仅单向度地考虑国家获取收入，还要更多融入发展理念、发展价值，从而构建“发展导向型税制”，即要更加关注发展，关注公平分配，要同时考虑税制在宏观调控和保障稳定、促进经济社会发展方面的重要作用。

---

① 张守文．我国税收立法的“试点模式”：以增值税立法“试点”为例．法学，2013（4）：59－66.

五、小　结

通过税制改革来推进多种分配结构的调整，从而在国家与国民之间，以及各类纳税人之间实现更为公平的分配，是非常重要的。结合各类主体的分配结构和分配关系进行分析，有助于明晰税制改革和税收立法在推进公平分配方面的重点措施，从而更好地实现税法的“分配法”功能。

分配与发展密不可分，分配问题的解决需要靠发展的手段。从广义上说，分配问题也属于发展问题，但分配问题又有其特殊性和重要性，需要在税制改革和税收立法中予以特别关注和强调。因此，基于税收的分配收入职能，在税法领域应更关注分配问题的解决，进一步解决与其相关的发展问题，在此过程中，应全面体现税收法治逻辑。

如前所述，在税制改革中体现的法治逻辑包括两类：一类是一般法治逻辑，强调要切实符合税收法定原则的要求，保障税法的稳定性、可预见性，这对解决公平分配问题非常重要；另一类是特殊法治逻辑，即将税收原理与法治要求有机结合所形成的“税收法治逻辑”，它更强调税法对公平分配与有效发展的保障与促进。基于税收的收入分配、宏观调控与保障稳定功能，需要具体关注税法作为分配法和发展促进法的功能，并通过税制改革不断强化税法的相关功能。

第二节　共同富裕的税收法治保障

基于共享发展的理念，国家高度重视推进共同富裕。实现共同富裕，是一项长期、复杂的系统工程，需要多种法律制度的有力支撑，其中，税法乃至整体经济法应发挥重要作用。

对于共同富裕的基本内涵、目标定位等基本问题，已有大量研讨和解读，并且达成了一些基本共识。[①] 在此基础上，我们需要进一步确立实现共同富裕目标的具体路径，并加强相应的法治保障，其中，税收法治保障不可或缺。[②] 因此，需要结合共同富裕的相关问题，特别是共同富裕的实现路径问题，讨论如何推进税制改革和税收立法，加强税收法治建设。

一、问题的提出

共同富裕作为一项长期、复杂的系统工程，涉及经济、社会、政治、法律等诸多问题，我们需要关注其多个维度的实现路径。考虑到共同富裕包括物质和精神两个层面，且物质富裕具有基础地位，应着重关注实现共同富裕的经济路径。其中，整体富裕的路径、区域协调发展的路径和均衡分配的路径，对于实现共同富裕更为重要，它们涉及宏观、中观和微观三个层面，是贯穿整体与个体、全局与局部的三大基本路径。

共同富裕的问题牵涉甚广，至为复杂，对其各类实现路径难以展开面面俱到的讨论，而选取上述三大基本路径展开研讨，会更有助于揭示共同富裕的基本问题和重点问题。此外，上述路径不仅涉及经济和社会问题，也涉及政治和法律问题，这与同样贯穿经济、社会、政治、法律系统的税收法治体系具有高度契合度[③]，加强税收法治体系建设，会更有助于保障和促进共同富裕目标的实现。因此，非常有必要对上述三大基本路径展开解析，并探讨其相应的税收法治保障问题。

有鉴于此，有必要基于“目标—手段”的分析框架，探讨实现共同富裕目标的经济路径及其税收法治保障问题。对此，下面将结合共同富裕的目标，分析三

---

① 例如，公平和效率间的互补和互促关系，为共同富裕的理念夯实了理论基础［朱富强．共同富裕的理论基础：效率与公平的互促性分析．学术研究，2022（1）：96－103］。

② 在分配领域应建立公正的社会秩序所需要的最合适的制度和政策，在法律框架下实现有效的公平正义（［法］皮凯蒂．21世纪资本论．巴曙松，等译．北京：中信出版社，2014：32）。

③ 张守文．税制变迁与税收法治现代化．中国社会科学，2015（2）：80－102.

大基本路径对于实现共同富裕目标的重要价值，以及每类路径的税收法治保障问题。三大基本路径作为实现共同富裕的基本手段，其相互之间以及相应的税收法治保障手段之间均存在紧密关联，其中暗含着政府与市场、改革与法治、法治与发展等多种重要关系，因此，应当从体系化的视角，认识共同富裕的目标与手段以及各类实现路径及其法治保障之间的关联，从而增进经济、社会、政治与法律四大系统之间的相互协调，并形成各系统的整体合力，协同推进共同富裕目标的持续实现。

共同富裕既是分配问题，也是发展问题，与其对应的分配理论和发展理论，不仅需要经济学、社会学、政治学维度的思考①，也需要法学维度的深入研讨。针对共同富裕的经济路径及其税收法治保障问题，尤其应关注相关主体的分配能力与收益分配权，以及发展能力与经济发展权，从而通过经济手段和法律手段，不断推进"协调与均衡"，进而提升全社会的富裕水平和富裕均衡度，使全民走上共同的富裕之路。这有助于推进相关的分配理论、发展理论乃至整体法学研究的深化。

二、整体富裕的路径及其税收法治保障

共同富裕作为一个长期的发展目标，需要分阶段、分步骤实现。② 如果社会整体贫穷，就不具备共同富裕的物质基础；要实现共同富裕，就必须持续提升全社会的整体富裕水平。因此，应通过各类经济和法律手段，不断推动经济增长和经济发展，促进财富创造和财富积累，从而持续实现社会整体富裕。

推进社会整体富裕，既是实现共同富裕的基本路径，也是一定时期经济发展

① 例如，"收入或财富的分配会直接影响效率，也会通过它对制度的影响间接影响经济效率"，因而是经济体系中的重要问题（[美] 斯蒂格利茨．发展与发展政策．纪沫，等译．北京：中国金融出版社，2009：43）。

② 推动共同富裕是一项长期任务，需要在制度设计上遵循激励相容和制度匹配的原则 [郁建兴，任杰．共同富裕的理论内涵与政策议程．政治学研究，2021 (3)：13－25]。

的重要目标。要实现社会整体富裕，需要市场化、产业化、国际化等多种具体路径，主要体现为现代市场体系、现代产业体系和全面开放体系的构建。同时，要通过上述具体路径推进社会整体富裕，还需要加强相应的税收法治保障，这对整体经济法治体系的完善尤为重要。

（一）推进整体富裕的具体路径

通过促进经济增长和推动经济发展来增加社会财富，实现社会整体富裕，需要建立和完善现代化经济体系，该体系的每个子体系都与整体富裕直接相关。由此可以认为，加强现代化经济体系建设，是推进整体富裕最为直接且重要的经济路径，同时也是实现共同富裕的基本路径。

在现代化经济体系中，现代市场体系、现代产业体系、全面开放体系的构建，对整体富裕均具有重要影响。其中，现代市场体系最为基础，只有充分发挥市场机制的作用，有效配置资源，并不断解决市场失灵的问题，才能有效促进经济增长，为整体富裕奠定物质基础。因此，建立现代市场体系是财富创造的基本保障。

现代市场体系的基本要求是统一、开放、竞争、有序，这四个方面紧密相关、缺一不可。例如，从统一市场的角度，应解决各地区可能存在的市场分割问题，推动全国统一大市场的建设，以有效发挥市场机制的作用，促进经济增长。[①] 而要实现市场统一，就必须强调开放，推进各行业、各领域、各类主体之间的对外开放，这样才能逐步消除市场壁垒，形成统一的市场。只有在统一、开放的市场条件下，市场主体才可能展开自由、有效的竞争。同时，其竞争应公平、有序，依法展开。可见，上述的统一、开放、竞争、有序四个方面环环相扣，只有在这样的现代市场经济体系之下，各类主体充分运用市场机制，不断投入相应的生产要素，才能通过诚实劳动和依法经营，创造并取得更多的收入和财富，从而提升全社会的整体富裕水平。

---

① 2022 年 3 月发布的《中共中央、国务院关于加快建设全国统一大市场的意见》强调，加快建设高效规范、公平竞争、充分开放的全国统一大市场，全面推动我国市场由大到强转变。

基于上述对现代市场体系的基本要求，国家还强调要加强制度建设，进一步建设高标准的市场体系[①]，以促进商品要素的自由流动，增强市场主体的活力，切实保障消费者权益，并力求保障从生产到流通、从分配到消费每个环节的有效运转，从而形成国内国际“双循环”相互促进的新发展格局。[②]

其实，在构建现代市场体系和数字经济迅速发展的背景下，促进市场化、信息化、国际化与法治化的有机结合，对经济增长和社会财富积累尤为重要。不应因为逆全球化的影响，而忽视长期的“双循环”新发展格局的构建，也不应因强调国内统一大市场的建设，就忽视国际市场的价值，因此，还是应当立足于长远，用好国内与国际两个市场，持续推进整体经济增长和高质量发展，不断创造更多的物质财富，为整体富裕奠定坚实的经济基础。

此外，在加强现代市场体系建设的同时，还应推进现代产业体系和全面开放体系建设。这两类体系与现代市场体系一样，都是现代化经济体系的重要组成部分，对推动整体富裕目标的实现各有其重要意义。[③]

在现代产业体系的建设方面，应结合现代科技的发展，持续推进相关产业的转型升级，不断提升产业链的层级，着力打造一批现代产业。同时，应有效调整产业结构，优化产业布局，提升产业技术水准。这既是经济发展的重要动力，也是财富创造的重要源泉。在新一轮科技革命的背景下，通过现代产业体系的积极构建，有可能在多个领域形成产业竞争优势，在产业和科技创新方面走向国际前沿。这是维持长期经济增长和财富积累的重要路径。

在全面开放体系的建设方面，应正视该体系对于建立现代市场体系和现代产业体系的重要保障作用。由于对外开放直接影响先进技术的交流、引进、流动，

---

① 我国在2013年提出要“加快完善现代市场体系”，2019年又进一步提出“建设高标准市场体系”，其基本要求是“统一开放、竞争有序、制度完备、治理完善”，强调加强制度建设，完善相关治理。为加强该体系建设，中办、国办还印发了《建设高标准市场体系行动方案》。

② 有关构建“发展型法治”的必要性和可行性的探讨，可参见张守文．新发展格局与“发展型法治”的构建．政法论丛，2021（1）：3-13。

③ 张辉．建设现代化经济体系的理论与路径初步研究．北京大学学报（哲学社会科学版），2018（1）：105-116．洪银兴．建设现代化经济体系的内涵和功能研究．求是学刊，2019（2）：91-98．

影响市场交易和市场竞争，以及现代产业的形成，因此，开放是建立现代市场体系和现代产业体系的应有之义。通过全方位开放、制度性开放，推进国际经济循环，保障各类商品和要素的跨国流动，能够进一步体现现代市场体系的重要价值，回应现代产业体系的需求。在全面开放体系下，保障各类要素的充分自由流动，有效发挥市场机制的作用，有助于创造更多的财富，推进社会的整体富裕。

总之，上述现代市场体系、现代产业体系、全面开放体系的建设，均有助于促进经济增长，推动经济高质量发展，提升全社会的富裕程度和整体富裕水平，因此，在构建现代化经济体系的过程中，应持续推进上述三类体系的建设，并将其作为实现社会整体富裕和共同富裕目标的重要经济路径。同时，在上述三类体系建设过程中，还应不断加强相应的税收法治保障。

（二）对三类体系建设的税收法治保障

基于上述三类体系建设对于促进经济增长、提升整体富裕水平的重要作用，应通过不断完善相关法律制度，进一步加强其相应的税收法治保障。① 其中，以下几个方面尤其需要特别关注：

第一，应依法加强产权保护。

产权保护是现代市场体系的基石，对现代产业体系和全面开放体系建设都不可或缺。因此，从宪法到民商法，从经济法到行政法、刑法等，各个部门法都应从不同层面确认和保障各类主体的产权。其中，各类市场主体的产权，不仅是市场交易、市场竞争的基础，也是其创造财富、积累财富的根本。税法调整会影响各类主体的财产权，无论是税制改革还是相应的税收立法，都必须依据宪法，切实保障相关主体的财产权，严格落实税收法定原则，而不应恣意征税，只有在税收法治框架下，全面、平等、依法保护各类主体的产权②，使各类主体对其收

---

① 有关现代化经济体系的构成及其经济法治问题的探讨，可参见张守文．现代化经济体系建设的经济法补缺．现代法学，2018（6）：54－63。

② 可参见 2016 年 11 月 4 日发布的《中共中央、国务院关于完善产权保护制度依法保护产权的意见》。

入、财产、财富的法律保障形成长期、稳定的预期，才能使其更积极地投身于经济活动和财富创造，并在实现自身价值的同时，为社会创造更大的价值。

我国市场主体数量众多，产权结构复杂，规模参差不齐。无论是国有企业或民营企业还是国内企业或涉外企业、大企业或中小微企业，对其产权都应一视同仁地保护。这是保障市场主体活力的基础。因此，对税法上的相关基本课税要素的确定，也不应厚此薄彼，而应平等征税。同时，对各类居民个体，无论其属于中低收入者还是高收入者，都应按照税收法定原则、税收公平原则征税，并使相关主体的财产权能够依法得到保护。只有市场主体的各类产权能够切实得到税收法治保障，才能使其持续保持价值创造的动力和活力，并不断创造和积累财富，从而提升全民的整体富裕水平。①

第二，应依法保障公平竞争。

要建设统一、开放的现代市场经济体系，就必须规范各类分割市场、构筑市场壁垒、阻碍市场竞争的行为；同时，要建设竞争有序的现代市场体系，就必须依法保障公平交易、公平竞争，维护良好的市场秩序。为此，《反垄断法》《反不正当竞争法》《消费者权益保护法》《产品质量法》《价格法》《广告法》《电子商务法》等相关市场规制法应从不同角度发挥重要作用。但与此同时，税制是否统一，征税是否平等，也会影响公平竞争，因此，在公平竞争方面，税收法治的保障也非常重要。这也是落实公平竞争审查制度需要考虑的重要问题。

事实上，依法保障公平竞争，与各类经济政策和整体经济法治都密切相关。为了有效保障公平竞争，我国专门建立了公平竞争审查制度，要求对相关经济政策和制度的制定和实施，都应从保障公平竞争的角度加以考量。② 在此过程中，尤其需要处理好政府与市场、改革与法治的关系，确保政府出台的相关制度，包

---

① 经济发展只靠好的经济政策是推动不起来的，还必须能够保障法律和秩序、财产权、法治以及政治稳定，可参见［美］弗朗西斯·福山．历史的终结与最后的人．陈高华，译．桂林：广西师范大学出版社，2014：359。

② 在此过程中如何扩大市场竞争领域，缩小公共领域，是需要关注的重要问题（［日］神野直彦．体制改革的政治经济学．王美平，译．北京：社会科学文献出版社，2013：3-4）。

括各类税收制度，特别是税收优惠制度，能够有助于依法保障公平竞争，体现竞争中立的原则和要求。只有各类市场主体能够展开公平、自由、有效的竞争，才能通过市场机制对资源进行有效配置，创造和积累更多的财富，不断提升整体富裕的水平，逐步实现社会整体富裕。①

第三，应依法优化营商环境。

上述三类体系的建设都与营商环境相关。只有构建了市场化、法治化、国际化的营商环境，各类主体才能在现代市场体系框架下，在全面开放的条件下，不断推进产业转型升级，持续运用先进技术，提升经济效率，促进经济增长和财富创造，并通过对个体营利性和社会公益性的兼顾，使全体社会成员的富裕水平都能有所提升，从而不断实现“富企裕民”的目标。

为此，对各类市场主体基于宪法所享有的经济自由权，尤其应加强税收法治保障。税负的轻重本来就是影响营商环境的重要因素，不断改进税制，使市场主体的税负轻重适度，会更有助于优化营商环境，使市场主体能够充分实现其经济自由权。在此过程中，通过对国家征税权与纳税主体纳税义务的有效平衡，正确处理政府与市场、法治与发展的关系，有助于为各类主体共同创造财富奠定基础。只有确立有效的税制，促进经济发展，保障充分就业，使每个个体都拥有更多的收入来源，并获取更多税后收益，才能提升社会整体富裕水平。

总之，市场化、法治化和国际化，不只是对优化营商环境的要求，也与三类体系建设直接相关，其中：推进市场化，需要建设现代市场体系；推进国际化，需要建设全面开放体系；只有在市场化与国际化的条件下，才能更好地建设现代产业体系。同时，上述三类体系的建设，都需要加强税收法治保障。上述密切相关的三类体系的建设，都是实现整体富裕的重要路径，只有持续提升全民的整体富裕水平，才可能实现更高层次的共同富裕。因此，应通过推进整体富裕，不断提升全社会的富裕水平，并在此基础上实现共同富裕。

① 在推进“双循环”的过程中，尤其要加强竞争法的有效规制［张守文．“双循环”与竞争法治的“内外兼修”．中国价格监管与反垄断，2020（11）：32－36］。

三、区域协调发展的路径及其税收法治保障

前述三类体系建设，在宏观层面对全国各地具有普遍意义，是整体富裕需要关注的基本路径。与此同时，作为发展不平衡的大国，我国各地区的发展差异尤为突出。面对局部富裕与局部贫穷的问题，应通过有效的区域协调，进一步推进发达地区与欠发达地区的区域均衡，进而在中观层面推进区域的共同富裕。

（一）区域协调发展与共同富裕

1. 狭义的区域协调发展路径

作为一个大国，受地理、历史、经济和制度等诸多因素的叠加影响，我国各区域的发展差距过大问题普遍存在，如不加以协调就会产生经济、社会、政治、法律等多方面的问题。因此，我国高度重视区域发展战略的及时调整，目前已从过去强调差异化发展，转变为兼顾差异化发展与均等化发展。[①]

在改革开放之初，我国确立了“先富带后富”的发展思路和差异化发展战略，力图通过相关领域的改革开放，逐步实现共同富裕。但对于“先富带后富”的效果，尚需全面审视。[②] 基于差异化的区域发展战略，我国的一些区域适用不同的政策和制度，特别是税收政策和税收制度，形成了多种特殊经济区域，加大了区域发展差距，导致了突出的发展不平衡、不协调问题，并引发了经济、社会、政治等诸多方面的问题。因此，国家开始重视将区域的差异化发展与均等化发展相结合，逐渐形成了区域协调发展战略[③]，这更有助于促进各区域的均衡发展，使各区域的发展差距和富裕程度更加适度。

---

① 这种转变会引发相应的制度变迁，政治、经济、法律等诸多要素都会对此产生重要影响（［比］热若尔·罗兰．转型与经济学．张帆，等译．北京：北京大学出版社，2002：22－26）。

② 覃成林，杨霞．先富地区带动了其他地区共同富裕吗：基于空间外溢效应的分析．中国工业经济，2017（10）：44－61.

③ 可参见2018年11月18日发布的《中共中央、国务院关于建立更加有效的区域协调发展新机制的意见》。

例如，我国确立了西部大开发、东北振兴、中部崛起和东部率先发展战略，并基于“四大板块”区域发展的差异展开相应的协调。同时，我国存在较多的革命老区、民族地区、边疆地区，对这些区域的发展也需要通过政策、法律的手段加以协调。由于区域可分为多种层次、多种类型，并且，在各个区域内部也存在着发展不平衡的现象和问题，因此，区域协调发展涉及多个层面的复杂问题，其中税制的统一性与差异性的协调就是一个重要问题。

从全球范围看，随着市场经济的发展，各国都会出现发达地区与欠发达地区之间发展差距增大，区域财富积累的“马太效应”日益凸显等问题。只有持续解决欠发达地区的局部贫穷问题，才能进一步缩小区域之间的发展差距，推进各区域的普遍富裕，提升不同区域居民个体的富裕水平。因此，许多国家的宪法和国家发展战略都强调，推进区域的协调、均衡发展，防止各个区域的发展失衡，是国家的重要责任。①

目前，我国存在着城乡差距、区域差距和分配差距，这三大差距的形成，都不同程度地与税收制度相关，而且都直接影响共同富裕。只有推进城乡、区域的均衡发展，缩小城乡、区域之间的发展差距②，才能进一步解决分配差距过大的问题。因此，在推进区域协调发展过程中，将差异化发展与均等化发展相结合非常必要：一方面，通过区域差异化发展，保持区域发展的动力，会有助于提升区域的竞争力以及相应的富裕水平；另一方面，通过区域均等化发展，提升落后地区的发展能力，缩小区域之间的发展差距，会有助于提升各类区域的均衡发展水平，并使相对落后的地区也变得更加富裕。在此过程中，需要解决好区域税收竞争、税制不统一或税收洼地等问题，并与财政转移支付等手段相配套，推进整体的财税体制改革。

---

① 例如，西班牙宪法第 131 条规定，“国家平衡、协调地区和部门的发展”。葡萄牙宪法第 90 条规定，“国家促进各部门和各地区的协调和谐发展”。上述规定体现了现代宪法对国家职能和任务的强调［张守文．宪法问题：经济法视角的观察与解析．中国法律评论，2020（2）：76－87］。

② 促进共同富裕，需要坚持先富带动后富、坚持缩小差距、坚持消除两极分化、坚持共建共享、坚持效率与公平有机统一，将促进共同富裕融入区域协调发展战略［张来明，李建伟．促进共同富裕的内涵、战略目标与政策措施．改革，2021（9）：16－33］。

2. 城乡协调发展与区域协同发展的路径

以上讨论的是狭义上的区域协调发展。由于“区域”和“协调”两个概念都有多重含义，因而对于区域协调发展还可从广义上进行扩展理解：一方面，从区域的角度，可将城乡包含在区域之中，因而需要关注“城乡协调发展”；另一方面，从协调的角度，可将协同包括在协调之中，因而需要关注“区域协同发展”①。

首先，从城乡协调发展看，我国在20世纪就高度关注工农差别、城乡差别、脑体差别，这三大差别都会影响产业发展和收入水平。其中，城乡差别至今仍非常突出。

尽管人们有时将城乡差距与区域差距相并列，但大的区域也包括城市与乡村，同时，城市与乡村在地理、经济、制度等诸多方面都存在较大差异，它们仍属于各自不同的区域。因此，城乡差别在广义上也可以被理解为区域差别，它同样是影响分配均衡和共同富裕的重要原因，有必要从城乡二元结构的角度关注城乡协调发展，解决城乡的均等化与一体化发展问题，从而通过缩小城乡差别，进一步解决城乡之间的共同富裕问题。

新型工业化、信息化、城镇化和农业现代化，都是实现现代化的重要路径。但在城镇化过程中，重“城”轻“镇”的问题较为突出，表现为城市化更为迅速，一批大城市甚至超大城市快速崛起，区域竞争已主要体现为城市竞争。与此同时，城乡的发展差距进一步拉大。根据第七次全国人口普查数据，我国有超5亿人口生活在农村，农业增产、农民增收、农村居民致富，一直是亟待解决的重要问题。历史上长期存在的二元户籍制度、二元土地制度、二元价格制度（工农业产品的剪刀差）、二元税收制度（工商税与农业税）等问题，使城乡二元结构相对固化，严重影响了城乡的共同富裕。因此，非常有必要持续实施乡村振兴战略，推进农业现代化，以缩小城乡发展差距，推动城乡协调发展，使广大乡村与众多城市共同走上富裕之路。目前，虽然农业税已经取消多年，但在现行税制中涉农的商品、产业、土地、房产、资源等，在具体税法制度中仍被单独规定，许

① 张守文．区域协调发展的经济法理论拓展．法律科学（西北政法大学学报），2021（4）：14－24.

多方面是从优惠的角度作出的制度安排。如何进一步推进城乡协调发展，在未来的税制改革中仍然有改善的空间。

其次，从区域协同发展看，如果说狭义的区域协调发展侧重于差异化与均等化的兼顾，那么，区域协同发展更侧重于差异化与一体化的统一。

区域协同发展强调在大的区域内部的各个区域之间，或者在密切相关的区域之间，应通过相应的协同实现共同的目标，从而推进各个区域之间的互补发展，并在某些方面实现区域的一体化。区域协同发展不仅有助于促进相关区域的经济增长，甚至可能使一体化的区域成为全国的经济增长极，因而有助于提高财富创造和财富积累的效率，实现相关区域的共同致富和协同发展。

例如，京津冀协同发展、长三角区域一体化发展、粤港澳大湾区建设等，都是区域协同发展的重要实践。[①] 推进区域协同发展，有助于相关区域取长补短、彼此协同，均衡发展，并提升相对欠发达地区的富裕程度，因而是实现共同富裕的重要路径或手段。区域协同发展的具体路径有多种类型，如区域内的市场统一、产业协同、发展规划协同，甚至包括地方立法协同等。[②] 在上述协同中，税法实施方面的协同同样值得关注，特别是在税收管辖权、税收收益权的分配方面，其有进一步协同的空间，需要加强相应的税收法治保障。

总之，在推进共同富裕的过程中，既要关注狭义上的区域协调发展，也要关注城乡协调发展、区域协同发展，并加强相应的税收法治保障。依法推进上述各类区域的协调发展，有助于使各个区域相互支持，相互促进，逐渐形成协同的、均衡的发展格局，从而持续提升各个区域的富裕程度或富裕水平，推动其经济与社会的协调发展。

区域协调发展有助于缩小各个区域的发展差距，使区域发展更为均衡，故它

---

① 实践中的区域协同发展都有明确的定位，例如，《长江三角洲区域一体化发展规划纲要》明确该区域的战略定位是“全国高质量发展样板区”“率先基本实现现代化引领区”“区域一体化发展示范区”，而《粤港澳大湾区发展规划纲要》则强调，该区域的建设目标是建成“充满活力的世界级城市群”“具有全球影响力的国际科技创新中心”等。

② 区域协同发展涉及市场一体化、产业一体化、制度一体化以及区域协同规划等重点问题［张守文．区域协同发展的经济法解析与促进．当代法学，2021 (5)：99－109］。

是推进共同富裕的重要路径。由于居民个体都分布于不同区域，而一个区域是否富裕会对其居民的富裕程度产生较大影响，因此，推进区域协调发展，增加地区的财富总量，有助于为居民个体发展创造更多的致富机会，从而直接影响其收入和财富分配，以及财富的持续积累。在此过程中，如何在税收法治的框架下，有效协调各个区域和各类主体的税收利益，如何避免以邻为壑和竭泽而渔，都是需要考虑的重要问题，这些对于实现共同富裕的目标尤为重要。

（二）区域协调发展的税收法治保障

对于区域协调发展方面需要加强的税收法治保障问题，前面已分别结合各类具体路径有相应的回应，下面再作进一步强调。

基于我国宪法确立的根本制度，国家的一项重要任务，就是通过推动区域的协调发展，在不断协调差异化与均等化、差异化与一体化的过程中，实现各区域之间经济社会发展水平的相对均衡。因此，国家不仅要制定和实施大量经济政策，也要注重法律手段的运用，尤其应当为区域协调发展提供有效的税收法治保障。

事实上，在改革开放之初，我国大量运用税收制度推进相关特殊区域的发展，经济特区、沿海地区的开放大都与特殊的税制安排有关。这在带动一部分人和一部分地区先富起来的同时，也带来了区域发展不协调的问题。为此，我国同样重视通过税法制度的调整，着力促进区域的协调发展。

例如，为了推动西部大开发战略的有效实施，国务院于2000年出台了多种税收优惠制度，明确对西部地区符合条件的企业给予15%的所得税优惠。这在当时相当于对企业所得税的减半征收①，其目的是大力推动西部的开发和发展。上述优惠制度期满后，又多次被延续。② 这体现了国家税法制度的连续性，特别

---

① 依据《国务院关于实施西部大开发若干政策措施的通知》（国发〔2000〕33号），对设在西部地区国家鼓励类产业的内资企业和外商投资企业，在一定期限内，减按15%的税率征收企业所得税。

② 相关优惠制度规定每10年延续一次。依据2020年4月23日财政部等发布的《关于延续西部大开发企业所得税政策的公告》，自2021年1月1日至2030年12月31日，对设在西部地区的鼓励类产业企业减按15%的税率征收企业所得税。

是对西部地区发展的倾斜性促进。又如，为了推动东北振兴，我国在 2004 年进行了增值税制度的“扩围改革”试点，以减轻东北地区以及其他老工业基地相关企业的税负并推动其转型升级。这也为后来的全国增值税制度转型奠定了重要基础。[①]

经过多年的改革开放，我国形成了大量的特殊经济区域，这些区域的特别之处，往往与特殊的财税制度安排相关。这些安排虽然在一定时期内有助于促进一定区域的经济增长，但也会形成与其他区域之间的发展差距，而且会影响不同区域之间的公平竞争。在构建全国统一大市场、强调各个领域公平竞争的大背景下，需要重新审视相关税制安排的合理性与合法性，并通过税制改革和税收立法，解决相关违反法治精神的制度安排。这也是税收法治保障区域协调发展的重要方面。

基于区域协调发展的法治理论，区域作为重要的主体，享有区域发展权[②]，其中，经济发展权最为重要，各类法律制度都应着重保障区域的经济发展权。为此，在税制改革过程中，要充分认识到区域的特殊性并保障其经济发展权，在税收立法上给予相关区域一定的空间或自主权，推动各个区域基于区情落实税收法定原则，不断提升本区域的发展能力，持续推动自我发展。

与此相关联，为了缩小城乡差别，我国已出台《农业法》《乡村振兴促进法》等多部法律，以促进“三农”问题的解决，推动城乡的共同富裕。如《乡村振兴促进法》强调国家应建立健全农业支持保护体系和实施乡村振兴战略财政投入保障制度，增强脱贫地区内生发展能力，加大对革命老区、民族地区、边疆地区实施乡村振兴战略的支持力度。[③] 而在对革命老区、民族地区、边疆地区的税收优惠方面，已有的诸多税收立法还有相关规定。在未来的税制改革和税收立法中，从推进共同富裕的角度，这些也是需要特别考虑的重要问题。

总之，在推进区域协调发展的过程中，应加强税收法治保障，处理好中央与

---

① 张守文．增值税的“转型”与立法改进．税务研究，2009（8）：59－64.

② 于立深．论区域发展权的国家法保障．法治研究，2021（1）：114－127.

③ 参见《乡村振兴促进法》第 2 条、第 4 条、第 6 条、第 12 条、第 58 条、第 59 条等。

地方、发达区域与欠发达区域、城市与乡村、政府与市场等各类复杂关系；同时，在税制改革和税收立法中，需要解决好税制的统一性与差异性、政策性与法定性、原则性与灵活性方面的问题，保障各类区域以及区域内各类主体的经济发展权，并通过落实相应的发展理念，构建“发展型税收法治”[①]，以推进区域经济发展，并解决相关区域的共同富裕问题。

四、均衡分配的路径及其税收法治保障

无论是前述宏观的整体富裕路径，还是前述中观的区域协调发展路径，最终都要落实在微观层面，需要通过均衡分配的路径，解决居民个人的收入分配和财富积累问题，并持续使所有个人都能脱离贫困，共同走上富裕之路。

（一）实现共同富裕与均衡分配

从微观层面看，共同富裕涉及每个具体的居民个人，因此，既往关于共同富裕的诸多讨论，都会围绕分配路径展开，尤其关注如何在初次分配、再分配和三次分配各环节采取相应措施，以实现更为均衡的分配，从而解决分配差距过大、分配不公和分配结构失衡等分配问题。

均衡分配是实现共同富裕的必要条件，它并不是指收入或财富在数量上的平均分配，而是更强调每个人各尽所能、各得其所，并保持分配差异适度、分配较为公平和分配结构合理。为此，应保障每类主体的经济发展权，使其在良好的营商环境和充分就业的条件下，通过诚实劳动、诚信经营等方式，依法进行价值创造，并获取其应得的收入或财富，从而使其不仅可以免于贫穷，还能不断提升富裕的程度，并全面参与富裕社会、美好社会的共建共享。

在实现共同富裕目标的过程中，不应简单地搞“劫富济贫”“抽肥补瘦”，而应更强调“帕累托改进”，使所有主体的财富状况都得到优化，并不断提升其富裕程度，这样才能形成较为均衡、稳定的分配秩序。当然，针对不合理的分配差

① 张守文．新发展理念与“发展型法治”的构建．人民论坛·学术前沿，2021（13）：34－43.

距过大的情况，仍需采取多种再分配手段①来调节和优化分配结构，从而通过提低、扩中和限高，实现分配结构的相对均衡。由于整体社会财富的分配、分布相对均衡，更符合基本的比例原则或适度原则，因此，亚里士多德曾强调“分配的公正在于成比例”，公正的分配应当是适度的。② 只有持续推进均衡分配，才能充分体现分配正义。

加强均衡分配，涉及多种具体路径。例如，在分配环节方面，应将初次分配、再分配和三次分配作为一个系统，结合三个分配环节的特殊情况，分别采取相互协调的措施，在整体上促进分配的相对均衡。又如，在分配结构优化方面，需要采取多种措施解决相关的分配问题：第一，针对国家、企业和居民个人三者的分配结构，应不断解决居民个人收入占比过低的问题；第二，针对低收入者、中等收入者和高收入者三者的分配结构，应通过“提低”“扩中”的努力，提升中、低收入者的收入水平，不断实现分配的均衡；第三，针对城市居民与农村居民的收入分配结构，应通过多种手段，促进农业增产、农民增收，并进一步提升农村居民的整体收入水平；第四，针对劳动者与“资本等要素拥有者”的收入分配结构，应进一步加大劳动力要素在整体收入中的占比，提升劳动者的收入水平；等等。

在上述分配环节、分配结构优化方面不断推进均衡分配，会有助于提升居民个人特别是中、低收入者的收入水平，从而为持续推进共同富裕奠定微观基础。对上述各个方面的均衡分配措施，均应加强相应的税收法治保障。

（二）均衡分配的税收法治保障

《宪法》第6条规定，我国“实行各尽所能、按劳分配的原则”，“坚持按劳分配为主体、多种分配方式并存的分配制度”。上述规定为具体分配规则的确立

---

① 政府在基本公共服务供给中承担更大的支出责任，以更大的政策力度实施再分配政策［蔡昉．创造与保护：为什么需要更多的再分配．世界经济与政治，2020（1）：5-21］。

② “公正必定是适度的、平等的”，参见［古希腊］亚里士多德．尼各马可伦理学．廖申白，译注．北京：商务印书馆，2003：134、136。

奠定了重要的宪法基础。[①] 在劳动或劳动力要素的投入被作为获取收入的一般方式的情况下，强调各尽所能、按劳分配，更能体现分配正义；而在资本、土地等要素深度影响分配，且多种分配方式并存的情况下，劳动或劳动力要素在整体收入分配中的占比会受到直接影响，这也是产生分配差距过大、分配不公、分配失衡等诸多分配问题的重要原因。因此，在分配环节和分配结构优化方面，应加强相关法律调整，为均衡分配提供相应的税收法治保障。

1. 加强对分配环节的系统法律调整

针对上述各类分配问题，应针对不同的分配环节、分配方式，结合各类分配问题的具体成因，在法律上有效确立和配置各类主体的收益分配权，并运用多种法律制度进行相应的法律调整，从而持续推动均衡分配，实现分配正义。

例如，在初次分配环节，各类主体依据劳动权、股权、债权、知识产权等参与相关分配，如能有效运用民法（如合同法）、商法（如公司法）、社会法（如劳动法）等调整相关权利的配置，就会直接影响各类主体的收入增长与财富积累。相对说来，初次分配环节对市场机制和经济效率关注更多，是夯实共同富裕基础的重要环节。[②]

在再分配环节，需要更好地发挥政府的作用，依法运用相应的宏观调控、市场规制、社会保障等手段，实现相关分配的实质公平。为此，经济法（如财政法、税法等）、社会法（如社会保障法）应发挥其分配调节功能，财政转移支付法、所得税法（如个人所得税制度）、财产税法（如房产税制度）等财税法制度更要关注对弱势群体的保护，切实保障社会公共利益和基本人权。[③] 这就需要考虑如何进一步推进相关税制改革，在所得税法、财产税法领域的各类税收立法中都应当充分考虑均衡分配的需要。

---

① 宪法学界对按劳分配问题已有相关讨论，可参见李响．“按劳分配”在中国：一个宪法概念的浮沉史．中外法学，2019（5）：1195－1216；阎天．宪法按劳分配规范的当代意涵．法学评论，2022（1）：43－54。

② 初次分配对解决共同富裕问题具有更为基础的地位，应当为收入分配制度改革的重点［厉以宁．收入分配制度改革应以初次分配改革为重点．经济研究，2013（3）：4－6］。

③ 张守文．差异性分配及其财税法规制．税务研究，2011（2）：69－74.

在三次分配环节，应在上述市场机制和政府作用之外，更加重视社会机制和道德因素的影响，倡导和鼓励各类主体投身于慈善事业，支持各类社会事业的发展和对弱势群体的保护。对此，经济法（如税法）和社会法（如慈善法）的调整，会具有特殊的重要意义，应当在相关税收立法中，重视企业所得税法、个人所得税法与相关公益捐赠或慈善立法方面的协调，进一步运用税法的手段，鼓励和支持慈善事业的发展。

可见，各个分配环节涉及的分配问题，需要多种部门法的协同解决。随着分配问题的凸显，应将各个分配环节作为整体分配体系的重要组成部分，关注各个分配环节及其与法律调整之间的联系，从而系统地解决分配问题。而在此过程中，税法尤其要发挥重要作用。为此，应结合均衡分配的需要，加强税制改革和税收立法，例如：在初次分配环节，还要考虑如何运用税法的手段，调节相关要素在分配中的占比，这对解决均衡分配可能会具有更为基础的意义；同时，在再分配、三次分配环节，还要通过税制的完善，进一步促进和保障公平分配。这样，就可以发挥税法作为典型的“分配法”的重要功能①，在税收法治的框架下，影响居民的财富占有、财富分配和财富积累。

如果通过税制改革和税收法治建设，能够兼顾上述三个分配环节，构建有助于实现经济增长和均衡分配的“包容性税法制度”，持续推进分配上的“帕累托改进”，那么这对于保障和促进各类主体走上共同富裕之路尤为重要。此类税法制度作为“发展型税收法治”的重要组成部分，应充分体现各类重要发展理念，从而推进各类主体的共建共享，实现共同富裕。

2. 运用税法手段推动分配结构优化

上述分配环节存在的分配差距过大、分配不公问题，都会影响分配结构的均衡。因此，应当有针对性地运用各类法律手段，尤其是税法手段，持续解决影响分配结构失衡的各类问题，推动分配结构优化，推进共同富裕。

---

① 摩莱里曾将“调整自然产品或人工产品分配”的法律称之为“分配法”或“经济法”（[法] 摩莱里．自然法典．黄建华，姜亚洲，译．北京：商务印书馆，1996：107-110）。

例如：第一，针对国家、企业和个人三者的分配结构，需要运用税法手段，有序推进减税降费，尤其应进一步降低纳税人的直接税税负，从而提升居民个人收入，推动分配结构的均衡；第二，针对低收入者、中等收入者和高收入者三者的分配结构，应运用税法手段，使中低收入者的就业、创业能够更多得到税法支持，并使其财产权益得到充分保护，从而提升其收入水平，不断促进分配的均衡；第三，针对城市居民与农村居民的收入分配结构，不仅要加强对土地、资本等要素制度和价格制度等诸多配套制度的调整，还要加强相关的税法调整，加大相关税收优惠力度，不断解决“三农”问题，促进乡村振兴，大幅度提升农村居民的收入水平和城乡分配的均衡度。

在税收法治框架下推进均衡分配，同样要解决好政府与市场的关系以及改革、发展与法治的关系，切实推动政府职能的转变，减轻市场主体的负担，这样既有助于破解“黄宗羲定律”及其体现的问题，真正降低民生压力，也有助于确保政府有效提供公共物品，并通过持续的藏富于民，提升全社会的富裕水平。①

因此，有关共同富裕的税收法治完善，应以“富企裕民”为主要目标，兼顾效率与公平、自由与秩序、安全与发展等重要价值，实现分配正义、发展正义；同时，应依法保护各类产权，鼓励创新和创造，规范税收分配秩序，合理确定国民税收负担，促进包容性发展②；此外，应长期坚持“放水养鱼、藏富于民”的税收法治发展导向，这是共同富裕的重要制度保障。

总之，推动分配结构的优化，解决分配失衡问题，需要各类法律制度的综合调整，以及各类治理手段的有机配合，其中，税法制度或税法手段尤为重要。在税收法治的框架下，税法制度的调整不仅要关注收入和财富的分配，也要关注财富的形成和积累。因此，应当在税收立法上有效配置各类主体的税权，并全面保

① 应构建包容性制度，实现法治框架下持久的“制度性减负”[张守文．减负与转型的经济法推进．中国法学，2017（6）：187－202]。

② 包容性制度不同于攫取性制度，它是有助于促进经济发展的好制度（[美] 阿西莫格鲁，罗宾逊．国家为什么会失败．李增刚，译．长沙：湖南科学技术出版社，2015：51－58）。

障其实现，这对持续提升共同富裕水平尤为重要。

五、小　结

尽管对共同富裕问题尚存在诸多不同理解，但对其基本内涵和基本方向已有较多共识。由于共同富裕是一项长期、复杂的系统工程，且以物质富裕为基础，因而明晰实现共同富裕的经济路径并加强其税收法治保障至关重要。

前述研讨基于“目标—手段”的分析框架，着重探讨了实现共同富裕目标应重点关注的三大经济路径及其税收法治保障问题，认为整体富裕、区域协调发展和均衡分配这三大路径，贯穿宏观、中观和微观三个层面，它们作为实现共同富裕的基本手段，相互之间亦存在紧密关联，其中：整体富裕的路径，涉及现代市场体系、现代产业体系、全面开放体系的建设，关乎整体富裕水平的提升；区域协调发展的路径，涉及城乡区域协调发展体系的建设，需要具体解决狭义的区域协调发展，以及城乡协调发展、区域协同发展等问题①；均衡分配的路径，涉及公平的收入分配体系的建设，需要着重在分配环节、分配结构优化方面解决均衡分配问题。由于上述各类路径所涉及的相关体系建设，都是现代化经济体系建设的重要组成部分，因此可以认为，构建现代化经济体系，就是实现共同富裕的总体经济路径。

在推进共同富裕的过程中，需要持续的“协调与均衡”。例如，无论是通过区域协调发展战略的实施，推进区域的均衡发展，还是通过对分配环节、分配结构的协调，推进多层次的均衡分配②，都有助于最终实现共同富裕的目标。此外，与上述三大路径对应的宏观、中观和微观层面的表述，只是为了体现相关路

---

① 目前还应特别重视所有制等因素导致的北方与南方区域发展的失衡［周民良．经济重心、区域差距与协调发展．中国社会科学，2000（2）：42－53］。

② 对此，应加强分配理论的研究，但目前“各种各样的分配理论无法被加总成为一个能被普遍使用、普遍接受或被普遍验证的整体”（［美］布朗芬布伦纳．收入分配理论．方敏，等译．北京：华夏出版社，2009：371）。

径的侧重以及研讨的方便，其划分仅具有相对的意义。事实上，在相关路径中可能会同时涉及宏观问题和微观问题。

上述三大路径都需要加强税收法治保障，因此，我国应继续推进税制改革，完善税收法治，使各类税法制度从不同维度发挥重要作用。由于共同富裕既是经济问题又是法律问题，既是分配问题又是发展问题，因此，在相关税收法治建设方面，应处理好国家与国民、政府与市场、中央与地方、改革与法治、法治与发展等重要关系，通过落实税收法定原则和税收公平原则、税收效率原则，合理确定纳税人的税收负担，在征税权与纳税人权利之间进行有效平衡，在税收法治的框架下不断推进共同富裕。

共同富裕是一个长期的理想目标，也是一项艰巨而复杂的系统工程，需要多学科的交叉、综合研究。仅从税法学的角度看，针对共同富裕的各类实现路径及其税收法治保障问题，未来不仅需要从税收实体法的视角，还要考虑从税收体制法、税收程序法的视角展开解析，同时，也要从税法总论、国际税法的视角展开研讨，这尤其有助于深化税法学领域的分配理论和发展理论研究①，并推动经济法学、发展法学乃至整体法学的发展。

第三节　收入分配与个人所得税立法完善

与前述公平分配、共同富裕问题直接相关，持续推动收入分配问题的解决，是贯穿中国改革开放历程的一条重要主线，税收立法在其中发挥着重要作用。从保障收入的公平分配、促进共同富裕的角度，应通过新一轮税制改革，推进各类税法制度的完善，尤其要推进个人所得税法的持续优化。因此，本节着重讨论收入分配与个人所得税立法的相关问题。

① 相关探讨可参见张守文．经济法学的发展理论初探．财经法学，2016 (4)：15-24。

一、背景与问题

中国的改革开放，始终与收入分配直接相关。无论是最初的农村改革，还是其后的城市改革，均以有效处理国家、集体、个人三者利益关系为重点，以收入分配关系的调整为核心。事实上，持续地解决收入分配问题，始终是贯穿不同时期改革开放的一条主线，并且，收入分配问题的解决效果，也是衡量改革开放是否成功的重要标尺。①

一国收入分配问题的解决，受诸多法律制度的综合调整。在涉及个人收入分配的税法制度中，个人所得税法最受关注。由于个人所得税立法直接影响个人的收入分配和“获得感”，事关改革开放的实效，因此，不断完善个人所得税立法以及时回应现实需求，从而推动经济和社会发展，始终是各界关注的重要现实问题。

当前，我国已进入中等偏上收入国家行列，正值跨越“中等收入陷阱”的关键时期；同时，基尼系数长期居高不下，个人收入分配仍差距较大，综合负担普遍较为沉重。② 对此，通过个人所得税立法的适度调整，来缓解收入分配差距过大、个人税负过重的问题，从而构建和谐的征纳关系和取予关系，实现复杂国际环境下的经济和社会的良性运行和协调发展，已势在必行。

正是在上述背景下，我国于 2018 年对《个人所得税法》作出较大调整。对此社会各界高度关注，并大都着重从公平或效率的视角，分析其对个人收入分配的影响及其合理性。③ 由于个人所得税立法的完善是一个持续的过程，任何一次修法都不能解决所有问题，加之改革开放的深化还会带来诸多新问题，因此，对

① 我国的改革开放始于收入分配，并由此带动了包括税法制度在内的经济法制度的生成［张守文．改革开放与中国经济法制度的变迁．法学，2018 (8)］。

② 对“中等收入陷阱”的论述颇多，可参见蔡昉．“中等收入陷阱”的理论、经验与针对性．经济学动态，2011 (12)。另外，我国的基尼系数近年来仍在 0.47 左右徘徊，分配问题依然严峻。

③ 在全国人大常委会对《中华人民共和国个人所得税法修正案（草案）》征求意见阶段，共收到各类意见共 13 万多条，足见社会公众对个人所得税立法的重视以及意见的多元。

于个人所得税立法中存在的各类问题，确实需要“历史地看待，系统地解决”，只有将“历史分析”和“系统优化”有机结合，才可能更好地解决问题。据此，有必要从“历史—系统”的视角，考察我国的改革开放、收入分配与个人所得税立法完善之间的互动，揭示其中值得关注的重要问题，以推进个人所得税立法的完善。这些方面的探讨对其他领域税收立法的优化，对于整体税制的现代化乃至国家治理的现代化①，都有其积极意义。

有鉴于此，下面将基于“历史—系统”的分析框架，先从“历史”的维度，考察在改革开放过程中旨在解决个人收入分配问题的税法变革，以及由此形成的个人所得税立法重要结构的演进，从而发现个人所得税立法的完善路径，提炼其中蕴含的需要在税收立法中持续关注的重要问题；在此基础上，再从“系统”的维度，结合个人所得税立法需着重解决的核心问题，提出未来立法的结构优化方向。

据此，在结构安排上，下面的研讨将先从宏观层面，探讨改革开放、个人收入分配与税法变革的紧密关联，从而说明三者之间的互动，以及税法变革的历史定位和基本目标，同时结合个人所得税立法的重要结构的演进历程，说明个人所得税立法的现状与问题；在此基础上，再从微观层面，探讨个人所得税立法的核心问题及其系统改进，以期从公平与效率兼顾的角度，更好地解决收入分配问题。

二、改革开放、个人收入分配与税法变革

从历史维度看，我国的改革开放、个人收入分配与税法变革之间一直存在紧密关联。个人收入分配的压力及其问题解决，既是我国改革开放的重要动因，也是税制改进的重要目标②；而不断深化的改革开放，又会进一步推动个人收入分

---

① 有学者认为，从“建立与社会主义市场经济体制相适应的税收制度基本框架”到“建立与国家治理体系和治理能力现代化相匹配的现代税收制度”，体现了完善税收制度的方向定位发生了根本性变化[高培勇．论完善税收制度的新阶段．经济研究，2015（2）]。

② 张守文．贯通中国经济法学发展的经脉：以分配为视角．政法论坛，2009（6）.

配问题的解决以及税法制度的变革和完善。从总体上说，改革开放与个人收入分配、税法变革存在着内在一致性，个人所得税立法的重要结构演进亦与“三者关联”直接相关，现分别探讨如下：

（一）对“三者关联”的历史考察

我国最早进行的农村改革，体现为逐渐推开的家庭联产承包责任制，其目标是调整国家、农村集体经济组织和农民个人三者收入分配关系，其核心内容被概括为“保证国家的，留足集体的，剩下都是自己的”，而分配的客体——“公粮”，则是农业税的课税对象。从这个意义上说，我国的改革始于个人收入分配的制度变革，且与税收制度的调整直接相关，这同历史上的“经济改革—收入分配—税制变革”的一般路径是内在一致的。如果没有对个人收入分配的税法调整，就难以解决国家与国民之间基础性的分配问题，也就无法有效实现通过改革来推进经济与社会发展的目标。

农村改革所带来的收入分配制度调整获得了巨大成功，为其后推开的城市改革树立了信心。鉴于“国企改革”是城市改革的核心，我国大力推进“利改税”，将国营企业上缴利润改为缴纳税收，并在此基础上于 1984 年进行了大规模的工商税制改革。上述的“利改税”以及相关的税制改革，是对国家、国企、职工个人分配关系的重要调整，尤其有助于激发企业活力和职工的积极性。

在推动农村改革和城市改革的同时，我国也大力推进开放，以实现对内改革与对外开放的互动。而对外开放、引进外资，不仅需要涉外企业及其税收方面的制度，也需要考虑对外籍个人和本国公民的收入依法征税。为此，全国人大及其常委会在 1980 年分别制定和颁布了《个人所得税法》和《中外合资经营企业所得税法》，又于 1981 年公布了《外国企业所得税法》。① 在改革开放之初，上述立法可谓开经济立法之先河，既回应了改革开放和解决收入分配问题的现实需求，也体现了税法制度对改革开放和收入分配的促进和保障功能。

① 我国当时实施的是“七五宪法”，其文本中根本没有规定税收条款，因此，严格说来，1980 年和 1981 年制定的税收法律并无宪法依据，但这些立法为“八二宪法”引入相关税收条款奠定了重要基础。

改革开放使人们的收入水平普遍提高，需要对先富群体的收入进行税法调节。为此，国务院于 1986 年先后制定了《城乡个体工商户所得税暂行条例》和《个人收入调节税暂行条例》[①]，其目的就是调节个人收入，促进经济体制改革的顺利进行。至此，在改革开放初期，针对不同类型的个人收入分配，我国形成了一部《个人所得税法》与上述两个暂行条例并行调整的格局，直至 1994 年实施大规模的税制改革之前，才将上述“一法两条例”统合制定为一部《个人所得税法》，由此开启了个人所得税领域“税收法定”的新时代。

上述个人所得税立法的统一，是经济体制改革日益深化的结果。正是 1993 年在宪法上确立的市场经济体制，要求有统一的税制与其相适应，才使个人所得税法被赋予了重要使命，成为调整国家与国民分配关系的重要法律。随着市场经济的发展，个人收入分配差距不断扩大，税法的再分配功能变得更加重要。这也是个人所得税立法多次变易的重要原因。

在整个改革开放的历程中，为回应调节个人收入分配的需要，我国于 1980 年通过的《个人所得税法》经历了 1993 年、1999 年、2005 年、2007 年、2011 年、2018 年的 7 次修正（其中 2007 年有两次修正），有时修改年份间隔较大（如从 1980 年到 1993 年仅修改 1 次），有时修改较为频繁（如从 2005 年到 2007 年修改了 3 次）。由于每次立法调整的幅度不同，重要程度各异，因而其对改革开放、收入分配的影响亦存在差别。

事实上，上述的历次修正，与改革开放的发展阶段以及所要解决的主要问题密切相关，可分别归入于 1994 年、2004 年、2014 年启动的三次税制改革。其中，于 2004 年开启的税制改革属于“渐进式微调”，这一时期的个人所得税立法主要体现为对储蓄存款利息、工薪所得扣除额以及相关税率的调整，对税制的整体格局影响甚微；而于 1994 年和 2014 年开启的税制改革则涉及大量制度变革，影响更大。据此，研究改革开放以来的个人所得税立法变革，需要重点关注

---

① 《城乡个体工商户所得税暂行条例》于 1986 年 1 月 7 日实施，《个人收入调节税暂行条例》于 1987 年 1 月 1 日实施，20 世纪 80 年代中后期制定的这两个暂行条例，为 20 世纪 90 年代初的立法整合奠定了重要基础。

1980 年的初次立法，以及 1993 年和 2018 年的两次大幅度修正，这三个时间节点对于后面的制度演进分析更为重要。

总之，改革开放需要解决多方面的问题，但收入分配问题是“重中之重”。正是由此入手并不断扩展和深化，我国的改革开放才取得了巨大经济成就；同时，正是随着个人所得税立法的不断完善，我国的个人分配差距过大、分配不公等问题才在一定程度上得到缓解。① 因此，不断完善个人所得税立法对于解决分配问题，推进改革开放甚为重要。

个人所得税立法的完善历来是税制改革的重要内容。税制改革作为整体改革开放的重要组成部分，直接影响整体收入分配问题的解决。我国从 1984 年开始，按照 10 年一次的周期，进行过 4 次重要的税制改革②，推动了各类税收立法的完善。2018 年《个人所得税法》的修改，是新时代我国在全面深化改革和全面推进依法治国方面的重要制度安排。此次修法虽幅度较大，但在某些方面仍存在完善空间。其实，历次立法修改都涉及重要结构的变革，如果能揭示其中需要普遍注意的结构性问题，这对整体税收立法的完善亦具有重要价值。因此，下面有必要从历史的视角，进一步分析个人所得税立法的结构演进问题。

（二）从重要结构的演进看税法变革

推动重要结构的优化，历来是个人所得税立法的重点。只有不断优化个人所得税立法的整体结构和各类制度的内部结构，以及各类制度所构成的整体结构，才能不断提升其系统功能。分析重要结构的历史演进，有助于揭示我国个人所得税立法变革的具体路径，并对其中存在的问题提出应对之策。

从整体结构看，我国的个人所得税立法乃至各税种的单行立法大都采行“分则导向”的“单一结构”，因而不同于其他重要法律通常由总则、分则等构成的

---

① 收入分配问题的解决需要多种制度的配合，个人所得税制度只能“在一定程度上”缓解收入分配问题［徐建炜，马光荣，李实．个人所得税改善中国收入分配了吗：基于对 1997—2011 年微观数据的动态评估．中国社会科学，2013（6）］。

② 有关四次税制改革阶段划分的探讨，可参见张守文．税制改革与税收法治的现代化．中国社会科学，2015（2）。

"复合结构"[①]。即使对于分则部分通常涉及的主体结构、客体结构、权义结构、责任结构等，我国的税收立法也主要是通过课税要素的规定加以体现，难以实现与上述各类结构的一一对应或"全覆盖"。这与税收实体法更偏向于通过课税要素来规定纳税义务有直接关联。

依据税收法定原则，课税要素应法定且明确，在税收立法中必须将课税要素的规定置于重要地位，其中涉及主体结构（特别是纳税主体）、客体结构（涉及征税对象）、权义结构（主要是税率、税基）等重要制度安排。未来的个人所得税立法，亦应将上述结构的优化作为制度完善的基本路径，由此形成的整体结构更有助于实现个人所得税立法的系统目标。

从制度变迁的历史看，上述结构的优化在各个时期均受到重点关注。如前所述，在我国个人所得税立法的变革历程中，1980 年的初次立法，以及 1993 年和 2018 年的两次"大修"最为重要，这三个时点分别对应改革开放初期、实行社会主义市场经济体制初期以及全面深化改革时期，因此，下面选取上述"三个时点"，考察各个时期税收立法中的主体、客体、税率、税基这四类制度的内部结构（以下简称四类结构）的历史演进，以揭示个人所得税立法的重要变迁和制度完善路径。

1. 主体结构的演进

由于我国没有制定"税收基本法"或"税法通则"，有关征税主体或税收体制的规定主要集中于《税收征收管理法》和《海关法》等法律中，因而各类税种的单行立法都是先对纳税主体作出规定。考察纳税主体制度的变化，有助于发现主体结构不断优化的历程和路径。

例如，个人所得税的纳税主体可分为居民和非居民两类，由此形成的主体二元结构，主要依据时间标准和住所标准来确定。我国 1980 年通过的《个人所得税法》只有 15 条，其结构和内容都非常简单，依据该法规定，个人是否属于居

---

① "法案的结构好比一所房子的框架"，而房子一定是立体的复合结构，因此，对于"单一结构"或"复合结构"的选择，肯定会影响税法的功能（[美] 图若尼．税法的起草与设计：第 1 卷．国家税务总局政策法规司，译．北京：中国税务出版社，2004：85）。

民，取决于其是否在中华人民共和国境内居住以及居住是否满 1 年。这一规定着重强调的是“时间标准”，直至 1993 年《个人所得税法》第一次修正，才引入并同时强调“住所标准”，这是对纳税主体制度的重要发展。

在时间标准方面，自 1980 年以来，我国个人所得税法长期规定个人在境内居住满 1 年（365 天）的才属于居民（同时还有例外的情形），直到 2018 年的《个人所得税法》修正，才改为适用“183 天标准”。这种与国际通例接轨的做法，无疑更有助于保障国家的税收管辖权和税收利益。

在主体结构方面，除上述居民与非居民主体二元结构外，随着经济和社会的发展，个人所得税立法也逐渐关注可拆分为“自然人个体”的“组合”。其中，经济性组合（如合伙企业）和社会性组合（如家庭），都与个人的纳税义务直接相关。上述“组合”会使税法变得更加复杂①，对于其可否直接成为个人所得税的纳税主体，或者是否仅涉及纳税申报等征管制度的安排，一直存在不同认识，由此形成的不同制度安排则关系税基或应纳税所得额的确认，以及税法主体结构的优化。

2. 客体结构的演进

征税客体（或课税对象）的结构变化，会直接影响征税范围的大小，这自然会影响纳税人的权益。不仅如此，由于客体结构如何构成，对相关所得如何征税，直接决定一国实行的是分类所得税制、综合所得税制，还是分类综合所得税制，因而客体结构会直接影响个人所得税立法的整体结构以及公平与效率等价值的实现。

我国曾长期实行分类所得税制。1980 年的《个人所得税法》仅将所得分为六类，即工资、薪金所得，劳务报酬所得，特许权使用费所得，利息、股息、红利所得，财产租赁所得，以及其他所得。这与改革开放初期的经济活动较为简单是相对应的。随着改革开放的推进和个人获取收入途径的增加，在 20 世纪 80 年

---

① 例如，我国的个人所得税扣除制度有多个方面与家庭相关，有关家庭支出与个人所得的关联性以及扣除的合理性问题，非常值得研究。大量的扣除制度使税制变得更为复杂，对效率和公平都会产生影响。

代中后期实施的《城乡个体工商户所得税暂行条例》和《个人收入调节税暂行条例》增加规定了承包、转包收入以及专利收入等新类型的所得。1993 年《个人所得税法》的首次修正将上述不同立法中规定的所得类型加以整合，形成了实施多年的分类所得税制。直到 2018 年《个人所得税法》修改，我国才正式将四类所得作为综合所得，从而在立法上全面确立了分类综合所得税制。[①]

值得注意的是，尽管在 2018 年立法修改前我国长期实施分类所得税制，但其间也有特殊情况，例如，1987 年实施的《个人收入调节税暂行条例》就因其旨在调节个人收入，故而规定将工资薪金收入、承包转包收入、劳务报酬收入、财产租赁收入等四类收入作为“综合收入”予以征税。这与 2018 年立法中有关“综合所得”的规定虽略有不同，但调节个人收入的力度更大，对未来立法亦有可借鉴之处。

综合所得与分类所得的立法分野，形成了征税客体的重要二元结构。该二元结构是否合理，综合所得应如何确定，其能否保障收入和税负的公平分配，都非常值得研究。事实上，各类所得的分类并非纯粹的逻辑问题，而是渗透着立法者的价值考量，会直接影响人权保障与法益均衡保护等税法目标的实现。

3. 税率结构的演进

我国的个人所得税立法长期主要适用两类税率，即累进税率和比例税率，由此形成的税率二元结构，与公平和效率的价值取舍直接相关。

1980 年的《个人所得税法》仅规定工资、薪金所得适用七级超额累进税率，而劳务报酬所得等五类所得则适用 20%的比例税率。其中，适用累进税率是在试图着重体现税收公平原则，而适用比例税率则力图在保障整体税制公平的前提下，进一步体现税收的经济效率原则和行政效率原则。由于上述二元税率结构对于公平原则与效率原则的兼顾非常重要，因而在历次税法修改中均得到保留。

例如，1993 年的《个人所得税法》修改，在税率结构方面只是将工薪所得

① 我国在 2013 年的“改革决定”中确立了“逐步建立综合与分类相结合的个人所得税制”的目标，2018 年《个人所得税法》的修改是对这一税改目标的具体落实。

的超额累进税率由七级改为九级，并对生产、经营所得和承包、承租经营所得等适用五级超额累进税率，而对其他所得则继续适用比例税率。上述二元税率结构到 2018 年《个人所得税法》修改时仍被沿用，说明其一直受到立法者的认可。

由于税率结构体现课税深度，直接影响纳税人义务大小，因而它也是税法上的权义结构的组成部分。要使纳税人负担更合理，就必须不断优化具体的税率结构，这在 1993 年和 2018 年的《个人所得税法》修改中均有体现。此外，上述税率结构尚需与客体结构、税基结构具体配合，方能更好地调节收入分配，因而还有必要关注税基结构。

4. 税基结构的演进

在个人所得税的税基确定方面，扣除制度至关重要。基于是否可以扣除，可将各类所得分为有扣除所得和无扣除所得，从而相应形成扣除征收和全额征收的二元结构。其中，对于有扣除所得，可按其来源不同分为固定扣除、比例扣除和据实扣除等，例如，对工薪所得按法定数额固定扣除，对劳务报酬所得按法定比例扣除，对经营所得按经济影响因素据实扣除。此外，对于无扣除所得，如投资所得、资本利得等，则不适用扣除制度。在上述有无扣除的二元结构中，基本上是“劳动所得”或“勤劳所得”都享受扣除，而非勤劳所得则不享受扣除，这对体现“勤劳所得轻课原则”，实现个人收入的公平分配亦有积极意义。

由于扣除制度直接影响税基的确定和税负的最终承担，在税率不变的情况下，对纳税人权益影响更大，因而扣除额能否提高以及提高多少，在历次修法过程中都备受关注。其中，工薪所得扣除额曾先后从 800 元提高到 1 600 元，再增至 3 500 元，几乎均为“倍增”模式；而 2018 年该扣除额变更为 5 000 元，虽然表面上没有实现公众的“倍增”预期，但如果加上专项附加扣除项目，则无疑可达到甚至超过“倍增”扣除的效果。[①] 当然，专项附加扣除项目未必人人皆可享

---

① 这种“倍增”调整方式的依据是什么，调整频率如何确定，等等，诸如此类的问题都会引发质疑，由此扣除额应否与通货膨胀指数挂钩等问题又会被提及。对此，法国实行的纳税等级、税收减免起点与通胀挂钩的做法有一定借鉴意义（[美] 奥尔特．比较所得税法：结构性分析：第 3 版．丁一，崔威，译．北京：北京大学出版社，2013：46）。

有，其中会涉及后面讨论的横向公平问题。

上述四类结构在不同时期的演进较为复杂，因此，有必要将其核心内容提炼如下（见表4-1），这更有助于进行纵横比较，从而把握各类制度的变革路径并揭示其存在的问题。

表4-1　不同时期四类结构的演进

立法年份	四类结构的演进			
	主体结构演进	客体结构演进	税率结构演进	税基结构演进
1980年	单一居民标准（1年时间）	分类所得税制（所得分类简单）	累进税率（七级）与比例税率	简单的固定扣除和比例扣除
1993年	双重居民标准（1年时间与住所标准）	分类所得税制（所得分类复杂）	累进税率（九级/五级）与比例税率	固定扣除、比例扣除、因素扣除
2018年	双重居民标准（住所标准与183天时间标准）	分类与综合所得税制	累进税率（调整级距）与比例税率	复杂的固定扣除、比例扣除、因素扣除与专项附加扣除

总之，上述三个时点、四类结构的演进表明，随着改革开放的不断深入，收入分配问题亦不断变易，这要求税制改革及时回应，而个人所得税立法结构的持续变动即为重要体现。通过上述结构调整来调节个人收入分配，对于实现税法的基本目标和职能非常重要。我国的个人所得税立法应秉承调节个人收入分配的“初心”，努力推动国家与国民的良性取予关系的形成，而不应曲解“逐步提高直接税的比重”的改制目标，单纯考虑增加国家税收收入。因此，有必要在整体的税法体系中定位个人所得税制度的目标和功能，明晰个人所得税立法在调节收入分配方面的价值与局限。

上述三个重要时点，分别对应不同阶段改革开放所面临的个人收入分配问题，体现了每次个人所得税立法变革所关注的重点，而由这些“重点”连接而成的“主线”，则构成了我国税制改进的轨迹。此外，上述四类结构作为个人所得税制度的基本内容，均为课税要素中的“常素”，其演进、优化的路径，对完善其他税种立法亦具有借鉴意义。

在上述结构演进过程中，我国个人所得税立法从简单到复杂，形成了多种类型的“二元结构”，例如，纳税主体方面的居民与非居民、征税对象方面的综合所得与分类所得、税率方面的累进税率与比例税率、税基确定方面的扣除征收与全额征收，等等，这些主体、客体、税率与税基方面的二元结构及其相互联结与组合，构成复杂的制度结构。对此，既往的税法研究尚缺少系统提炼，对其展开深入挖掘，尤其有助于理论深化和制度优化，从而推进个人所得税立法的完善。

上述对重要结构演进的研讨，不仅涉及历史分析，也需要系统考量。如同整个法学研究需要历史素养和系统眼光一样[①]，税法研究尤其应关注“历史—系统”的分析框架，并将历史分析与系统分析有机融合。其中，历史分析有助于明确现时理论和制度的坐标、成就与问题；系统分析则有助于在多层次的复杂结构中把握理论与制度的存在及其价值，并通过结构优化推动理论和制度的完善。因此，有必要基于重要结构演进的现实，进一步对我国个人所得税立法的重点问题展开系统分析。

三、系统分析：完善个人所得税立法应着重解决的两类问题

个人所得税立法通常被赋予多个目标，尽管其试图解决的问题庞杂，但其法律调整需始终关注两类重要关系：一类是国家与国民、征税主体与纳税主体之间的纵向分配关系，另一类是纳税主体之间的横向分配关系。与此相应，个人所得税立法需要着重解决两类问题：一类是纳税主体的税负适度问题，另一类是纳税人之间的税负公平问题。上述两类问题作为完善个人所得税立法时始终需关注的核心问题，与所得税属于直接税因而更偏重于公平价值有关。

有效解决上述两类重要问题，需要个人所得税立法的内外结构协调，以及税

---

① 法学家必当具备两种不可或缺之素养，即历史素养和系统眼光（[德] 萨维尼．立法与法学的当代使命．北京：中国法制出版社，2001：37）。

法体系的“系统优化”[①]。事实上，与个人收入分配相关的各类税法以及其他法律制度，都是不同层级的系统。个人所得税立法本身也是一个系统工程，其内部结构复杂，牵一发而动全身，每个部分的微调都可能造成新的失衡，从而影响分配的公平。要防止个人所得税立法可能导致的顾此失彼、进退失据，就应当从系统分析的维度，兼顾各类结构、要素之间的调整，以有效实现税法的整体功能。鉴于纵向的税负适度与横向的税负公平直接影响个人收入分配，下面有必要对其分别展开研讨。

（一）“税负适度”问题的系统解决

改革开放以来，我国一直重视国家与国民之间分配关系的调整，在税法领域则始终关注征纳双方的负担均衡。由于纳税主体税负偏重的问题单靠个人所得税法是无法解决的，因而需要多种税法的综合调整。[②]

因此，对于个人税负是否适度的问题，不能仅限于个人所得税法视角，而应在整个税法体系或税制系统中来考察，并通过各类税法的系统调整来解决。基于我国直接税与间接税的占比以及未来发展趋势，国家提出了“逐渐提高直接税比重”的改革思路[③]，但对此应作系统理解，而不应仅考虑增加个人所得税的占比：一方面，直接税包括了所得税、财产税两大税类中的诸多税种，因而提高直接税的比重，也涉及企业所得税、财产税中的房产税等诸多税种[④]；另一方面，即使要提高直接税的比重，也必须遵循规律，循序渐进，即比重的提高一定是经济发展和依法征收的客观结果，而不应是违背规律的人为扭曲。因此，不应仅为

① 有学者认为，中国的整体税制具有累退性，个人所得税法的累进性会被间接税制度的累退性抵消，因而会影响其收入分配功能［岳希明，张斌，徐静．中国税制的收入分配效应测度．中国社会科学，2014（6）］。只有推进个人所得税立法与其他税种立法结构协调，而不是单靠个人所得税制度，才能更好地解决收入分配问题。

② 有学者认为，调节收入分配，需要一个具有系统性、整体性、协同性的由个人所得税、消费税、房产税、遗产税等不同税种组成的渐次调节的税制体系，不能也无法让个人所得税一个税种承担调节收入分配的任务［岳树民，刘新宇．我国个人所得税的功能定位与改革．国际税收，2018（7）］。

③ 对此学界有大量探讨，可参见安体富．优化税制结构：逐步提高直接税比重．财政研究，2015（2）。

④ 杨志勇．税制结构：现状分析与优化路径选择．税务研究，2014（6）：10－14．

提高直接税的占比而大幅加大个人所得税的税负。[①]

在任何时期，“税负适度”都应当是重要目标，应依据税负的实际情况动态调整。针对我国当前个人所得税税负过重的现实，要实现纳税主体的税负适度，就必须切实减轻中低收入者的税负，这更有助于税制改革的成功推进，实现收入分配的相关目标。因此，在完善个人所得税立法的过程中，应通过对主体、客体、税率和税基四类结构的调整，实现对纳税主体“税负适度”问题的系统解决。

例如，在历次完善个人所得税立法的过程中，工薪所得扣除额的调整最受关注。针对纳税主体税负过重的现实，提高扣除额非常必要，于是我国在个人所得税立法中逐渐形成了生计扣除、基本扣除、专项附加扣除等多种扣除制度。尽管对应否提高扣除额曾存在不同认识，但增加扣除毕竟有助于“税负适度”，这与国内外的减税趋势是一致的。其中，落实“基本生活费不课税原则”，以保障基本民生，需要被特别关注。

此外，要确保“税负适度”，不仅需要调整扣除额，还需要调整税率，因为较低的税率或合理的税率结构更重要。按照拉弗曲线所蕴含的原理，较低的税率有利于征纳双方：既有助于降低纳税主体的税负，使其更乐于遵从税法，也有助于征税主体通过扩大征收面来获取更多的税收收入。近年来美国等国家的立法趋势表明，不断降低税率仍是主流，同样，我国 2018 年的《个人所得税法》修改扩大了适用较低税率的主体范围，这是有效的改进。未来立法如能进一步降低税率，减少税率级次和调低最高边际税率，综合效果可能会更好。

基于“税负适度”的考虑，我国专门对综合所得适用累进税率，但学界对于累进税率的利弊一直有诸多争论。例如，奥尔森认为：“在所有主要的西方发达国家中，个人所得税都是十分明确地采用累进税制的，但法律中的漏洞使愈富裕的纳税人逃税的机会愈多。”他将原因归结为：“所得税法的细节问题很少有人明

---

① 也有学者认为直接税与间接税的分类本身就存在一定问题，可参见马国强．税制结构基础理论研究．税务研究，2015（1）。

白，其中往往反映了有组织的、一般属于更为富裕的少数纳税人的利益。”[①] 对于西方国家出现的这种情况，我国的个人所得税立法也必须尽量避免，这是保障分配公平、实现分配正义的重要前提。

上述的扣除额和税率，对税负的影响都甚为明显，但它们必须落实在特定的征税客体上。由于不同的征税对象所适用的扣除额和税率可能各异，因而尚需在立法上完善客体结构。例如，在个人所得税立法中哪些收入应作为应税所得，其扣除额应如何安排，如何适用税率，都会影响最终的税负和相关收入分配关系的调整。此外，综合所得如何归类，也会影响纳税主体的税负。如果综合所得确定不当，将性质差别较大的所得整合为“综合所得”，就可能加重中低收入纳税人的税负。

总之，上述对“税负适度”问题的探讨，关系国家与国民、征税主体与纳税主体之间的纵向分配关系的调整。只有国家与国民之间、征纳双方之间“税负适度”，才符合税收公平原则的基本要求。此外，各类纳税人之间的横向税负公平问题亦非常重要，有必要在后面单独讨论。

（二）横向税负公平的系统优化

个人所得税立法涉及各类主体的切身利益，每个主体都会基于特定立场看待其公平性及其对经济、社会发展的影响，因此，兼顾或超越个体的立场和视角，系统分析纳税人横向的税负公平问题，无疑非常必要。考虑到前述四类结构是各类税种立法的基本构成单元，下面仍着重基于四类结构，来分析横向税负公平的系统优化问题。

1. 纳税主体制度的系统调整

从收入分配的角度看，个人所得税立法所面对的纳税主体可分为三类，即低收入者、中等收入者和高收入者，这三类主体的纳税能力、对税负的承受能力各不相同。从应然的角度看，要有效解决收入的公平分配问题，跨越“中等收入陷

① ［美］奥尔森．国家兴衰探源：经济增长、滞涨与社会僵化．吕应中，等译．北京：商务印书馆，1999：33－34.

阱”，就必须提高中等收入群体的占比。因此，需同时减轻低收入者和中等收入者的税负，并相应提升高收入者的税负，这更有助于解决收入差距过大、收入分配不公的问题。但从实然的角度看，2018 年的《个人所得税法》修改有助于减轻低收入者的税负，可能加重中等收入者的税负，而高收入者则仍可通过多种手段规避其较高的税负。因此，在实现收入公平分配的目标方面，个人所得税立法仍任重而道远，需要对不同纳税主体的税负作出系统调整。

此外，在经济全球化的背景下，纳税主体已不限于本国国民，在居民主体和非居民主体之间的税负平衡也非常重要。2018 年的《个人所得税法》修改将认定居民主体的时间标准调整为 183 天，无论从条约义务、国际惯例抑或公平角度看这都更为合适。另外，近些年有许多人提出以家庭为单位征收个人所得税，对此一直有不同认识。反对的观点认为，且不说由此可能导致的对非婚人士的不公平，有悖于“婚姻中性”原则，即使在可操作性或征收效率方面，也仍然存在较大不足①，毕竟，以家庭为单位征税需要更强的征收能力，所有公平目标的实现都与效率的考量直接相关，因此，用“家庭”替代“个人”确需慎重。

2. 扣除制度的系统安排

我国的个人所得税立法长期保留了固定扣除、比例扣除等扣除类型，2018 年修法还增加了专项附加扣除制度，针对教育、医疗、住房、养老等重要民生领域分别设置了 6 类“专项”②，它们作为基本扣除后的“附加”扣除，应遵循“公平合理、利于民生、简便易行”的原则③，以实现“切实减负、改善民生”的目标。

专项附加扣除制度试图对原来的基本扣除制度作出改进，专门适用于新确立的综合所得领域，以解决因相关所得“被综合”而可能带来的税负增加等问题。

---

① 刘尚希．按家庭征个人所得税会更公平吗?：兼论我国个人所得税改革的方向．涉外税务，2012(10).

② “专项”的类型后来又被作出扩展，参见《国务院关于提高个人所得税有关专项附加扣除标准的通知》(国发〔2023〕13 号)。

③ 参见《个人所得税专项附加扣除暂行办法》第 3 条。

本来，部分引入综合所得税制，是为了解决分类所得税制既往存在的弊端，但上述专项附加扣除制度因区分“专项”，其实仍是一种“分类所得税制”，从而导致分类所得税制的某些弊端仍被保留。事实上，各类纳税人不可能都符合6类专项附加扣除的条件，这会导致其在扣除方面的横向不公平，违背平等征税和普遍征税的原则。此外，仅就每类单项扣除而言，其对不同纳税人也会有不同效应，并影响制度目标的实现。例如，设置教育支出扣除，本来是希望有助于低收入者，但有些低收入者恰恰没有此类支出，而高收入者却可能有相应支出，这与调节收入分配的初衷也会形成背离。

上述的各类专项附加扣除不仅可能影响纳税人的横向税负公平，还会影响征收效率和纳税人遵从。个人所得税领域所得来源广泛，主体差异大，如果需要设定多种条件，认定多种扣除项目，就一定会影响征纳效率。因此，坚持“94税改”强调的“简化税制”的目标，借用“如无必要，勿增实体”的简约法则，会更有助于保障税收公平和效率。

扣除权是纳税人的重要权利，直接影响税基确定与税负公平。从纳税人基本权利保护的角度看，“生计扣除”影响其生存权，教育支出等专项附加扣除影响其发展权。随着民生成本的提高，“基本生活资料不课税原则”应得到进一步落实，相应地，“生计扣除”的数额也应“与日俱增”，这也是有些国家将扣除额与通货膨胀指数挂钩的重要原因。此外，对劳动所得扣除额的增加，对非劳动所得不予扣除，都会影响对不同所得来源主体的税负分配。而上述各个方面都需要在权利谱系中进行系统调整。

3. 客体与税率的系统联动

个人所得来源复杂多样，如相关制度安排处理不当，则极易影响公平。唯有所得分类与税率类别系统联动，才能更好地实现公平与效率的兼顾。无论综合所得税制还是分类综合所得税制，只要涉及“综合”因素，就必然需要系统分析和整体协调，这样才能更好地解决上述两类税制都包含的“综合所得”所涉及的相关问题。

目前，我国的个人所得税立法主要将各类“劳动所得”或“勤劳所得”归入

"综合所得"，而对于投资所得、资本利得，则仍然分类计征。从收入分配的角度看，资本在我国个人收入中的占比相对更高，如果综合所得的扣除额较低、税率又较高，而投资所得、资本利得享有更多税收优惠的话，就会实际加重综合所得纳税人的负担，影响税负的横向公平。[①] 因此，在未来完善个人所得税立法的过程中，不仅要继续完善综合所得的有关规定，还应调整投资所得、资本利得的税率等要素，从而实现各类所得、税率、税基的系统调整和综合联动，这样才能使各类主体的横向税负更为公平。

如前所述，我国现行税制是对综合所得适用累进税率，其初衷是试图保障公平，但也有一些学者认为累进税率并不公平，还可能引发税收逃避、影响收入调节功能和降低经济效率等。[②] 因此，要真正兼顾公平与效率，实现征税客体与税率以及相关课税要素的系统联动更为必要。

总之，个人所得税立法的完善，不仅应关注纳税人税负的高低适度，还应关注各类纳税主体税负的横向公平，真正体现量能课税原则，实现分配正义。为此，需要从多个维度进行系统分析和综合调整，努力使各类纳税主体感受到公平和正义。此外，在不同发展阶段保障税负的适度和横向公平，还应考虑追求公平的效率代价或实施成本，注重立法的可操作性和实效。

四、共同富裕与个人所得税制度的结构优化

在推进中国式现代化的时代背景下，为实现共同富裕的目标，还需有针对性地优化个人所得税的制度结构，从而提升个人所得税制度的保障和促进公平分配的功能。其中，个人所得税制度的课税要素结构最为重要，其调整直接影响相关

---

① 在我国收入分配格局中，劳动要素分配份额迅速下滑，资本要素分配份额逐渐上升，对劳动征收个人所得税降低了劳动分配份额［郭庆旺，吕冰洋．论税收对要素收入分配的影响．经济研究，2011(6)］。

② 哈耶克等学者曾反对累进税率，我国也有一些学者持有类似观点，主张适用单一税率，可参见刘尚希．按家庭征个人所得税会更公平吗?：兼论我国个人所得税改革的方向．涉外税务，2012 (10)。

主体纳税义务的增减变动，以及再分配和三次分配环节的分配均衡。

在个人所得税制度的课税要素结构中，纳税主体结构与税目结构、税率结构、税基结构密切相关，应充分重视各类结构之间的对应性和协调性，对个人所得税制度进行系统优化，防止因结构参差而权益错配，从而使有关课税要素的各类规范构成内在和谐、统一的整体。同时，对各类课税要素结构的优化，都应加强价值引领，充分体现发展理念和发展价值，确保其符合共同富裕的目标。①

（一）税目结构：所得类型与税负公平

税目结构体现为法定所得的类型及其相互关系，其中，依据综合所得和非综合所得、劳动所得和非劳动所得的类型划分，进行税率、税基、税收优惠等制度调整，会直接影响纳税人的税负、最终收入或税后利益，关系个人的财富积累和共同富裕目标的实现。

尽管为提升税制公平性，我国个人所得税立法已将工资和薪金所得、劳务报酬所得等四类所得组合为综合所得，但这在客观上导致中等收入群体成为纳税的主力，并可能影响“扩大中等收入群体规模”目标的实现。为了构建橄榄型分配结构，我国应不断扩大中等收入群体规模。由此不仅需要大力发展经济，普遍提升社会公众的收入水平，也需要通过个人所得税制度的优化，适当降低中低收入者税负，从而使更多的人能够不断积累财富并走向共同富裕。

此外，在现行分类综合所得税制之下，应否对纳入综合所得的税目再调整，尤其是应否将投资所得列入综合所得，都是值得深究的问题。从制度实施情况看，自 2019 年以来，随着纳税主体数量的减少，个人所得税总收入却在增加，这说明纳税人承担的税负在加重②，尤其是中等收入者在综合所得方面承担了较多税负。如果仍将投资所得置于综合所得之外，且对其税率不作调整，就会影响

---

① 张守文．税制结构的优化及其价值引领．北京大学学报（哲学社会科学版），2021（5）：147－158．

② 在《个人所得税法》修改后，全国个人所得税收入的情况是：2019 年为 10 388 亿元，2020 年为 11 568 亿元，2021 年为 13 992 亿元，2022 年为 14 923 亿元。在纳税人数量减少的同时税收收入持续增加，说明纳税人（主要是中等收入群体）承担的税负在加重。

不同税目、不同纳税人之间的税负公平。

因此，基于相关所得与要素之间的对应关系，应结合前述分配结构存在的问题展开制度调整。例如，综合所得主要涉及劳动力要素、技术要素（如特许权使用费）等，对于此类“勤劳所得”，从鼓励勤劳致富、推动共同富裕的角度，应适当降低其税负。而非综合所得包括经营所得、投资所得、财产转让所得等，涉及资本、土地等要素，尽管对上述各类所得应否并入综合所得尚有不同认识，但对增加其税负已有一定共识。①

（二）税率结构：此消彼长与税负均衡

基于劳动力与资本等要素在收入占比中的差距，以及综合所得与劳动力要素之间的紧密关联，应适当降低综合所得适用的税率，提升与资本等要素相关的非综合所得的税率。在非综合所得中，由于投资所得与资本要素关联最为密切，适当提高此类所得的税负，与共同富裕的目标也较为契合，因此，应基于“劳资二元结构”的特殊性，进行此消彼长的税率调整。

具体来说，一方面，应适当下调劳动所得或“勤劳所得”的税率。这既不影响低收入者的纳税格局，又有助于减轻中等收入群体的税负，增加其税后收益，实现“扩大中等收入群体规模”的目标，进一步解决从收入分配的金字塔型结构向橄榄型结构转化的问题。另一方面，高收入者的非综合所得往往数额较高，且这些所得的名义税率仅为20%，已大大低于综合所得最高为45%的累进税率。从公平税负、发挥个人所得税再分配功能的角度，逐步将投资所得等纳入综合所得范围，或者适当提高投资所得的税率，已成为个人所得税制度优化需要考虑的重要问题，这对于实现各类纳税主体的税负均衡尤为重要。②

此外，优化综合所得的累进税率结构，既要调整最高边际税率，又要调整相应的级距。例如，基于个人所得税制度系统优化的要求，目前可以比照经营所

---

① 有学者主张应先将经营所得纳入综合所得，参见施文泼．个人所得税综合所得扩围问题分析及改革建议．财政科学，2022（6）：75－82。也有学者建议将资本所得纳入综合所得计税范围，参见李旭红，郭紫薇．“十四五”时期的个人所得税改革展望．税务研究，2021（3）：60－64。

② 相关探讨，参见朱青．论“新发展格局”下的财税改革．财贸经济，2021（5）：31－42。

得，将综合所得的最高边际税率下调至35％，从而既能在劳动所得与经营所得之间实现税率统一，又可与相关国家税率调整趋势较为一致[①]，从而保持税制竞争的相对优势。从法理上说，经营所得在税基确定方面已考虑其特殊性，与综合所得在税率上保持一致，更能体现税负公平，并可为未来将其纳入综合所得奠定基础。在实践层面，尽管1993年我国统一个人所得税法时，采取了“吸收合并”的路径，形成了纳税主体不同类型所得的差异化税率结构，但鉴于对从事经营活动的“个人”来说，在其他税种制度（如增值税等）和税基确定方面已有较多特殊安排，对其适用统一税率亦有其合理性，尤其有助于避免利用税率差异进行税收逃避等问题。此外，一些国家的“单一比例税率”实践[②]，也在一定程度上为税率统一适用的可行性提供了佐证。

可见，基于法学原理和法律原则，在强调税负公平的所得税立法中，对法律上被视同“个人”的主体，应尽可能实施统一的法律规则，适用统一的税率，以免复杂的区别对待影响税负公平，切实做到量能课税。这更符合简化税制的发展方向，有助于实现分配正义和共同富裕。

（三）税基结构：扣除重点与公平分配

实现税负公平，不能仅靠某一类结构的调整，而应基于课税要素的内在关联，进行系统的结构优化，从而增进各类结构的协调，强化个人所得税制度保障分配公平的功能。因此，除上述的税目结构、税率结构外，还应从税基结构着手，着重优化扣除制度。

在个人所得税制度的税基结构中，各类扣除项目的多少、扣除幅度的大小等，都会影响应纳税所得额的确定，因此，既要考虑与经营所得等相关的经济性支

① 如美国个人所得税最高税率已下调至37％，印度、加拿大、巴西等国的个人所得税最高税率不超过35％甚至更低。当然也有少数发达国家个人所得税最高税率在40％以上。

② 多个经济转型国家曾实施个人所得税制度的单一税率改革，其中，俄罗斯的税率为13％，多个国家的平均税率仅为17％［朱为群，陶瑞翠．当代世界各国单一税改革的特征分析．审计与经济研究，2016（3）：92-100］。

出[①]，确立"经济性扣除"项目，又要考虑满足生活需要的社会性支出，确立"社会性扣除"项目。基于个人所得税制度的特殊性，社会性扣除关系每个人，且与个人的最终收入联系最为紧密，直接影响社会分配和共同富裕，因而是税基结构优化的重中之重。

从社会性扣除的角度看，个人所得税的纳税主体都是社会成员，其相关支出大量用于社会生活。从个人社会保险费支出等的专项扣除，到相关的养老、教育、医疗、住房等为解决社会问题的专项附加扣除，再到社会捐赠支出等其他法定扣除，对各类扣除制度的设置，都要考虑上述社会性支出作为个人生存和发展的成本或投入，适当增加其扣除数额或比例，尤其有助于减轻中低收入者的税负，增加个人或家庭的财富积累，使分配结构的比例关系更为合理，更能体现分配公平。[②]

因此，基于相关社会性支出对保障生存权和发展权的重要性，以及对个人或家庭收入或财富积累的重要影响，个人所得税立法应与社会政策、社会立法保持内在一致。如果说企业所得税立法对经济性扣除更为关注的话，那么，在个人所得税制度的税基结构优化方面，更应突出社会性扣除的重要地位。为此，应结合社会主要矛盾的变化、经济社会发展水平和征管能力，科学确定扣除类型、扣除范围、扣除力度和扣除方式。同时，随着扣除项目的不断增加，税制会变得更加复杂，导致遵从成本和征管成本增加，因此，应将简化税制与保障纳税人权利紧密结合，区分中低收入者与高收入者的扣除标准，从而更多体现纳税人税负的纵向公平。这对于实现公平分配和共同富裕更为必要。

基于减税降费的路径和推进整体富裕的目标，无论是社会保险费和住房公积金等专项扣除，还是教育、医疗、住房等领域的专项附加扣除，都有进一步优化的空间。此外，在其他法定扣除项目中，对教育、扶贫等公益慈善事业的捐赠支

① 如《个体工商户个人所得税计税办法》规定，个体工商户发生的支出应当区分收益性支出和资本性支出，前者可在发生当期直接扣除。

② 分配的公正在于成比例，不公正则在于违反比例（[古希腊] 亚里士多德．尼各马可伦理学．廖申白，译注．北京：商务印书馆，2003：134，136）。

出，有助于在三次分配环节促进共同富裕，因而对捐赠者投身公益的善举，应通过扣除制度加以激励。现行制度虽然规定了部分扣除（应纳税所得额30%以内）和全额扣除，但仍以限额扣除为主。从促进共同富裕的角度，还可适度提升部分扣除的比例，扩大全额扣除的适用范围。

总之，上述各类课税要素结构的调整，是个人所得税制度结构优化的基本路径，并会影响其促进公平分配的功能。对课税要素结构的系统调整，以及对纳税主体权利义务的综合协调，都应围绕共同富裕的总体目标展开。其中，为鼓励勤劳致富、依法致富，应通过税目、税率、税基等结构的调整，对主要获取“勤劳所得”的中低收入者，适当调低其税负，对获得其他所得的高收入者，则应调高其税负，从而实现“提低、扩中、限高”的目标，进一步解决分配结构失衡的问题。

在复杂的课税要素结构中，应关注各类结构的对应关系或紧密关联，并通过系统协调，防止相关制度错配或“合成谬误”带来问题，这对个人所得税制度的优化尤为重要。当然，仅靠个人所得税立法远远不能解决影响共同富裕的各类问题，还应重视税法体系内部的个人所得税立法与其他税种立法之间，以及整体税法体系与其外部相关立法之间的关联，并通过各类立法的协调和有效实施，促进公平分配和共同富裕目标的持续实现。这是税制优化理论和税收法治理论需要深入研究的重要问题。

五、小　结

我国在不断推进改革开放的过程中，始终关注收入分配问题，并通过各类相关法律的调整，力求实现公平分配。其中，个人所得税立法也随不同时期收入分配问题的变化而不断完善，并发挥着重要作用。在当前推动经济高质量发展、着力跨越“中等收入陷阱”的关键时期，完善个人所得税立法可谓正当其时，对与其相关的问题需要历史地、系统地展开解析。

前面的研讨基于“历史—系统”的分析框架，从宏观的“历史”维度，考察了改革开放、个人收入分配与税法变革的内在关联，分析了在改革开放过程中，为不断解决收入分配问题而展开的个人所得税立法变革，着重选取了 1980 年、1993 年和 2018 年三个时点，对主体、客体、税率、税基四类重要结构的演进展开解析，提出了多个制度领域的"二元结构"，从而揭示了完善个人所得税立法的基本路径。在此基础上，前文针对个人所得税立法应关注的纵向和横向分配关系调整问题，分别从纵向税负适度和横向税负公平的角度，以及实现共同富裕目标的税制优化需要，探讨了多个层面的"系统优化"问题，这是未来完善个人所得税立法的重要方向。

与当前整体推进的改革开放同步，税制改革需要再深化，未来的税收立法也应更加体系化。为此，我们既要关注个人所得税法内部结构调整的系统性，也要强调税法与其他相关部门法的协调性，尤其对个人所得税法与宪法、社会法、民商法等部门法的协调，还需要进行深入研究。此外，由于解决收入公平分配问题是个人所得税立法的重要目标，因此，各类制度的结构优化都应力求体现公平价值，同时，也需体现效率原则的要求，提升旨在"方便征纳"的税收便利化水平，以持续提高经济效率和征纳效率。①

在制度完善的路径方面，个人所得税立法所需关注的四类结构的优化，对于其他税收立法亦有借鉴意义。目前。我国的多部税收法律都已被纳入立法规划，但对制度的"结构优化"尚未引起足够重视。无论是未来个人所得税法的完善，还是其他税种法律的制定，都应致力于体系优化或系统改进，这尤其有助于深化税法理论研究，推动整体税制的现代化乃至国家治理的现代化。

① "一切国家在制定税法时，都设法使赋税尽可能地保持公平"，同时，"各种赋税完纳的日期及完纳的方法，须予纳税者以最大便利"，斯密的这些兼顾公平与效率的思想，至今仍很重要（[英] 斯密．国民财富的性质和原因的研究：下卷．郭大力，王亚南，译．北京：商务印书馆，2003：385－386）。

第五章　立法重点与三维审视

基于前述实现税收法治现代化的目标，为了有效落实前述各类重要价值和发展理念，解决各类分配问题，在税制改革和税收立法中充分体现法治逻辑，需要进一步明晰各类税制改革和税收立法应解决的重点问题，提炼税收立法的重点要素，在此基础上，还应从改革、法治和发展三个维度，审视税制改革和税收立法的相关问题。

本章在第一节以烟叶税为例，探讨税收立法的重点问题；在第二节以印花税为例，探讨税收立法的重点要素；在明晰上述两类立法重点的基础上，在第三节以环境保护税为例，着重从改革、法治与发展三个基本维度，探讨税收立法的基本问题。

此外，本书的第三章侧重于对商品税体系中的增值税制度、消费税制度展开研讨，第四章侧重于对所得税体系中的个人所得税制度展开研讨，上述三类税种制度都属于“大税种”制度。作为其补充，本章侧重于从烟叶税、印花税、环境保护税三个“小税种”制度的角度，通过“以小见大”的方式，来探讨税制改革和税收立法普遍涉及的内外影响因素和相关重点问题。

第一节　税收立法的重点问题

税制改革与税收立法，都要具有合法性与合理性、公平性与效率性。此“四性”或“四项基本要求”，是税法的三大基本原则即税收法定原则、税收公平原则和税收效率原则的具体体现。基于上述“四项基本要求”，在税制改革和税收立法中，需要关注一系列重点问题，如税种存续的必要性、立法宗旨的界定、课税要素的明确、相关制度的协调等。这些具有普遍意义的共性问题，需要在税收法治框架下加以解决。

上述具有普遍性的重点问题，对各类税种立法都普遍适用。下面拟以烟叶税制度为例来加以说明。烟叶税是一个小税种，审视烟叶税的税制改革和税收立法[①]，可以以小见大，揭示其中涉及的重要问题。这对于理解各类税法制度的相关问题，发掘整体税收立法的共通问题，都有其积极意义。

一、背景与问题

自 2014 年以来，我国的税制改革和税收立法一直备受瞩目。对于以“营改增”为代表的税制改革，以及以环境税立法为代表的税收立法，学界已有大量研讨。[②] 而无论是上述的税制改革，还是与其紧密相关的税收立法的完善，都是我国各个税种领域亟待解决的重大现实问题，非常有深入研讨之必要。

由于税制改革和税收立法的完善涉及领域广阔，内容纷繁复杂，因而需要从各个税种的视角分别切入，逐一研讨，并在此基础上提炼共性问题，形成规律性认识。在“14 税改”期间，基于“落实税收法定原则”的要求，延缓多年的税

① 《烟叶税法》已于 2017 年 12 月 27 日由全国人大常委会通过，自 2018 年 7 月 1 日起施行。

② 高培勇．“营改增”的功能定位与前行脉络．税务研究，2013（7）．张守文．“营改增”的经济法理论思考．经济法研究，2014（2）．张守文．环境税立法的三维审视．当代法学，2017（3）．

收立法进程开始提速，表现为环境保护税立法完成不久，烟叶税立法就被提上日程。烟叶税作为既往税制改革遗留的税种，所涉及领域较小，纳税人数量较少，在当时需要进行“立法升级”的15个税种中成为“首选”，体现了立法上的“先易后难”原则，对于加快完成“落实税收法定原则”的任务，有其积极的意义。考虑到烟叶税既是我国持续展开的税制改革的结果，又是“14税改”时期进行税收立法首选的既有税种，下面拟以烟叶税为例，探讨与其相关的税制改革和税收立法完善的重要问题。

烟叶税作为既往税制改革的结果，与税制改革、税收立法的完善均密切相关。尽管一般社会公众往往认为烟叶税与自己无关，或者对其知之甚少，但一叶知秋、见微知著，通过对烟叶税税制改革和税收立法完善的探讨，可以观察和发掘整体税制改革和税收法治的诸多问题，从而有助于优化整体税制和加强税收法治。

有鉴于此，下面拟基于我国从“烟叶收入税”到“烟叶收购税”的历史演变，以烟叶税的制度变革为例切入，分析其与整体税制改革的关系，揭示税制改革通常应符合的基本要求，以及衡量税制好坏的标尺，并在此基础上，探讨完善烟叶税立法曾关注的重要问题，以及其中蕴含的税收法治问题。这些探讨试图说明，无论是整体的税制改革，还是具体的税种立法，都必须在法治的框架下展开，且必须真正落实税收法定原则，否则，即使所有的税种立法都上升为法律，也未必符合税收法定原则的要求，更遑论税收法治有较大的进步。

二、税制改革：从“烟叶收入税”到“烟叶收购税”

我国对烟叶的课税一直与税制改革相伴。从历史上看，“烟叶收入”曾长期只是农业税的一个税目，当时并无“烟叶税”这一独立税种。只是在我国取消农业税、农业特产税以后，对“烟叶收购”的课税才被确定下来，并使烟叶税成为一个征税对象范围和征收地域范围都相对较小的税种。只有把烟叶税放到整个税制改革或税制变迁的历程中去观察，才能对其形成较为全面的认识。

由于我国是一个农业大国，农业税曾长期占据重要地位，如何保障农民税收负担的轻重适度，对于国家的经济发展和政治安定都非常重要，因此，在新中国成立之初，在税收体系尚不健全的情况下，中央人民政府即于 1950 年颁布了《新解放区农业税暂行条例》。但随着土地制度改革、农业合作化的发展，以及新型生产关系的变化，第一届全国人大常委会依据宪法的规定，于 1958 年 6 月 3 日通过并施行《农业税条例》。该条例虽被称为“条例”，却不同于 1985 年全国人大授权立法后大量实施的“税收暂行条例”——它不是国务院制定的行政法规，而是由全国人大常委会制定的法律。

依据上述《农业税条例》的规定，对“棉花、麻类、烟叶、油料、糖料和其他经济作物的收入”征收农业税，对上述经济作物的收入“参照种植粮食作物的常年产量计算”，据此，烟叶收入被纳入农业税的征税范围。而在改革开放之初，随着商品经济的发展，国务院于 1983 年 11 月 12 日发布了《关于对农林特产收入征收农业税的若干规定》，开始对园艺、林木、水产等农林特产收入单独征收农业税，但其中并未包括烟叶收入。只是在实行市场经济体制以后，在“94 税改”过程中，国务院才于 1994 年 1 月 30 日废除了 1983 年的若干规定，发布了《关于对农业特产收入征收农业税的规定》(国务院令 143 号)，专门规定对烟叶、园艺、水产、林木等农业特产品收入征收“农业特产税”①，由此烟叶收入正式成为农业特产税的税目。

按照上述 1994 年的规定，对烟叶收入征税的税率为 31%，农民的税负相对较重，因此，国家在 1999 年将其税率下调为 20%。尽管如此，基于减轻农民负担的政策导向，该税率仍然较高。因此，根据《中共中央、国务院关于促进农民增加收入若干政策的意见》(2004 年的“一号文件”)，财政部、国家税务总局于 2004 年 6 月下发了《关于取消除烟叶外的农业特产农业税有关问题的通知》，规

---

① 该税的全称是“农业特产农业税”，由于试图用简称，因而在同一个规范性文件中时而称“农业税”，时而称“农业特产税”。这也影响了后来人们对“农业特产税”究竟是否算一个独立税种的判断。更何况相关规定与《农业税条例》的规定几乎都不一致，而且在后来的官方文件中，也是将农业税和农业特产税并列规定的。

定取消对烟叶以外的其他农业特产品征收的农业特产农业税。由于第十届全国人大常委会决定自2006年1月1日起废止《农业税条例》，对烟叶征收农业特产农业税已无法律依据，因此，国务院于2006年4月28日公布了《烟叶税暂行条例》，从而使烟叶税正式成为一个独立税种。

上述烟叶税制度的变迁表明，从产品经济年代到商品经济时期，从计划经济阶段到市场经济时期，从闭关锁国时代到改革开放时期，在各个不同的历史时期，必须基于经济发展的阶段性和特殊性，合理选择征税项目，这是税制改革的应有之义；同时，税制改革必须始终关注主体的税收负担，这对有效实现税制目标至为重要。

从"对烟叶收入征税"到"对烟叶收购征税"，从第一届全国人大常委会制定《农业税条例》到第十届全国人大常委会废止《农业税条例》，我国的烟叶税制度经历了中国经济的不同发展阶段，体现了各个时期税制改革的不同理念。其中，对纳税人负担的特别关注，越来越成为贯穿各类税制改革的重要主线，它直接影响税制的合理性与合法性。与此同时，税制改革应如何提高经济发展的效率，如何体现税制的公平，也需要在税收立法过程中特别考虑。而上述需要关注与考虑的因素，会直接影响税制改革的周期，并成为衡量税制改革优劣的重要标尺。对此有必要作进一步研讨。

三、税制改革的周期与基本要求

上述烟叶税制度的变革，是整体税制改革的一个缩影。尽管在众多税收制度中，烟叶税制度的影响相对较小，但其变革同样折射着整体税制改革所涉及的基本问题。其中，税制改革的周期问题，以及整体税制改革应符合的基本要求，是两个非常重要的基本问题。

如前所述，从税制改革的周期看，我国自改革开放以来的税制改革，在名义上经历了两次大的税制改革，即通常所说的"84税改"和"94税改"，但实际上，我国较大的税制改革有4次。即从"84税改"起算，大约每过10年，整体税制就会发生一次变革。而以 10 年为周期的历次税制改革，都是基于不同时期的经济社会发展需要，体现了不同的理念和目标。[①] 在我国经济和社会发展的新时期，随着税制改革理论的完善，对于税制改革的周期问题应当有进一步的认识。

仍以烟叶课税为例，我国烟叶税制度的变革，与上述四次税制改革大致对应，也基本上呈现为“十年一易”的税制改革周期。例如，在 1983 年进行的农业税制度变革中，烟叶收入并没有进入农业特产农业税的征收范围，但在 1994 年则被列为农业特产农业税的第一个税目，这与烟草工业发展对烟叶的需求的大幅增加，以及政府将烟叶收入作为重要税源等有关。在 10 年后的 2004 年，在国家对其他农业特产品都不再征收农业税的情况下，“烟叶收入”被“烟叶收购”所替代，成为烟叶税的征税对象。而到“14 税改”启动后，在落实税收法定原则的过程中，烟叶税仍被作为独立税种保留于税收体系中，烟叶税制度亦成为整体税制的一个组成部分。

审视上述烟叶税税制变革，不难发现，基于不同时期烟叶税制度变化所形成的“税制变易周期”，与整体上的“税制改革周期”是高度一致的，这与不同阶段的经济社会发展要求，以及相应的税制改革理念的变化直接相关。而在影响税制改革的诸多理念中[②]，对合法性与合理性、公平性与效率性的日益关注和不断强调是非常重要的，它们不仅影响了税制改革的周期，也是税制改革应符合的基本要求。

首先，从合法性的角度看，依据税收法定原则，对烟叶征税必须有相应的法律依据。从早期的《农业税条例》，到后来征收农业特产税的相关规定，再到《烟叶税条例》和《烟叶税法》，这些立法都试图提供烟叶课税的法律依据，并确保其合法性，这也是法治逻辑的重要体现。

其次，从合理性的角度看，为什么仅对烟叶征税，而对其他农业特产品不征

---

① 相关探讨，张守文．税制变迁与税收法治现代化．中国社会科学，2015（2）．

② 对于税制改革的理念，人们的认识不尽相同，参见陈晴．我国新一轮税制改革的理念变迁与制度回应：以税收正义为视角．法商研究，2015（3）。

税？这是否具有合理性？同时，无论在纳税主体范围、征税对象范围，甚至在征税数额方面，烟叶税都是一个小税种，这样一个并未在全国各地普遍征收的税种，其存在是否具有合理性？这些都是在税制改革方面需要反复权衡的重要问题。

再次，从公平性的角度看，普遍课征、平等课征、量能课征，都是公平性的要求和体现。烟叶税的纳税主体、税率、税基等课税要素究竟应当如何确定，才能更好地体现公平性，也是在税制改革方面需要着重考虑的。

最后，从效率性的角度看，对任何税收的征收，都需要考虑效率，烟叶税也不例外。尤其是其开征是否有助于提升经济效率，对经济和社会发展是否有积极的促进作用，对税务机关的征收效率以及纳税人的遵从效率有哪些影响，等等，在税制改革方面也都需要仔细考量。

上述的合法性与合理性、公平性与效率性，不仅对烟叶税税制改革非常重要，而且对各类税制改革都具有普适性。这四个方面既是对整体税制改革的基本要求，也是衡量税制改革优劣的标尺，对完善税收立法亦非常重要。上述“四项基本要求”，与税法的三大基本原则，即税收法定原则、税收公平原则和税收效率原则，是内在一致的。这些基本要求和基本原则在税制改革和完善税收立法方面都应当被遵循。

事实上，对于我国的整体税制是否要改革，以及改革的力度大小和速度快慢，都可以用上述的合法性与合理性、公平性与效率性的要求或标准来衡量。一种税制或整体税制，只有同时符合上述“四项基本要求”，才是可持续的“好税制”，如果税制不能体现上述“四项基本要求”，则其不仅得不到纳税人的拥护，就连国家的征税需求也可能无法被满足，因而需要不断通过税制改革来使其日臻完善，这也是税制变迁的重要动力和原因。

由于上述“四项基本要求”适用于每个具体税种制度乃至整体税制[1]，因

① 有学者专门分析了如何对税制改革进行评价的问题，参见赵志耘，郭庆旺．税制改革分析的理论基础．税务研究，2001（3）。

此，无论是烟叶税制度的优化，还是烟叶税制度与其他税种制度之间的关系协调，都可以用是否符合上述“四项基本要求”去衡量。其实，这“四项基本要求”是紧密相关的，一种税制只有公平、合理，且富有效率，才在不同层面上是合法的、合乎规律的，并因而能够更好地发挥其功用。

考虑到各类税制改革成果最终都要通过相关的税收立法来体现，在烟叶税的立法过程中，也需遵循上述“四项基本要求”或相应的税法基本原则，以确保整个立法在法治的框架下展开，下面有必要在明晰税制改革应符合的基本要求的基础上，进一步探讨完善烟叶税立法应关注的重要问题。

四、完善税收立法需关注的重要问题

在我国完善税收立法的过程中，有些具有共通性的重要问题需要特别关注，例如，税种存续的必要性（这与开征权和停征权有关）、立法宗旨的确立、税收法定原则的落实、课税要素的规定、税收收入的分配（这是影响制度设计的外部问题）、与相关税收制度的协调，等等。上述几类问题在各类税收立法中都会涉及，在烟叶税立法中也不例外，现分别简要研讨如下：

（一）税种存续的必要性问题

任何税种的立法，都应首先明确税种的开征或存续是否必要。这个话题虽然较为沉重，但确实不容回避。同样，在烟叶税立法的过程中，也首先需要明确：烟叶税作为一个税种是否应当保留？在历史上已有的烟叶税存废之争，是否会影响该税种的存续？

从法律的角度看，一个税种的产生和存续，离不开税种开征权和停征权的行使。如前所述，烟叶税制度虽然所涉领域较小，却贯穿我国数十年税制改革的整个历程。从 1958 年《农业税条例》的规定看，当时是全国人大常委会决定将烟叶收入纳入农业税的征税范围，但在 1983 年由国务院主导的制度调整中，烟叶收入又被排除在农林特产收入之外，不再缴纳农业税，这是国务院对全国人大常委会立法的一个“否定”；而在“94 税改”时，国务院又将烟叶收入作为农业特产品收入征收农业特产税，从而大略构成一个“否定之否定”；待到2006年《农业税条例》废止，农业特产税取消时，国务院再次作出了具有“否定”意义的制度安排，保留了对烟叶的征税，并另起炉灶，单独对“烟叶收购”征收烟叶税。

上述从“烟叶收入税”到“烟叶收购税”的征税历程表明，从无到有的烟叶税，是相关立法主体不断作出“否定性”制度安排的过程；而不断作出“否定”决定的主体，主要是国务院，而不是全国人大常委会这个最初的立法者。上述不断“否定”的过程，既体现了我国对税制改革的艰辛探索，也反映了我国税收法治中的突出问题，即不仅对税收法定原则坚持不够，而且对征税的合理性和合法性等要求也缺少足够的关注。

即使在今天，在“落实税收法定原则”已成为普遍共识[①]，且被立法机关广泛强调的形势下，在《立法法》对税收立法权有单独规定，且《税收征收管理法》对税种的开征权、停征权亦有具体规定的情况下，烟叶税是否要保留，既有的烟叶税制度是否应存续，仍然值得探究。依据上述法律的规定，虽然全国人大及其常委会有税种的开征权，并因而有权决定是否把《烟叶税暂行条例》上升为法律，但烟叶税制度作为在2006年废止《农业税条例》之后的一种制度安排，在今天是否具有合理性和合法性，能否兼顾效率与公平，仍需受到检视。[②] 而这与该税种的征收目的，以及在税收体系中其与其他税种的协调关系等直接相关，对此在后面还将分别研讨。

对某个税种的存在或某个税种立法是否具有必要性的判断，直接关乎整个税收体系或税法体系的内部结构，因而需要特别慎重。但在我国烟叶税的立法过程中，对烟叶税的存废以及其他立法问题的研讨少之又少。而事实上，这些问题会影响整体税制的合理性与合法性，因而不可不察。考虑到烟叶税制度是否应存续，首先与征税目的直接相关，下面有必要从立法宗旨的角度展开进一步探讨。

---

① 张守文．论税收法定主义．法学研究，1996（6）.

② 有学者认为，应分阶段取消烟叶税，参见李小热，夏杰长．我国烟草业税收的现状、问题与改革机制．税务研究，2009（5）。

（二）立法宗旨的确立问题

各类税收立法都需要明确立法宗旨，而具体税种的立法宗旨则涉及该税种的征收目的，以及通过规范相关税收行为所欲实现的目标。同样，有关烟叶税立法宗旨的规定，也应明确烟叶税的征收目的，以及通过规范税收征纳行为所要实现的相关目标，而这些目的或目标与税种的存废直接相关。

需要特别强调的是，既往对烟叶收入征收的农业税或农业特产税，是由烟叶的种植者直接承担税负的直接税，它与农民的负担直接相关，因此，在过去的农业税调整过程中，一直关注如何减轻农民的税负。但是，独立开征的烟叶税，已不再是对烟农收入征收的直接税，它在性质上已变为间接税，即由烟叶的购买者间接承担税负的商品税。由于纳税主体和课税对象发生变化，税种的性质随之改变，因而对各类主体的利益关系应重新调整。

基于上述变化，对烟叶税的征收目的，亦有不同看法。通常，国家征税主要是为了获取收入、配置资源，并进而实施相应的调控，以实现相关的经济和社会目标。从获取收入的角度看，烟叶税的收入是非常少的。例如，2024 年车船税、船舶吨税、烟叶税等收入为 1 390 亿元，而各类税收总收入则达 17 万亿元，烟叶税收入在税收总收入中的占比的不到 0.1%，因而其在总体收入方面的价值并不大。从配置资源的角度看，要充分发挥税收杠杆的作用，就需要把积极的鼓励促进和消极的限制禁止相结合，这样才能实现税收配置资源和宏观调控的目标。就具体的烟叶税而言，其开征目的究竟是鼓励烟农种植，从而鼓励烟草行业发展，还是“控烟”？这无疑是两个方向不同的目标。而烟叶税的制度实践表明，由于烟叶税的纳税主体是收购烟叶的企业，而不是烟农，并且，烟农还能够通过多种途径获得一定的补贴，因此，烟叶税本身不会直接增加烟农的税负，同时，在烟草企业和地方政府的双重激励下，烟草的产量还会进一步扩大，从而促进烟草行业的发展。此外，烟叶税虽然是对烟叶收购者征收的，但因其属于间接税，税负可以转嫁，加之在征收方面存在诸多税收流失的情况[①]，因此，纳税人的实

① 安仲文．我国烟叶税存在的问题与对策．税务研究，2008（5）．

际税负并不重，由此使烟叶税难以通过“寓禁于征”的手段来限制烟草业的发展，从而无法起到“控烟”作用，或者说，“控烟”并非烟叶税的征收目的。

与烟叶税类似，消费税也是烟草税制中的重要税种。尽管消费税也是间接税，但毕竟在一定的阶段，税负需要由纳税人承担，并且，对卷烟等税目的征税适用较高的税率，因此在一定程度上，能够起到引导烟草消费、“寓禁于征”的作用。鉴于烟叶税与消费税的征税目的并不一致，在税制改革和税收立法的完善过程中，应当加以有效协调。这不仅影响两个税种的制度设计，也影响整体税制的功能发挥。

事实上，整个烟草业的收入和税收，历来是各级政府较为关注的。整体的烟草税制的目标，是促进行业发展，并确保政府的收入，还是实现“控烟”的社会目标？这是纠结了多年的问题。“控烟”与人类健康直接相关，我国已加入《世界卫生组织烟草控制框架公约》（World Health Organization Framework Convention on Tobacco Control，WHO FCTC）①，该公约第 6 条强调：价格和税收措施是减少各阶层人群特别是青少年烟草消费的有效和重要手段，对烟草制品应实施税收政策并在适宜时实施价格政策，以实现旨在减少烟草消费的卫生目标。据此，从未来的发展趋势看，整体的烟草税制都应有助于不断减少烟草消费，烟叶税的定位和目标也应与其保持一致。

通过分析上述整体烟草税制的目标，以及对烟叶税与消费税征收目的的比较，可以认为，征收目的如何确定，直接影响烟叶税法的立法宗旨及其具体的制度设计。同时，立法宗旨一旦确定明晰，整个烟叶税法就要保障其实现。因此，在烟叶税立法的过程中，需要对立法宗旨加以梳理。目前烟叶税立法仅按《烟叶税条例》进行“制度平移”，其立法目标主要还是激励烟农种植烟叶，保障烟草行业所需的原料，从而促进该行业和烟叶种植地区的经济增长，而不是实现“控烟”。

① 2003 年 5 月 21 日世界卫生大会批准了《世界卫生组织烟草控制框架公约》，中国于 2003 年 11 月 10 日正式签署。

从立法宗旨的角度看，任何一种实体税收法律，都应通过规范税收行为，实现税收的多种功能以及税法的多元目标。由于历史的局限，《烟叶税暂行条例》未规定立法宗旨尚可理解，但在“条例”上升为“法律”的过程中不考虑立法宗旨条款、不明晰征收烟叶税的目的以及对相关税收行为的规范，则无疑是较大欠缺。2017 年通过的《烟叶税法》未规定立法宗旨，无疑是一种缺憾。

(三) 税收法定原则的落实问题

在明晰上述立法宗旨的基础上，烟叶税立法还应明确相关基本原则。其中，税收法定原则作为税法的基本原则，在所有的税收立法中都必须被严格贯彻，这是非常基本的要求，但该原则的真正落实并非易事。

依据税收法定原则的要求，课税要素法定和课税要素明确，是在立法方面必须遵循和强调的。因此，对于税种是否应当设置，课税要素是否合理、明确等问题，需要国家立法机关以及社会公众通过多种渠道进行反复、深入讨论或辩论，而不应简单地“保持现行税制框架和税负基本不变”，或者“将暂行条例平移上升为法律”[①]，否则，就谈不上国民对税收立法的参与，更谈不上税收法定原则的真正落实。

从近年推进税收立法的情况看，在制定税收法律的过程中，基于既有制度的“税负平移”甚至“整体制度平移”的做法被经常采用，其好处是肯定或维护制度实施的现状，防止因新的立法或制度变革而产生较大的争议；其不足是此类立法基本没有体现税制改革，当然也没有相应的结构调整或制度优化，除了在规范性文件的名称上由“××税暂行条例”改为“××税法”，以及相应的法律效力有所提升外，其他方面的变化微乎其微。

如果仅在个别税种领域实行“税负平移”或某类具体制度的平移，确实无可厚非，毕竟，税收立法也是要把“行之有效”的做法上升为法律。但如果所有的税种或制度，都采取简单的“平移”做法，那就既没有推进税制改革，也

① 财政部部长肖捷于 2017 年 8 月 28 日所作的《关于〈中华人民共和国烟叶税法（草案）〉的说明》。

没有优化税收立法，由此带来的所谓的“税收法定”仅具形式意义，而并无实质价值。

因此，在未来的税收立法中，需要特别关注税收法定原则的“落实”，防止其“落空”。尽管现实的经济社会发展对立法的需求甚为迫切，把税收暂行条例上升为税收法律已成为理论界和实务界的重要共识，但在积极推进税收立法的同时，仍须在现实条件下尽可能使相关制度更为优化，使其税制结构更为合理，从而真正提高立法质量和法治水平，否则，即使把所有的税收条例都变为税收法律，整个税法制度的实效也未必会有较大改进，国家的税收法治亦难有更大进步，这是我国在持续推进税收立法的过程中必须特别注意的问题。

（四）课税要素的规定问题

整个《烟叶税暂行条例》的条款不过 10 条，且基本都是有关课税要素的规定，仅依据该条例平移制定的《烟叶税法》，在课税要素的规定方面也自然难有突破。在我国的各类法律中，仅有十条左右的条款，且每个条款的规定都如此简短的法律十分罕见，自然难以做到“课税要素明确”，因而并不符合税收法定原则的严格要求。

在纳税主体方面，烟叶税是以收购烟叶的单位为纳税人，并且，该纳税人是依照《烟草专卖法》的规定有权收购烟叶的烟草公司或者受其委托收购烟叶的单位。[①] 据此，《烟叶税法》有关纳税人的规定，当然要与《烟草专卖法》相协调。[②] 随着税收立法的发展，税法领域的课税要素与其他相关立法的联系更为紧密。例如，《环境保护税法》中的一些规定就与《环境保护法》的相关条款密切相关，因而确保相关法律之间的协调变得更为重要。

在征收主体方面，《烟叶税暂行条例》规定烟叶税的征收主体是地方税务机关，主要是考虑烟叶税作为地方税，收入一般归烟叶产地的县、乡两级政府，且

---

① 《烟草专卖法》第 9 条第 2 款规定：“烟草公司或者其委托单位应当与烟叶种植者签订烟叶收购合同。烟叶收购合同应当约定烟叶种植面积、烟叶收购价格。”

② 参见《烟叶税法》第 1 条。

地方税务机关的工作量相对较小，可以较好地履行征收职能。基于税收征管体制改革的现状，《烟叶税法》已将“地方税务机关”改为“税务机关”。

在征收范围方面，作为烟叶税课税对象的烟叶，具体包括烤烟叶和晾晒烟叶两类。而烟叶征税的省份有23个，主要集中在云贵川，三省的烟叶税收入占全国的61.7%①，由此可见，烟叶税征收的地域范围非常集中，是否应继续将其作为一个全国性的税种，还是将其转变为由收购单位向相关地方政府的缴费，都是值得探讨的问题。

在计税依据方面，《烟叶税暂行条例》规定以纳税人收购烟叶的金额为计税依据，而《烟叶税法》将其改为“纳税人收购烟叶实际支付的价款总额”，有助于关注现实的真实情况，以尽量防止税款流失，但如何把握“实际支付的价款总额”，则历来是实践中的难题。强调“实际支付的价款总额”，有助于体现“实质重于形式”的原则，但在税收的一般征收过程中，又主要是以“形式课税原则”为主的，因此，这两个方面的协调也非常值得关注。

（五）税收收入的分配问题

税收收入的分配，本来与税种立法不直接相关，但它会影响税制的具体设计，因而在研究税种立法时也需要对其进行综合考量。如前所述，烟叶税收入在整体税收收入中占比不高。由于烟叶税立法如何进行制度设计，直接影响税收收入；而税收收入如何分配，也在一定程度上影响烟叶税立法的制度安排，因此，有必要从收入分配的角度展开研讨。

烟叶税的课税要素对其收入分配有直接影响。例如，其课税对象仅限于某些地区生产的烟叶，其纳税人仅限于法定的购买单位，其计税依据为购买单位实际支付的价款总额，税率为20%，上述各方面决定了烟叶税收入的基本格局以及可分配数量。此外，在烟叶税立法中，考虑到购买单位都是有经济实力的主体，且征收烟叶税的重要目的是弥补地方财政收入的不足，因而在制度设计中并未考

① 参见财政部部长肖捷于2017年8月28日所作的《关于〈中华人民共和国烟叶税法（草案）〉的说明》。

虑税收减免问题，这更有助于保障地方政府的财政收入。

事实上，由于烟叶税不同于一般的税种，其收入主要归县、乡两级地方政府，具有较强的属地性，从而使其在某些地区可以成为地方税的重要补充，因而在地方税制建设方面有其积极意义。尤其在国家取消农业税以后，许多产烟地区的基层政府财政更为紧张，向收购烟草的主体征收烟叶税，不仅有助于增加县乡政府的财政收入，还有助于调整烟农、烟草企业和当地政府等多种主体之间的利益关系。

在上述收入分配格局下，地方政府会鼓励农民多种植烟叶，并由此可能导致烟叶过剩，从而影响烟叶价格；而烟草公司在收购过程中具有强势地位①，并可能将烟叶税的税负进行“前转”和“后转”，使烟农也未必真正受益；此外，我国的烟叶产销量占全球的三分之一，烟叶产量的居高不下也导致难以完成控烟任务，有鉴于此，许多学者都建议取消烟叶税，并强调通过增加烟草制品消费税，加大转移支付力度，来解决地方财政的困难问题②，这是有其合理性的。

（六）与相关税收制度的协调问题

无论对烟叶税的去留持何种态度，只要烟叶税制度存在，其作为整体税制的一个部分，就会与相关税收制度存在紧密关联，因而需要从不同角度加强税制协调。

首先，作为烟草业税制的重要组成部分，烟叶税和消费税对烟草业影响最大，但如前所述，两个税种的征收目的却有很大不同，需要在整体的税制改革或税收立法中加以协调。由于烟叶税着重考虑对地方的财政收入的保障以及对烟草行业的支持，而对烟草制品征收的消费税则主要考虑中央财政收入的增加以及对烟草业的“寓禁于征”，因而两者存在诸多不同。尽管在烟叶的种植区域，有大量国家级贫困县，促进烟草产业发展，有助于促进当地经济发展和财政状况改善，并在扶贫脱困方面有其积极意义，但从长远发展看，烟叶税仍应逐步取消，

---

① 我国《烟草专卖法》第10条第1款规定：“烟叶由烟草公司或者其委托单位按照国家规定的收购标准统一收购，其他单位和个人不得收购。”

② 胡德伟．中国烟草税收：历史沿革、现状及改革．北京：税务出版社，2009：67-73，81-84.

并通过消费税的制度调整，以及相应的转移支付安排，来解决地方财政收入不足等问题，这对经济和社会的未来发展都更有积极意义。

其次，在商品税体系中，除消费税以外，烟叶税与增值税的制度协调也非常重要。按照增值税的制度或原理，农民销售烟叶，烟草商收购烟叶，同样要纳入增值税的链条之中。而收购烟叶所开具的发票，同样应成为收购方抵扣增值税的依据。对于烟叶购销行为而言，烟叶税与增值税是并行征收的税种，但两类税种制度的定位和目标不同。在增值税制度中，涉及烟叶的增值税一般适用低税率，这仍然是基于烟叶是一种特殊农产品。

总之，烟叶税虽然是一个很特殊的“小税种”，但其立法所涉及的问题并不少，而且关系到整体税制的方方面面，尤其涉及诸多税收法治问题。从该税种的开征权或停征权的行使，到其立法的目标定位，以及相关法定原则的落实，都应在法治的框架下展开。此外，烟叶税从课税要素的确定，到税收收入的分配，以及与相关税收制度的协调，也都需要充分体现法治精神，这样才能不断提高税收法治化水平。

基于上述立法问题的研讨，还可看到，对税收法定原则的落实应有全面的认识，决不能以为只要把税收暂行条例上升为税收法律，就是体现或落实了税收法定原则。事实上，税收法定原则的内涵非常丰富，有多个方面的要求。制定税收法律，只是落实税收法定原则的形式化步骤，真正的“法定”尚须从程序到实体，从形式到实质，都要充分体现税收法定原则的内在要求，这也是我国未来税收立法应特别注意的问题。

五、小　结

烟叶税是一个通常不被公众关注的税种，甚至连税收领域的学者也对其研讨甚少，但在推动各类税收暂行条例上升为法律的过程中，烟叶税成了“立法提升计划”的首选税种。其主要原因是该税种征收规模、数量、地域相对较小，对社会公众影响不大，并因而被认为“税制比较稳定，要素基本合理”，从而具备了

"平移上升为法律"的基础。①

正是基于上述认知，烟叶税立法被推上快车道，但这并不意味着烟叶税制度存在的相关问题都已解决。事实上，烟叶税"麻雀虽小，五脏俱全"，对其进行解剖，有助于发现整体税制改革和税收立法中的诸多共性问题，而这些普遍性问题的解决，对于推进整体的税收法治，具有更为重要的意义。

有鉴于此，前面从"烟叶收入税"到"烟叶收购税"的演变切入，并将这种变革置于整体税制改革中分析，从而揭示整体的税制改革应符合的"四项基本要求"，并将其作为衡量税制好坏的标尺；在此基础上，进一步探讨了完善烟叶税立法应关注的重要问题，特别是税种的存续及相应的开征权与停征权、立法宗旨、课税要素等问题，强调无论是整体的税制改革，还是具体税种立法的完善，都必须在法治的框架下展开，且必须真正落实税收法定原则，否则，即使将所有税收暂行条例都上升为税收法律，也只是税收法定原则在形式上的"落实"，但其真正的精髓却可能"落空"。

事实上，我国的税制改革，除在"营改增"方面推动较大外，其他税种领域的改革力度甚微。在这种情况下，如果不基于合法性与合理性、公平性与效率性的要求，进行真正的税收制度优化，而仅在形式上将既有的税收暂行条例直接上升为法律，其实并无太大意义，而且也有悖于税收法定原则的基本精神。因此，我国的税制改革和税收立法的完善，必须遵循"四项基本要求"和相应的税法基本原则，切实提升立法质量，而不能简单地搞"立法翻牌"，这样才能有效提升我国在税收领域的治理能力和治理水平，真正实现税收法治的现代化。

第二节　税收立法的要素探析

税收立法受多种内外因素影响，对税收立法要素可作广义和狭义之分。在狭

① 参见前引肖捷所作的《关于〈中华人民共和国烟叶税法（草案）〉的说明》。

义的税收立法要素中，征税理据、税种定性、改制幅度和逻辑结构尤为重要，它们不仅影响立法的必要性、合理性，也会影响立法思路、制度协调、立法的类型化以及制度的内在一致性。“历史—系统”和“价值—规范”的分析框架，既有助于探讨和解析上述税收立法要素的重要影响，揭示其对各类税种立法的普遍意义，也有助于说明强化价值引领对构建税收领域的“良法善治”的重要价值。为此，应全面把握和深入研究税收立法要素，有效提升税收立法质量和税收法治整体水平，从而丰富税法的价值论、规范论、运行论和相关法治理论的研究，推动税收法治和国家治理的现代化。

税收立法要素与前述税收立法需要遵循的“四项基本要求”和重点关注问题直接相关，是从立法理论和立法技术角度作的进一步提炼。由于税收立法要素对各类税种立法都非常重要，下面选取另一个相对较小的税种制度——印花税制度，来展开相关探讨，同样希望能够“以小见大”，并由此推动税收立法的完善。

一、问题的提出

自改革开放以来，我国税收立法不断发展，税收法律、法规数量持续增加，税收立法研究日益深入。但面对丰富的税收立法实践，有关税收立法要素的系统思考尚付阙如，已影响税收立法质量的提升和税收立法理论的构建。因此，非常有必要探讨和解析税收立法要素的相关问题，以深化税法理论研究，推动税收法治和国家治理的现代化。[①]

基于对“落实税收法定原则”的强调，以及大规模税收立法的推动，我国已有多个税收条例被陆续“升级”为法律。[②] 在肯定立法成绩的同时，还需探究一系列重要问题，例如：各类税收立法应考虑哪些因素？如何体现税收法治的基本

① 国家治理的现代化离不开税收治理的现代化，参见张斌．推进税收治理现代化的思考．财政科学，2018（8）：23－27。

② 在推进税收法治建设过程中，落实税收法定原则具有基础意义，参见张守文．税收法治当以“法定”为先．环球法律评论，2014（1）：55－57。

逻辑？既往的税收立法尚有哪些因素考虑不足？如何为未来的税收立法提供借鉴？上述税收立法需考虑的因素，对于构建税收领域的“良法善治”尤为重要，但尚未引起足够重视，因而需要更多研究者对其展开深入探讨。

“税收立法要素”与“税法的构成要素”相关，但两者并不等同。从广义上说，税收立法需考虑多种因素，既包括政治、经济、社会、文化等外部因素（立法要回应外部需要），也包括税收执法、税收司法等税收法治体系的内部因素（立法要考虑法律实施），还包括影响税制设计的课税要素等。通常，在具体的税收立法中，各类主体对课税要素的关注更多，并往往由此形成税收立法的热点、各方博弈的关键点或争议的焦点。但由于每类税种的具体课税要素各异，因此，还需关注那些更为基础的立法要素——它们不同于前述一般意义上的内外因素和课税要素，且对各类税收立法均有直接影响，故可称之为“狭义的税收立法要素”。此类要素是下面讨论的重点。

对税收立法要素的探析，需要从立法实践出发。目前，我国实行“分税立法”模式，对各税种立法还缺少高层次的立法统合，需要结合各税种的立法实践，探寻其共通的影响要素，以不断提高立法质量。基于收入规模、征税范围、社会影响等因素，可将我国现行的 18 个税种分为增值税、企业所得税等“大税种”，以及印花税、烟叶税等“小税种”①。其中，小税种的立法影响要素虽较为简单，但同样包括各类税种立法的共性问题，对其解析更有助于排除一些复杂因素，发现影响一般税收立法的共通要素。

下面拟选取印花税这个“小税种”，对影响其立法的相关要素展开探讨和解析。② 印花税的最初开征，主要是为了解决财政收入问题，但随着其征税范围扩展至证券交易领域，其获取税收收入的功能虽有所增强，但宏观调控功能

① 2020 年，我国印花税收入为 3 087 亿元（其中证券交易印花税为 1 774 亿元），在各税种收入排名中未能进入前十名，据此可将其归入“小税种”。

② 《印花税法》已于 2021 年 6 月 10 日由全国人大常委会通过，但此处的探讨并不限于制定《印花税法》的相关问题，而是着重从历史和系统的维度关注影响整个印花税立法的重要因素。

更为凸显[①]，并可能影响社会稳定，因此，印花税已具备税收的各类基本功能，可谓“麻雀虽小，五脏俱全”。通过剖析影响其立法的相关要素，可以以小见大，揭示影响各类税收立法的共通要素，并由此推动税收立法质量和税收法治水平的提升。

基于上述考虑，下面以印花税立法为例，分别探讨税收立法（主要是税收实体法立法）需要关注的几类重要因素，具体包括征税理据、税种定性、改制幅度和逻辑结构。在影响税收立法的众多要素中，上述要素具有“承上启下”“外引内联”之功，既能“上承”和“外引”税收立法的外部因素，又能“下启”和“内联”具体课税要素的设计。同时，对上述要素的充分权衡，既有助于保障各类税收立法的合理性和合法性，尽量避免立法缺失，并推动良法的构建，也有助于深化税收立法理论乃至整体法治理论的研究，推动国家治理的现代化。因此，下面将对上述立法要素分别展开具体探析。

二、征税理据：税收立法的必要性和合理性

征税理据，即开征税种的理由和根据，是税种立法首先需考虑的重要因素。[②]某个税种的开征是否有充分的理据，会直接影响税收立法的必要性和合理性。如果某个税种不宜开征，就不应立法；如果强推立法，其合理性必受诸多质疑，且与“良法”的要求大异其趣。因此，各类税种立法都应事先明确相关税种的征税理据。正因税种的开征事关重大、不可恣意妄为，我国《立法法》专门将“税种的设立”确立为法律保留事项，同时，《税收征收管理法》亦与该规定保持了一致。[③]

① 印花税是证券交易费用的直接体现，下调印花税税率会有助于提高市场效率，参见范南，王礼平．我国印花税变动对证券市场波动性影响实证研究．金融研究，2003（6）：38－45。

② 李松森．市场经济体制下国家征税理据的深层次思考．财政研究，2008（10）：69－71.

③ 《立法法》第11条规定只能制定法律的事项包括，“（六）税种的设立、税率的确定和税收征收管理等税收基本制度”；此外，《税收征收管理法》第3条也有相应规定。

基于上述考虑和相关法律规定，印花税立法首先应解决印花税的开征理由和存续依据问题。[①] 从全球范围看，最初荷兰开征印花税，主要是为了获取财政收入。[②] 当时许多人以为通过在相关交易凭证上粘贴印花税票，即可使其交易活动获得国家的保护和认可；但依据现代税法原理，即使缴纳了印花税，也并不意味着相关交易一定有效或必然能得到国家的保护，缴纳印花税与交易的法律效力是两个不同层面的问题，履行印花税的纳税义务与交易的合法性并不存在直接关联。此外，基于“可税性原理”，征税的前提是相关主体存在收益（包括纳税能力的提升），而在征收印花税的环节，纳税人的收益尚未形成或实现，由此印花税的征税理由似乎不如其他税种充分。尽管如此，仍有许多国家持续征收印花税，并将其作为获取财政收入的一种手段。对此能否作出有效的理论解释，对税收立法会产生重要影响。

由于征收印花税的合理性或征税理据被认为存在一定问题，因此，对印花税制度应加以改进甚至废止的主张一直不绝于耳。[③] 在有关印花税制度的存废之争中，基于印花税对交易成本、经济效率、经济公平、征税实效的多方面影响，人们或强调应废除普通印花税，或强调应废除证券交易印花税，或认为应实施整体的制度改进[④]，由此形成的诸多歧见，也会在一定程度上影响印花税立法的未来走向。

既往有关征收印花税的否定论观点，大都基于经济视角。从税法的角度看，对征税理据的理解涉及两种路径：一种是行为发生主义，即只要纳税主体发生了应税行为，就应当征税；另一种是收益实现主义，即在纳税主体的应税行为已实

---

① 李金铮，吴志国．清末官方与民间社会互动之一瞥：以 1908—1911 年天津商会反对印花税为中心．江海学刊，2006（6）：154－158.

② 1624 年，印花税于荷兰首次开征，因其征收简便，税源充足，成为近代中国引自西方的第一个税种［李向东．清民初末印花税研究（1903—1927）．郑州：河南人民出版社，2015：3］。

③ 例如，有研究者认为，应完善零星税种，将证券交易印花税改为证券交易税，将其他印花税税目并入契税等合并征收（楼继伟．财政改革发展若干重大问题研究．北京：经济科学出版社，2014：123）。

④ 有关各类印花税存废或改进的相关讨论，可参见林烺．印花税体系的改革：两种印花税存废之辩．税务与经济，2016（3）：1－6。

现一定收益，纳税主体具有纳税能力时，才可以对其征税。相对说来，“可税性原理”更强调国家征税应以收益的实现为前提，以体现量能课税原则的要求。[①]从这个角度看，征收印花税的合理性可能存在一定的不足。

当然，如果回到征税的一般理由，也可以认为各国征收印花税存在一定的合理性和必要性：一方面，印花税是对书立应税凭证的行为征税，而此类行为的背后是市场主体的相关交易行为，对于合法的交易行为，国家当然要予以保护；另一方面，有些特殊交易行为还需要国家提供基础设施（如证券交易所）和制定交易规则，这些都是国家为维护市场经济运行应提供的重要公共物品。而国家要提供上述公共物品，保障相关交易的依法进行，同样需要有相应税收收入的支持，因而征收印花税亦有其合理性。

此外，在国家对证券交易征收印花税的情况下，由于印花税直接影响证券交易的成本，其调控功能更为突出，对资本市场的发展和社会稳定有重要影响[②]，因此，证券交易印花税不仅具有获取财政收入的功能，还具有宏观调控和保障稳定的功能，使印花税制度能够发挥多方面的作用，这也有助于解释征收证券交易印花税的合理性。

总之，只有存在征税的正当理由和依据，税收立法才具有合理性和必要性，才能得到国民的理解和支持，并由此具有合法性，在此基础上推进税收立法才有其可行性。自古及今，征税理据与立法所体现的价值密切相关，直接影响税收领域“良法”的构建。因此，基于一些国家开征所得税曾受到质疑，我国当前对征收房地产税也存在不同认识[③]，需要回答好征税理据问题。只有切实明晰征税的

① 在这方面涉及评价税收正义的两个基本原则，即受益原则和量能原则，且量能原则往往占据上风，参见［美］马斯格雷夫．财政理论史上的经典文献．刘守刚，等译．上海：上海财经大学出版社，2015：114。

② 现代证券交易印花税理论大都以“托宾税”为理论基础，强调税收调控职能；取消和调降资本市场印花税，有助于增强本国资本市场的国际竞争力［徐为人．证券交易印花税的理论分歧与国际经验启示．税务研究，2008（5）：3－7］。

③ 谢立斌．房地产税的宪法学思考：以宪法财产权为中心．比较法研究，2019（4）：47－57.

理由和依据，使税收立法具有合理性，才能做到“以理服人”，相应的税收立法才会得到普遍遵从。

三、税种定性：税收立法的类型化

我国七大部门法的划分，体现了国家立法机关对法律规范基本分类的认识，有助于在整体上推进立法的类型化；同样，在税收立法层面，要结合“税类”划分而推进相应的类型化。因此，应当对现有税种进行“税种定性”，并分别将其归入商品税、所得税和财产税三大税类。由于同一税类的税种立法，不仅遵循共通的原理和原则，在具体规则方面也会关联紧密，因此，从类型化视角推进税收立法，更有助于增强立法的系统性，从而发挥各税类立法的综合功用，并为多层次的税收统合立法奠定基础。[①]

此外，强调税收立法的类型化，还因为在复合税制下开征的多个税种皆有其共性和个性。如果仅重视税种的个性差异，而忽视其税类共性，则不利于解决“税制性重复征税”以及可能存在的规范交叉、制度冲突等问题。基于我国缺少“税法总则”等税收基本法的现实，推进税收立法的类型化，更有助于解决同一税类的税种之间的立法协调问题，从而不断提升税收立法质量，推动税收立法的高层次发展。

推进税收立法的类型化，前提是解决税种定性问题，明确其税类归属，以便按照各税类的共通原理和原则，进行更为有效、更加协调的立法。这对于印花税立法同样非常重要。例如，在商品税、所得税和财产税三大税类中，应将印花税归入哪个税类？如果按照征税对象等一般分类方法，似乎很难直接将其完全归入某一税类中[②]，因此，许多学者或将其列入“财产税”“行为税”，或将其归入

① 张守文．经济法的立法统合：前提与准备．学术界，2020（6）：46－53.

② 有学者认为，印花税是以征税手段命名的税种，无法将其归入商品税、所得税或财产税之中（马国强．中国税收．2版．大连：东北财经大学出版社，2009：293－294）。

"流通税"[①]，或将其视为三大税类以外的"零星税种""其他税种"[②]，等等。可见，对于印花税的定性，远不像其他税种那样清晰和易于明确，这与前述征税理据问题亦存在一定关联。

依据税收原理或税法理论，税种的分类首先应考虑征税对象。而印花税的归类困难恰恰与其征税对象的特殊性有关。我国将应税凭证作为印花税的主要征税对象，但何谓应税凭证？它体现或代表了什么？它与商品销售、获取所得以及持有或转让财产等行为有何关联？仅从应税凭证看，印花税似乎与各类行为都存在不同程度的关联，因而难以给出唯一的归类方案，这也是不宜将印花税直接归入商品税、所得税或财产税中的某一税类的重要原因。

各税种的征税对象一般都体现为"物化"的商品、所得和财产，并且，与各类征税对象相对应的应税行为，主要是销售行为、消费行为、进出口行为、获取所得的行为、财产用益行为等。通常，税收学对"物化"的征税对象更为关注，而法学则对应税行为更为重视，毕竟税法直接规范的对象是应税行为。在多数情况下，上述的物与行为具有直接的对应性，依据征税对象即可对其税种归属作出判断，但由于作为印花税征税对象的物（凭证），则难以直接归入商品、所得或财产，因而对其征税对象应作"整体理解"，既需要考虑书立应税凭证行为，又需要关注此类行为背后的交易行为，只有将应税凭证与对应的交易行为结合起来，才能全面揭示其征税对象。由此我们也能进一步理解：印花税是透过形式上的书立应税凭证行为，对其背后的交易行为征税。

基于上述讨论，如果在形式上将印花税的征税对象界定为应税凭证，印花税就只是为获取财政收入而征收的一种税；如果在实质上将其征税对象延伸至书立应税凭证背后的交易行为，则会凸显印花税对相关交易行为的规制功能。事实

① 例如，周伯棣认为"印花税与流通税有不解之缘"，而朱偰认为印花税是以法律上之财产转移为征税对象，只依据其外表行为译为"行为税"不妥［李向东．清末民初印花税研究（1903—1927）．郑州：河南人民出版社，2015：12］。

② 对于印花税的性质，或认为其属于凭证税，或认为其属于行为税，还有人认为其属于兼有行为税性质的凭证税（饶立新．中国印花税研究．北京：中国税务出版社，2009：38－39）。

上，印花税制度中规定的与应税凭证相关的合同行为或其他行为，都是交易行为的体现，只有透过印花税“直接的征税对象”（应税凭证），审视其“间接的征税对象”（与应税凭证相应的交易行为），才能对印花税制度有更为全面的理解。

尽管现实的税收征管实践和某些理论研究是将印花税归入“财产和行为税类”，但考虑到书立的应税凭证，主要是各类合同和产权转移书据等，而与其对应的相关交易行为，主要包括一般的买卖以及技术转让和产权转移等，仍可以认为，印花税与销售税、交易税或流通税等更为接近，在这个意义上，将其归入广义的商品税类也有一定的合理性。这是通过考察印花税征税范围的变易可以得出的结论。事实上，我国在20世纪50年代的税制变革中，曾把印花税并入商品税的相关税种①，这些制度实践也体现了印花税与商品税（或商品流通税）的密切联系。无论是普通印花税的应税凭证所对应的交易行为，还是证券交易印花税所对应的证券交易行为，都暗含着印花税与市场交易行为的紧密关联。

总之，仅从物（应税凭证）的角度，很难对印花税的税类归属作出清晰的定性和定位，但若引入行为的角度，将其征税对象进一步扩展为书立应税凭证的行为或相应的交易行为，以及进行证券交易的行为，则会有助于解决印花税税种的定性和归类问题。基于前述分析，通过将书立的应税凭证与其体现的行为内容相结合，可以把印花税定位为“针对法定交易行为所书立的应税凭证而征收的一种税”。同时，透过应税凭证这一表象，通过审视其背后的交易行为，可以认为，印花税与商品税可能更为接近，将其归入广义的商品税亦有其合理性。据此，在推进税收立法类型化的过程中，应关注印花税与其他商品税之间的紧密关联，在增值税普遍覆盖各类交易环节的情况下，更应重视增值税与印花税的协调，这对于商品税立法的完善更有意义。

此外，既然印花税的征税对象在形式上是法定的应税凭证，而在实质上是其背后的交易行为，那么，对应税凭证和交易行为，还可以从形式与实质、直接与

① 1953年1月1日实施的税制变革，将原来征收印花税的项目分别并入商品流通税、货物税、工商业税、屠宰税，未合并的按原规定办理（陈光焱．中华人民共和国财政史：上．长沙：湖南人民出版社，2013：160-163）。

间接、明与暗的角度来理解。其实，早在百年前就有人称印花税为“暗税”[1]。通过印花税的征收进而影响各类交易行为的成本，国家可以获取税收收入；通过成本或负担的轻重调节[2]，国家实现宏观调控等目标。

四、改制幅度：立法思路与制度协调

各类立法都需要基于制度变革的大小，考虑改制的幅度或力度。一项立法是从无到有还是适当修补，在修补中是“大修”还是“小补”，这些都会影响立法思路。而立法思路不同，相应的制度协调成本也会相去甚远。因此，税收立法必须考虑改制幅度。

为了落实税收法定原则，我国高度重视推进各类税种立法，并一直将改制幅度作为重要的考虑因素。如果采行“小修小补”的立法思路，则无须过多协调各方利益，立法成本会相对较低。事实上，自“14 税改”以来我国的税收立法思路，基本就是“税制平移”或“立法平移”[3]，其中，有的涉及“小补”（如《资源税法》），有的几乎是“完全平移”（如《烟叶税法》《船舶吨税法》等），由此上述立法的改制成本，特别是其与既有税制的协调成本大幅降低。

印花税立法同样遵循了“税制平移”的立法思路，通过将《印花税暂行条例》和有关证券交易印花税的规定上升为法律，基本保持了原来的税制框架和税负水平不变，但基于促进创新、保障税负公平等现实需要，《印花税法》在税率设计、税收减免等方面仍有一定改进。其实，无论是印花税立法还是其他税种立法，如果总是依循或仅仅强调“税制平移”，就难以实现整体税制的优化，从而

---

① 1896 年，江苏补用道程仪洛称印花税为“暗税”，且“最便于民而所收至广”，参见饶立新．中国印花税研究．北京：中国税务出版社，2009：35。

② 市场主体负担的轻重调节，对于实现宏观调控的目标尤为重要［张守文．市场主体负担“轻重”的法律调整．法学评论，2019（2）：9－16］。

③ 在《环境保护税法》《船舶吨税法》《资源税法》《烟叶税法》等多个立法草案的说明中，普遍强调“立法平移”“税负平移”的立法思路，体现了我国税制改革的特点［张守文．税制改革与税收立法的完善：以烟叶税为例．法学杂志，2018（2）：1－10］。

可能减损税收立法的应有价值。

借助立法时机切实完善税制，历来是税收立法的重要使命，因此，应基于现实情况和未来发展的需要，不断优化税制，并在制度协调中处理好印花税与其他立法的“相邻关系”，例如：第一，印花税主要是对书立合同等应税凭证的行为征收，因而会涉及与《民法典》的关系。第二，在印花税体系中，证券交易印花税日益重要，因而其还涉及与《证券法》的关系，尤其是《证券法》对证券范围的规定这会影响证券交易印花税的征收范围。事实上，国务院于 2018 年已同意对托存凭证的出让方征收印花税，因而在 2019 年《证券法》将托存凭证纳入证券范围之前，国家已对其征收印花税。第三，印花税的征税对象还包括营业账簿，因而其会涉及与《公司法》《会计法》的关系。第四，印花税的征收依据，是各类应税凭证所体现的交易数额或交易价格，因而其也涉及与《价格法》的关系，等等。上述印花税立法与相关立法之间的外部关系，都需要有效协调。

此外，在税法体系内部，应加强印花税立法与其他相关税收立法之间的协调。例如：印花税的计税依据是相关交易的数额，国家对相关交易行为往往还会同时征收增值税等，对此类重复征税应如何看待？它是否构成取消印花税的理由？如果明确印花税的计税依据不包括增值税税款，可否视为已与其他税法制度中有关增值税的价外税安排相协调？如果认为契税与印花税也存在重复征税问题，应如何进行契税法与印花税法的立法协调？① 等等。可见，在印花税与其他相关税种的立法协调中，尤其需要正确理解并处理好重复征税问题。

另外，在印花税制度内部，也涉及大量协调问题。例如，税目的适当安排有助于实现税目设置及其类型的合理化，税率的适度调整有助于使同类征税对象的税率大体相当，税收优惠范围的合理变动有助于使同类纳税主体得到相同对待，等等。通过上述印花税课税要素的内部协调，整个印花税制度的结构和功能能够更加优化。

---

① 有学者认为，针对契税税负偏高且与印花税重叠课征问题，应将契税并入印花税中的“产权转移书据”税目，并对其适用的印花税税率进行相应调整［刘植才．完善我国财产税结构的思考．财贸经济，2012（2）：12-19］。

总之，改制幅度会影响印花税的立法思路和其与相关制度之间的协调。其中，印花税立法与税法体系外部相关立法的协调，与税法体系内部各税种制度之间的协调，以及印花税制度内部各类要素之间的协调，事关印花税制度乃至整体税法制度的系统功效，需要在立法方面着重考虑。

五、逻辑结构：税法制度的内在一致性

前述的征税理据、税种定性和改制幅度的影响，在税收立法的逻辑结构方面都会有所体现。所谓逻辑结构，在此主要指贯穿税收法治逻辑的规范结构。此类结构的形成与税制变迁密切相关，其核心是要体现税收原理和税收法治的基本逻辑。通过将税法的重要价值融入法律规范，并加强各类课税要素之间的协调，将使税法的规范结构能更充分体现税收法治逻辑，从而增强税法制度的内在一致性。因此，有必要着重从税制变迁、价值引领和课税要素的视角，分别探讨印花税立法的逻辑结构问题。

（一）税制变迁与逻辑结构的形成

在我国的税收立法史上，印花税立法曾具有重要地位，通过审视其制度变迁，可以发现其逻辑结构的变化。例如，我国政务院于 1950 年 1 月颁布《全国税收实施要则》，明确印花税属于当时应征的 14 个税种之一。同年 12 月，政务院通过的《印花税暂行条例》规定，凡商事、产权等行为所书立或使用的凭证，应缴纳印花税。此后，在 1953 年的税制改革中，印花税被并入多个商品税税种。[①] 1988 年 8 月国务院制定的《印花税暂行条例》规定，在中华人民共和国境内书立或领受合同等应税凭证的单位和个人，应当缴纳印花税。至此，我国的印花税立法一直秉持较为统一的逻辑，结构也相对简单。

但 1990 年以后，随着证券市场的发展，我国先后对深圳证券交易所、上海证券交易所的股票交易征收印花税，以在获取税收收入的同时，实现了对资本市

① 陈光焱．中华人民共和国财政史：上．长沙：湖南人民出版社，2013：48，56.

场的调控。[①] 其实，征收证券交易印花税最初只是一个替代性方案，国家曾有专门征收证券交易税的设想[②]，但该设想一直未能实现，由此证券交易印花税得到保留，并相应形成了不同于普通印花税的逻辑，由此对印花税的规范结构产生了重要影响。

上述印花税制度的变迁历程表明，我国的印花税体系实际上包含了两类制度：一类是普通印花税制度，主要是由 1988 年的《印花税暂行条例》确立，且为《印花税法》所承继的基本制度；另一类是证券交易印花税制度，主要体现为 1990 年以来形成的对股票、托存凭证等征收印花税的规定。两类制度有着不同的目标和功能，由此形成了印花税制度的二元结构。

基于上述普通印花税与证券交易印花税构成的二元结构，在印花税立法的具体制度设计上会形成两类不同的逻辑[③]：普通印花税制度更侧重于保障财政收入的获取；而证券交易印花税制度在汲取收入功能的基础上，还具有宏观调控和保障稳定的功能，即通过调控证券交易的数量和规模，保障资本市场乃至整体金融市场的稳定健康发展。[④] 据此，在印花税的立法过程中，基于逻辑的一致性和结构的合理性，既要关注两类制度的共性或一般原理，确立印花税法的调整目标、基本原则和基本规则等，又要针对证券交易印花税的特殊性，作出专门的制度安

---

① 1990 年，深圳市人民政府颁布了《关于对股权转让和个人持有股票收益征税的暂行规定》，开始在深圳证券市场征收证券交易印花税。其后，上海于 1991 年 10 月对交易双方开征此税。1992 年国家税务总局等下发《股份制试点企业有关税收问题的暂行规定》，统一征收证券交易印花税，明确规定股份制试点企业向社会发行的股票，因购买、继承、赠与所书立的股权转让书据，均依书立时成交金额，由立据双方当事人分别按 0.3%的税率缴纳印花税。

② 《国务院关于实行分税制财政管理体制的决定》曾提出拟于 1994 年 1 月 1 日开始征收"证券交易税"，但实质上一直在征收证券交易印花税。因此，有学者认为，我国的证券交易印花税就是证券交易税，只是其征收未经立法机构的准许和授权（马海涛．中国财政可持续发展研究：中国财税研究报告 2016. 北京：中国财政经济出版社，2016：87－89）。

③ 依据印花税法立法草案的说明，从 1988 年到 2020 年，我国累计征收印花税约 2.6 万亿元，其中，普通印花税收入约 1.2 万亿元，证券交易印花税尽管征收时间较短，但收入约 1.4 万亿元，占比近 60%，足见我国的印花税收入主要来自证券交易印花税。

④ 有研究者建议我国应完善证券交易印花税，并将其转变为独立的证券交易税［杨峰，刘先良．论我国金融交易税收制度的完善：以欧盟法借鉴为中心．法律科学（西北政法大学学报），2015（2）：152－161］。

排，从而确立“一般规范”与“例外规范”。这样既能体现各类印花税的基本逻辑，又能使具体的规范结构更加合理。

（二）价值引领与逻辑结构的优化

基于“价值—规范”的二元结构，在各类税收立法中，要形成具有逻辑一致性的结构，就需要加强立法的价值引领，将相关价值融入规范之中。由于我国尚未制定“税法典”或“税法总则”，各类税种立法对立法宗旨、基本原则等普遍未作规定，因而在未来的税种立法中，应着力弥补上述规定的缺失，并将相关重要价值融贯在其中，从而明晰税收立法的目标和方向，推动税收立法的逻辑结构的优化。①

首先，在立法宗旨方面，由于我国实行分税立法模式，各类具体税种立法侧重于规定课税要素，普遍未规定宗旨条款，这会影响相关基本原则和具体规则的规定。例如：印花税的立法宗旨，是保障获得财政收入，还是实施税收调控，抑或两者兼而有之？② 在立法宗旨中应如何体现公平、效率、秩序等价值，是否应强调保障征纳双方的权益，维护税收分配秩序？等等。如果缺少立法宗旨条款，印花税的具体规则设计和相应法律实施就会缺少目标指引，由此可能影响纳税人权益、税收征管乃至整体的经济和社会发展。与此相关，早在清末印花税引进之时，陈壁就强调该税“不病商扰民”，伍廷芳则称其“下不病民，上可利国”，程仪洛赞其“最便于民而所收至广”③，堪称“取微用宏”的“良税”。上述认识对今天理解印花税法的立法宗旨和基本功能亦甚有助益。

其次，在基本原则方面，税收立法当然要遵循税法三大基本原则。例如：在征税对象方面，《印花税法》取消《印花税暂行条例》规定的“经财政部确定征

---

① 这尤其需要加强税法乃至整个经济法领域的立法统合［张守文．经济法的立法统合：需要与可能．现代法学，2016（3）：62－70］。

② 经过多年争论，印花税的立论依据从单纯的收入功能转向了经济调节功能。著名经济学家托宾、斯蒂格利茨、萨默斯均对“托宾税”或金融交易税有诸多讨论，都重视证券交易印花税的经济调节功能，但米勒等持反对意见（饶立新．中国印花税研究．北京：中国税务出版社，2009：17）。

③ 饶立新．中国印花税研究．北京：中国税务出版社，2009：40.

税的其他凭证”这一弹性条款，更能体现税收法定原则的要求和税收法治的逻辑，有助于解决政府职能部门自由裁量权过大或权力滥用的问题；同时，将权利许可证照（原来是按件每次5元）从征税对象中删除，这更符合税收效率原则和税收公平原则的要求，体现了效率价值与公平价值的引领。

在上述立法宗旨或基本原则中，都应充分体现效率与公平、自由与秩序等法律价值的引领，以形成税收立法应有的逻辑结构。因此，一方面，印花税立法应有助于提升经济效率和保障经济自由，不应过分加重市场主体的交易成本，这对充分发挥市场机制的作用非常重要。另一方面，印花税立法也必须有助于保障公平和秩序。例如，印花税作为相关主体的一种交易成本，是对经济自由或交易自由的限制，对市场交易活动会产生重要影响，因此，在税目和税率的确定或调整方面，对各类主体应公平对待。尤其在证券交易方面，通过印花税税率的调节来限制或鼓励交易，能够对资本市场起到宏观调控作用，并影响相关领域的交易秩序或市场秩序，从而影响市场运行乃至整体市场经济的发展。

（三）课税要素中的逻辑结构

在各类具体的税法制度中，都应贯穿税收法治逻辑，并形成相应的逻辑结构。这在征税范围、税目等课税要素的规定中均有突出体现。

1. 在征税范围方面的体现

各类税种立法的调整范围会直接体现为征税范围，其中涉及纳税主体、征税对象等课税要素。在印花税立法中，基于两类印花税构成的“二元结构”，对普通印花税和证券交易印花税的纳税人应分别规定，以与“书立应税凭证”和“进行证券交易”这两类应税行为相对应。

上述普通印花税的纳税人，是书立应税凭证的各方主体；而证券交易印花税的纳税主体，则仅限于证券交易的出让方。与上述“主体二元结构”相对应，印花税立法中还存在“行为二元结构”。其中，征收普通印花税的应税行为，是书立合同、产权转移书据等应税凭证的行为；而征收证券交易印花税的应税行为，则是证券交易中的出让行为。上述二元结构的内在逻辑表明，普通印花税主要强调收入功能，对交易主体不加区分；而证券交易印花税更强调调控功能，在纳税能力和应税行为方面对交易双方是区别对待的。

此外，在经济全球化的背景下，经济立法的域外适用日益重要。据此，在《印花税法》中规定“在中华人民共和国境外书立在境内使用的应税凭证的单位和个人，应当依照本法规定缴纳印花税”，亦有其必要性。依据前述的征税理据，境内使用者因在境外书立的应税凭证而受益的，亦应在中国纳税，同时，这还有助于防止税收逃避行为，更能体现税收法治的基本逻辑。相对于历史上印花税法对境内的外国人适用受限的情况，规定域外适用条款体现了时代的要求和法治的进步。①

2. 在税目层面的体现

税目是征税对象的具体化。其中，普通印花税的应税凭证涉及哪些合同类型、权利转移书据等，以及证券交易印花税适用于哪些证券类型，都需要在立法上加以明晰和确定，因为课税要素法定原则和课税要素明确原则，本来就是税收法定原则的重要内容，这也是税收法治逻辑的重要体现。

为此，在合同类型方面，印花税立法有必要将一般交易涉及的各类有名合同列入税目，具体包括借款合同、融资租赁合同、买卖合同、承揽合同、建设工程合同、运输合同、技术合同、租赁合同、保管合同、仓储合同、财产保险合同等。上述合同覆盖了《民法典》规定的主要合同类型，将其规定于印花税税目税率表中，在立法技术上会更加简明。

此外，在产权转移书据方面，应列入印花税税目的主要涉及地产和房产的产权、股权、知识产权的转移书据，具体包括土地使用权的出让和转让书据（不包括土地承包经营权和土地经营权转移），以及房屋等建筑物和构筑物所有权、股权、注册商标专用权、著作权、专利权、专有技术使用权转让书据，将其规定于

---

① 民国初期印花税未能做到内外主体平等征收，直到1935年实施的《印花税法》才明确规定：印花税采用属地管理原则，不论本国人民或外国侨民，凡在中国境内发生或使用的凭证均应粘贴中国印花税票［李向东．清末民初印花税研究（1903—1927）．郑州：河南人民出版社，2015：149］。

"印花税税目税率表"中，更符合税收法定原则的要求。[①]

另外，在证券交易印花税方面，同样应明确征税的具体项目，包括在依法设立的证券交易所、国务院批准的其他全国性证券交易所交易的股票和以股票为基础的托存凭证。对于何时将征税对象扩展至债券等其他证券形式，还需要结合资本市场的特殊性进行综合考虑。这也体现了税法在不同时期的规制重点。[②]

3. 在其他课税要素中的体现

如前所述，公平税负、避免重复征税和防止税收逃避等，既是印花税立法需要解决的重要问题，也是其需要体现的税收法治逻辑。据此，在税率、税基和税收优惠等课税要素中，同样要形成体现上述税收法治逻辑的规范结构。

例如，基于公平税负的逻辑，在同类税目中，印花税的税率应大体统一，且税率不宜过高，以体现公平税负、平等征税的原则。[③] 考虑到买卖合同、技术合同等税目的税率为3‰，将与其密切相关的承揽合同、建设工程合同、运输合同等税目的税率由5‰降为3‰，更能体现同类税目的税收负担的公平性。

又如，基于避免重复征税的逻辑，在税基确定方面，应当体现"税不重征"的原则。例如，《印花税法》规定"已缴纳印花税的营业账簿，以后年度记载的实收资本（股本）、资本公积合计金额比已缴纳印花税的实收资本（股本）、资本公积合计金额增加的，按照增加部分计算应纳税额"，这既有助于避免重复征税，又能够体现税收公平原则的要求。

再如，基于防止税收逃避的逻辑，《印花税法》第9条还规定，"同一应税凭证载有两个以上税目事项并分别列明金额的，按照各自适用的税目税率分别计算应纳税额；未分别列明金额的，从高适用税率"，这既有助于实现"据实征税"，

---

① 在《印花税法》所附的"印花税税目税率表"中，多个税目都有具体"备注"，以明确相关税目的适用范围，体现课税要素法定原则和课税要素明确原则的要求。

② 由此也体现了税法与证券法规制重点的不同。对于证券范围问题的相关讨论，可参见姚海放．论证券概念的扩大及对金融监管的意义．政治与法律，2012（8）：22－29；邢会强．我国《证券法》上证券概念的扩大及其边界．中国法学，2019（1）：244－263。

③ 直隶候补道陆树藩认为，印花税"其数极微，集款实巨"（杨希闵．中国工商税收史资料选编：第8辑．北京：中国财政经济出版社，1994：453）。

又有助于在税基混同的情况下，确保国家税收利益，防止纳税人从事税收逃避行为。其实，上述税收法治逻辑在各类税收立法中都有贯穿，并体现为一系列具体原则，依据这些逻辑和原则所确立的规范结构或逻辑结构，会形成税法领域有别于其他立法的特殊制度。

另外，印花税的税收优惠制度也要体现相应的税收法治逻辑，例如：基于国际法义务，对外国驻华使馆、领事馆和国际组织驻华代表机构为获得馆舍而书立的应税凭证依法免税；基于可税性原理，对为实现公益捐赠目的而书立的产权转移书据依法免税；等等，都体现了税收减免的原理和相应的法治逻辑。由于税收优惠制度有助于降低纳税人的成本，因此，相关立法还需要体现公平税负和防止税收逃避的法治逻辑。

六、小　结

税收立法在国家法治建设中居于重要地位，无论是当前落实税收法定原则，还是未来持续完善税收立法，都需要充分关注影响税收立法的相关要素。考虑到印花税既较为简单，又具有各类税种的基本功能，其立法涉及税种立法的共性问题，前述讨论以印花税立法为例，分别探讨了征税理据、税种定性、制度协调和逻辑结构等立法要素，这些要素对各类税收立法（特别是税种立法）均有重要影响。

上述四类税收立法要素密切相关，都需要在税收立法方面着重考虑：第一，征税理据直接影响税收立法的合理性和必要性，只有具备征税的正当理由和相关依据，税收立法才能得到国民的理解和支持，并由此具有合法性，推进税收立法才有其可行性，才可能形成税收领域的“良法”。第二，税种定性直接影响税收立法的类型化，只有从类型化视角进行立法，才能提升税收立法的质量和系统性，从而发挥税收立法的综合功用，并为多层次的税收统合立法奠定基础。第三，改制幅度直接影响立法思路上的“大修”或“小补”，并由此影响制度协调成本的高低。只有加强印花税制度与税法体系外部相关法律制度之间的协调，印花税制度与税法体系内部各税种制度之间的协调，以及印花税制度内部各类要素之间的协调，才能充分发挥印花税制度乃至整体税法制度的系统功效。第四，逻辑结构直接影响税法制度的内在一致性。由于税制变迁形成了印花税的二元结构，因此应基于“价值—规范”的内在关联，加强立法的价值引领，在各类课税要素中体现税收法治的基本逻辑，从而在印花税制度中形成具有逻辑一致性的规范结构。

上述四类“狭义的税收立法要素”，对于各类税收立法均有普适意义。基于其“承上启下”“外引内联”的功能，应当对其进行充分考量，以增进各类税收立法的合理性和合法性①，并推动良法的构建。此外，对与上述四类要素相关的其他要素亦应关注。例如，税收体制或税权分配也是影响税收立法的重要因素。我国近年来的多部税收法律都强调“根据国民经济和社会发展的需要，国务院可以规定减征或者免征的情形，报全国人民代表大会常务委员会备案”，实际上其仍是授予了国务院在税收减免方面的决定权。对这方面的规定只有进一步细化②，才能形成充分体现税收法治逻辑的规范结构。

对各类立法都需要有历史的眼光和系统的思考，并将历史分析与系统分析结合起来。因此，在前述讨论中，基于“历史—系统”的双重分析维度，我们既从历史维度关注了以往有关印花税征收理据的重要观点，分析了印花税制度变迁的影响，又从系统维度探讨了税收立法的类型化、制度协调、逻辑结构等问题。兼顾上述两个不同维度，全面把握各类立法要素，尤其有助于推进税收立法的持续完善。

税收立法是税收法治的起点，明晰税收立法要素，把握税收立法应关注的重点和方向，事关税收立法质量和整体税收法治水平的提升。正因如此，对于广义

---

① 无论是具体税制调整还是整体税制改革，都要体现基本价值，并符合合理性与合法性的要求，这对于实现税收法治的现代化尤为重要［张守文．税制变迁与税收法治现代化．中国社会科学，2015（2）：80－102］。

② 《印花税法》第12条第2款规定，国务院对居民住房需求保障、企业改制重组、破产、支持小型微型企业发展等情形可以规定减征或者免征印花税，报全国人民代表大会常务委员会备案。

或狭义的税收立法要素，理论界和实务界都应充分重视并不断深化其研究。这不仅有助于提炼税收立法理论，也有助于丰富税法的价值论、规范论、运行论乃至整体法治理论的研究，推动税收法治和国家治理的现代化。

第三节　税收立法的三维审视

与前述狭义的税收立法要素密切相关，在税收立法过程中，还需要从外部的整体视角，研究税收立法问题。首先，税收立法要对税制改革成果加以确认，就需要从改革的维度考虑相关立法问题；其次，税收立法作为税收法治体系的基础，当然应充分考虑法治的相关要求；最后，税收立法的重要目标是促进发展，应基于前述的发展理念、发展价值，从发展的维度考虑立法的方向。因此，对各类税收立法，都可以从改革、法治和发展这三个基本维度加以审视。

改革、法治和发展三个维度，与前述税收立法中需要关注的多种重要问题，以及相关立法要素均密切相关，有助于进一步深化和延展前面两节讨论的相关内容。因此，本节涉及对前面内容的进一步综合，相关探讨存在一定的交叉。下面选取我国税收体系中的另一个“小税种”——环境税，以环境税立法为例，分别从改革、法治与发展三个维度，对相关立法问题加以审视，揭示环境税立法尚需解决的相关问题，进而提出整体税收立法需要关注的重要问题。

一、背景与问题

我国自改革开放以来，特别在实行市场经济体制以后，伴随着经济总量的持续攀升，环境问题亦愈演愈烈。无所不在的环境污染，已成为人们无法躲避的“公害”，严重影响了社会公益。如何有效解决严峻的环境问题，实现环境正义，已成为社会公众的共同期盼。在此背景下，开征环境税被普遍视为解决环境问题的重要手段[①]，环境税立法亦被正式纳入立法规划[②]，并引发了法学、经济学等领域的诸多讨论。

作为我国“落实税收法定原则”后制定的第一部税收法律，《环境保护税法》尽管在立法过程中受争议颇多，但仍获通过，只是其正式实施的准备时间远长于其他法律。[③] 毕竟，环境税立法作为一个系统工程，并非仅体现为一个简短的法律文本，它涉及法律、经济等诸多领域，尤其需要与环境法、税法以及其他相关法律部门相互协调[④]，因而尚需运用系统思维，进行诸多配套立法。

从系统思维的角度看，将环境税立法置于更大的背景中加以审视非常重要。当前，我国正在全面推进改革、法治与发展，而环境税立法则与上述三条主线密不可分，例如：在深化改革的过程中，环境领域的“费改税”，不仅有助于促进生态文明建设，还会对环境税立法和整体的税制改革产生重要影响；在推进法治的过程中，落实税收法定原则已成各界共识，环境税立法更需坚持税收法定原则，全面体现法治精神；在推进发展的过程中，必须考虑绿色发展等重要理念，因为只有通过环境税立法有效解决环境问题，才能真正实现中国式现代化的目标。

在上述三条主线交织并进的背景下，解决环境问题需要更多地强调系统性、法治化和可持续性，而这些考量也会融入环境税的立法之中。因此，研究环境税

① 虽然福利经济学的奠基人庇古（Pigou）早已提出可用征税的手段矫正负外部性，但直至20世纪80年代，有关环境税的探讨才蔚然成风，其中，皮尔斯（Pearce）、鲍温伯格（Bovenberg）、威廉姆斯（Williams）等学者的研究影响较大。基于学界的研究成果，许多国家纷纷开征环境税，我国亦将其作为解决环境问题的重要手段。

② 2015年6月1日通过的第十二届全国人大常委会立法规划，在第一类项目中，增加了环境保护税法、增值税法、资源税法、房地产税法、关税法、船舶吨税法、耕地占用税法等7部税种法律的立法。其中，环境保护税法的立法被放在了首要位置。

③ 《环境保护税法》于2016年12月25日由全国人大常委会通过，自2018年1月1日起实施，全国人大常委会通过的其他法律的实施准备时间往往只有几个月，该法则较为例外，这与环境税立法的配套要求较高有关。

④ 由于我国的《环境保护法》已对环境保护税规定在先，且环境税法又是税法的重要组成部分，因此，环境税立法与环境法、税法均紧密关联。此外，环境税的收益权和税款支出权如何行使，还涉及财政法（特别是具体的预算法）方面的问题等，因而环境税的配套立法与其他法律亦密切相关。

立法问题，不应仅关注立法的某些细节，还要关注相关的时代背景、价值诉求和制度目标，这尤其有助于对环境税立法形成更为全面的认识。

基于上述的重要背景，下面拟结合改革、法治与发展这三条主线，探讨如下相关问题：首先，从改革的维度，将环境税立法作为“费改税”和税制改革的重要举措，从“税费改革”的视角展开研讨；其次，从法治的维度，针对环境税立法尚待解决的重要问题，从税种名称的确定到立法宗旨的改进，从课税要素的优化到税权分配的完善等，分别加以明晰；最后，从发展的维度，分析环境税立法所应体现的绿色发展和协调发展理念，强调其应在实现“双重目标”① 和“双重红利”② 的过程中，更好地促进经济、社会和环境的协调发展。

这些研讨试图说明：环境税看似是一个“小税种”，且似乎与国民生活关联不大，但实质上，环境税立法折射着中国的改革、法治与发展的方方面面，体现着中国税制改革、税收法治建设和经济社会发展的诸多大问题。从改革、法治与发展这三个维度，来审视环境税立法尚需解决的问题，有助于进一步在整体上完善环境税立法。

二、改革的维度：“费改税”与税制改革

环境税的开征，开启了新时期的“费改税”。事实上，在 20 世纪 90 年代，我国基于当时存在的“费挤税”、收费过多过滥的问题，曾考虑将一些领域的收费转为征税，同时，取消各种不合理的、不规范的收费，以使国家整体收入分配秩序更加规范，从而增加税收收入，提升国家的宏观调控能力。③ 随着国家预算法治的日渐完善，特别是简政放权的持续推进，一些不合理、不规范的收费陆续

① “双重目标”指的是环境目标和非环境目标、直接目标和间接目标等。

② 一般认为，是图洛克（Tullock，1967）最先提出了“双重红利”思想，而皮尔斯（Pearce，1991）则首次正式定义了“双重红利”的概念，认为环境税的征收既有助于改善环境质量，又有助于减少超额税负的扭曲性。相关探讨，可参见司言武．环境税经济效应研究．北京：光明日报出版社，2009：31－37；刘晔．环境税“双重红利”假说文献述评．财贸经济，2010（6）：60－65。

③ 有关“费改税”的探讨，参见张守文．财税法疏议．2 版．北京：北京大学出版社，2016：126－134。

被取缔，但一些重要的收费项目仍被保留，其中就包括环境领域的排污费。[①] 由于对哪些收费项目适合转为税收，理论界和实务界一直存在歧见，因而“费改税”的推进始终较为迟缓。

在我国现行的税收体系中，涉及环境保护的税种有多个，如消费税、资源税等，其立法中的相关规范，构成了广义的环境税收立法，例如：基于环保理念，我国曾在消费税领域，对木制一次性筷子、实木地板、电池等征税；还曾在所得税领域，规定了对环保产业的优惠。[②] 但这些立法仅涉及既有税种中的税目调整或税收优惠，还不属于“费改税”。

当然，在上述税种立法中，也曾渗入一些“费改税”的安排。例如，养路费的“费改税”，最终并未形成专门的“燃油税”税种，而是被规定于消费税的“成品油”税目中。这是通过既有税种的税目调整来吸收相关收费的一种尝试。此外，在资源税领域，也存在着一些“费改税”的情况，如将矿产资源补偿费等收费并入资源税，以及水资源的“费改税”试点改革，等等。

上述的“费改税”尽管不太被关注，甚至很少被提及，但这些悄然发生的变革，仍是重要的改革步骤，它们构成了税制改革的重要内容。事实上，税制改革并不只是体现为诸如“营改增”之类的大税种调整，在多个税种内部悄然发生的“费改税”，同样属于税制改革的重要范畴，例如：在前述的消费税领域，我国曾于 2008 年取消了公路养路费等 6 项收费，实施了成品油价格与税费改革[③]；在前述的资源税领域，我国曾于 2016 年进行水资源费改税试点，对矿产资源补偿费实行零费率[④]，等等。上述“费改税”的实践，都带来了税制的变革。同样，环

① 我国早在 1979 年颁布的《环境保护法（试行）》中就确立了排污费制度，现行的《环境保护法》延续了这一制度。此外，2003 年国务院公布的《排污费征收使用管理条例》对排污费征收、使用的管理规定得更为详细。

② 《企业所得税法》第 27 条第 3 项规定，企业从事符合条件的环境保护、节能节水项目的所得，可以免征或减征企业所得税。此外，该法第 34 条还规定，企业购置用于环境保护、节能节水、安全生产等专用设备的投资额，可以按一定比例实行税额抵免。

③ 相关具体规定可参见《国务院关于实施成品油价格和税费改革的通知》（国发〔2008〕37 号）。

④ 清费立税，理顺税费关系，是我国推进资源税改革的重要原则和目标，相关规定参见《关于全面推进资源税改革的通知》（财税〔2016〕53 号）。

境税作为一个独立税种的开征，既是非常典型的“费改税”，也是非常令人瞩目的税制改革。

环境税立法作为20世纪90年代以来最重要的“费改税”，带来了相关征收体制乃至整个税法体系的重要变化，也对税法实践和税法理论研究形成了重要挑战。与此相关，值得思考的是：未来在社会保障领域，是否也会发生这样的“费改税”？尽管此类问题在理论界和实务界争论多年，但最基本的原理梳理或基本共识仍然非常重要。如何看待各个领域“费改税”的共性与个性，如何看待其中的差异与政策选择，仍是未来中国税制改革过程中不容回避的重要问题。

将“费改税”与税制改革相结合，不仅有助于揭示与环境税相关的制度变迁，也有助于分析和理解其立法的必要性。尽管学界对此已有多种论证，但真正需要强调的是，能否通过有效的改革，借助环境税的“寓禁于征”，真正减少纳税人的污染行为，从而更好地实现环境保护的目标，促进经济和社会的发展。这才是环境税立法的核心和必要之所在。①

尽管我国在2013年已明确提出“推动环境保护费改税”②，且《环境保护税法》第27条也规定，“自本法施行之日起，依照本法规定征收环境保护税，不再征收排污费”，从而使环境领域的“费改税”正式以法律的形式确定，但对于“费改税”的意义和存在的问题，以及能否更好地解决环境问题等，还需要进一步说明。③ 此外，环境“费改税”应侧重于缓解地方收入的不足，还是应侧重于用“庇古税”的方式解决环境问题？④ 是否应将环境税归入所谓“特定目的行为税”？这些问题涉及对环境税的收入功能和规制功能的理解。事实上，环境税作

---

① 《环境保护税法》的立法说明认为，与税收制度相比，排污费制度存在执法刚性不足、地方支付与部门干预等问题，因此有必要进行环境保护“费改税”，但这样的理由阐述显然不够充分。

② 在2013年《中共中央关于全面深化改革若干重大问题的决定》中，明确提出要“加快资源税改革，推动环境保护费改税”。自此，环境领域的费改税步伐大大加快。

③ 据统计，2015年征收排污费173亿元，缴费户数28万户，相对于其他一些税种，在收入总量和缴纳主体数量上都不算大。2024年，环境保护税收入为246亿元，全国税收收入为174 972亿元，因此，环境保护税收入在全国税收收入中的占比仍然非常低。

④ 相关分析可参见曹静韬．从庇古税的有效性看我国环境保护的费改税．税务研究，2016（4）：37-41。

为一种税，当然具有收入的功能，同时，其对污染行为也有规制的功能，并且，对规制生产领域的污染行为更为重要。[①]

作为“费改税”成果的环境税立法，是税制改革的重要组成部分；而依法征收环境税，则是一种重要的广义的规制手段，其对污染行为的规制功能更为重要。无论是从税制改革还是从依法规制的角度，我们都需要全面落实税收法定原则，为此，还应从法治的维度，进一步探讨环境税立法的核心问题。

三、法治的维度：环境税立法的核心问题

自 2013 年国家强调“落实税收法定原则”以来，我国的税收立法开始驶入快车道，有多项税种立法被列入全国人大的立法规划，使拟制定税收法律的数量一举超过了此前的 30 年。[②] 率先出台的《环境保护税法》尽管备受争议，但与房地产税等税种立法相比，其引发的分歧相对较小。这与公众对环境问题有深切感受甚至深恶痛绝，以及认为征税对自身利益侵害不大等有关。尽管法律文本已经通过，但从法治的维度看，整体的环境税立法仍需厘清一些核心问题，特别是税种名称的确定、立法宗旨的改进、课税要素的优化、税权分配的完善，等等。下面就着重对上述几个问题略加研讨。

（一）税种名称的确定问题

任何一项税种立法，都要首先明确税种名称，因为它决定了税收的类型、可能的征纳主体、课税对象等诸多方面。确定一个合适的税种名称，对于提升整体立法的质量非常重要。

依据我国《立法法》的规定，税种的开征需要法律来规定。而要开征何种税，自然涉及税种的名称的确定，因此，税种名称亦需法定。在一些国家，对税

---

① 对于环境税的规制功能和收入功能，曾有人专门作过研究，可参见何锦前．论环境税法的功能定位：基于对“零税收论”的反思．现代法学，2016（4）：97－109。

② 从 1980 年到 2013 年，我国制定的税种法律不过 3 部，所涉及的税种也只有企业所得税、个人所得税和车船税，而到 2025 年，我国制定的税种法律已达到 14 部。

收种类或具体税种名称的确定权，甚至被直接规定于宪法之中。[①] 由于新税种的开征不仅影响央地税权，也直接影响国民财产权，因而必须慎之又慎，对税种名称亦需仔细论证，否则名不正则言不顺，不当的税种名称会产生负面影响。

对于我国的环境税应如何确定其税种名称，曾存在不同认识，例如：从征税旨在解决环境问题的角度，认为可将税种名称定为“环境税”；从征税主要针对污染环境行为的角度，认为亦可称之为“污染税”或“排污税”；等等。目前，我国最终通过的法律文本，以及相关的《环境保护法》，均将税种名称定为“环境保护税”，强调其开征意在实现“环境保护”的目的。

按照科学性和合理性的要求，各个税种的名称均应体现其征税领域，特别是征税对象或计税依据。而“环境保护税”的名称，则难以体现征税对象，因为其征税对象不应是“环境保护”，而应是反向的、负面的“环境污染”，它实质上是对“污染环境”的“排污行为”征税。与此类似的是耕地占用税，其目的是通过向“占用耕地”的行为征税来保护耕地，但其名称并不是“耕地保护税”。

值得注意的是，在我国目前的税法体系中，尚无某个税种名称中带有“保护”字样。考虑到各税种的征税对象都是某种行为（有时也表现为行为的结果），而国家不应对“环境保护”行为征税，去掉“保护”二字，径称为“环境税”更好：既可以体现征税的领域和目的，也可为以后该税“扩围”留出空间。

税种名称的确定权应归属于特定主体。依据《立法法》第 11 条的规定，只能制定法律的事项包括“税种的设立、税率的确定和税收征收管理等税收基本制度”。据此，环境税的税种设立权或开征权，应当归属于全国人大。《税收征收管理法》第 3 条与上述规定也是一致的。[②] 因此，按照严格的税收法定原则的要求，以及我国正在进行的制度实践，作为独立税种的环境税，其设立主体应是全国人

① 例如，美国宪法第 1 条第 8 款规定，“国会应有下列权力：规定和征收直接税、间接税、进口税和货物税”，韩国宪法第 59 条规定，“税种和税率，由法律规定”，等等。

② 该法第 3 条规定：“税收的开征、停征以及减税、免税、退税、补税，依照法律的规定执行；法律授权国务院规定的，依照国务院制定的行政法规的规定执行。任何机关、单位和个人不得违反法律、行政法规的规定，擅自作出税收开征、停征以及减税、免税、退税、补税和其他同税收法律、行政法规相抵触的决定。”

大，而不是国务院或财政部、国家税务总局。对此亦不应存在立法授权的问题。[①] 将环境税的税种设立权及具体的税种名称确定权配置给全国人大，体现了税收立法权的配置原理和税收法定原则的基本要求。

（二）立法宗旨的改进问题

环境税立法不仅需要确定税种名称，还需要明确立法宗旨，以便开宗明义。对此，不妨比较一下《环境保护法》和《环境保护税法》的有关规定：前者将立法宗旨规定为“保护和改善环境，防治污染和其他公害，保障公众健康，推进生态文明建设，促进经济社会可持续发展”，而后者则将立法宗旨规定为“保护和改善环境，减少污染物排放，推进生态文明建设”。可见，两部法律的共同之处在于，都强调保护和改善环境，推进生态文明建设。这无疑是可取的。但问题在于，《环境保护税法》的立法宗旨，根本没有体现其“税法”特色，甚至连“税”或“税收”之类的字样都没有。这无疑欠妥。要有效解决此类问题，就需要将税收的职能融入其中。

通常，在税法的立法宗旨中应体现税收的三大职能，即分配收入、配置资源或宏观调控，以及保障稳定，这些也是税法调整所要实现的重要目标。据此，可将环境税的立法宗旨改进为：“获取税收收入，保护和改善环境，减少污染物排放，保护纳税人的合法权益和社会公益，促进经济、社会与环境的协调发展”，这样就可以对税收的三大职能均有体现，且层层递进。其中，上述的“获取税收收入”，体现的是税收的“分配收入”的职能；而通过分配收入职能的实现，则可以“配置资源”，引导社会公众减少污染物排放，从而保护和改善环境；同时，还可以通过保护纳税人的合法权益和社会公益，促进经济、社会与环境的协调发展，保障经济与社会的“稳定”。

与此同时，还要看到，要在《环境保护税法》立法宗旨中融入的税收三大职

① 尽管《税收征收管理法》第3条有授权规定，但这应被视为对既往立法的认可。基于落实税收法定原则的要求，以及《立法法》的明确规定，1985年全国人大作出的“授权立法”决定（《全国人民代表大会关于授权国务院在经济体制改革和对外开放方面可以制定暂行的规定或者条例的决定》）在税法领域的重要影响将日渐式微，其终将退出历史舞台。

能，在环境税领域存在一些“特殊性”，例如：在分配收入方面，由于环境税是“费改税”或排污费“负担平移”的结果，因此，其收入与一般意义上的税收收入在分配、使用上还会有些不同，其用途的专属性仍会被保留。在配置资源方面，国家通过环境税的征收，可以引导市场主体的行为，减少其排污行为，从而在宏观层面实现经济增长与环境优化之间的协调。在保障稳定方面，一般意义的税收是通过保障经济公平和社会公平，来保障经济的稳定增长，而环境税的征收则是可以通过保障环境质量和安全，来减少公害和公共事件，从而保障经济和社会的稳定。

通过分析上述特殊性，不难发现，在环境税的立法宗旨中，包含着环境目标和非环境目标、直接目标和间接目标等多种“双重目标”。因此我们就需要明晰：在诸多立法目标发生冲突时应如何处理？此外，由于环境问题非常复杂，既可能涉及国家层面，也可能涉及地方层面，既可能局限于某个区域，也可能跨区域，解决这些环境问题都需要财政支持，所以环境税收入究竟应属于中央还是地方，抑或央地共享呢？上述问题一直备受瞩目，需要各类相关政策和制度的协调配套。①

如果进一步放眼全球，则还应看到环境税立法对扩大绿色贸易，促进国际经贸发展也有重要意义②；尤其在经济全球化、全球气候变化的背景下，它对提升经济发展质量更有价值。由此可见，环境税的立法宗旨，不仅涉及国内经济的发展，也涉及国际经济的发展，在这一点上其比其他国内税法更为突出。

总之，由于环境税的立法宗旨包含环境目标和非环境目标等“双重目标”，从而有助于实现征收环境税的“双重红利”，因此，在环境税法立法宗旨的改进方面，应考虑通过环境税法的有效调整，促进环境保护和环境改善，同时推进经济和社会的稳定发展，以及社会经济与环境保护之间的协调。对此，在后面还将从发展维度再加探讨。

① 相关思考可参见杨志勇，等．公共政策视角下的环境税．税务研究，2011（7）：29－32。

② 可参见邢斐，何欢浪．贸易自由化、纵向关联市场与战略性环境政策：环境税对发展绿色贸易的意义．经济研究，2011（5）：111－125。

（三）课税要素的优化问题

环境税立法意在实现税收制度的优化，而课税要素的优化则是其关键。随着时间的推移和实践的发展，对课税要素的优化需要持续关注，其中，征收主体、纳税主体、征税对象、税率等要素最为重要。

从征收主体看，在“费改税”前，环保部门是排污费的征收主体，而在“费改税”后，税务部门则变成了环境税的征收主体。伴随着这种变化，需要解决好因征收体制变革而带来的协调机制问题。由于环保部门在数据、信息、技术等方面占据优势，因此，其对应税污染物的监测管理职责非常重要，必须强调其与税务部门的协调和配合。但在税法层面，税务部门才是环境税的唯一征收主体，而环保部门只是配合其征税的相关主体；环保部门是因其监测管理职责的履行直接影响计税依据，而负有协助征收的职权和职责。两个部门在税法上的地位、权义、责任等各异，其中，环保部门的协助义务能否有效履行，事关环境税法的实效。

从纳税主体看，在中华人民共和国领域和中华人民共和国管辖的其他海域，直接向环境排放应税污染物的企业事业单位和其他生产经营者，为环境保护税的纳税人。这种对纳税主体的界定，涉及空间要素、行为要素和主体要素。在空间要素方面，以往税收立法的基本界定是“我国境内”，而现在《环境保护税法》则扩大为“中华人民共和国管辖的其他海域”，这既是基于环境问题或污染行为的特殊性，也与《环境保护法》的既有规定相一致。在行为要素方面，“直接向环境排放应税污染物的行为”，必须是直排行为，且排放对象是“应税”的污染物，如果是间接排放行为，或者排放的是税法未规定的污染物，则该行为主体仍不属于环境税的纳税人。在主体要素方面，在法定空间从事法定排污行为的法定主体，才能最终被确定为纳税人。但目前的法律文本照搬《环境保护法》，仅将纳税人规定为“企业事业单位和其他生产经营者”，确有不妥之处。在环境税法领域，对于将企业事业单位和其他生产经营者作为纳税人，一般毫无疑义，但关于是否应将国家机关等其他组织体排除在外，是否应将其与事业单位一并作出规定，对这些机构的排污行为应如何认识，是否应对其进行税法规制，等等，都需进一步斟酌。事实上，能否成为纳税主体，应考虑其是否从事应税行为，而不是主体的性质或设立宗旨、基本功能等，因此，只要其从事的是应税行为，就都应当成为纳税主体，这也是平等征税原则的要求。

从征税对象看，环境税的征税对象是应税的污染行为或排污行为，而不是“环境保护行为”。明确界定排污行为的类型和量化标准，对整个环境税的制度设计和征收管理，以及引导市场主体的行为，均会产生重要影响。由于排污行为与具体的污染物直接相关，因此，在立法中对应税污染物种类（如大气污染物、水污染物、固体废物、噪声等）的明确，实际是对征税对象的具体化，会直接影响环境税法的适用范围和环境保护的力度。① 此外，对于是否应将二氧化碳等列入污染物，一直存有异议，若以后要将其纳入征税范围，则依据税收法定原则，只能通过修改法律来实现。

在税率确定方面，基于环境问题和排污行为的特殊性，需要确定科学、合理的税率体系，这样才能更好地发挥税率的调节功能，有效规范和引导相关主体的行为，实现税法的多元调整目标。② 目前，《环境保护税法》规定的税率体系由固定税额构成，其中并不包含比例税率，并且，基于“负担平移”的原则，其并未加重纳税人的总体负担，这确实有助于社会公众接受环境税这一新税种。但从保护和改善环境的角度看，这并非最佳选择。尽管某些征税对象（如大气污染物和水污染物）的税率幅度从低到高有 10 倍之差，但地方政府和人大基于经济发展的考虑，未必愿意从高适用，因此，这种税率设计难以切实解决日益严峻的环境问题。

与此同时，税率制度作为重要的杠杆，其规制性非常突出，尤其是好的优惠税率制度，其所产生的激励效益有助于使排污量不断降低。例如，《环境保护税

---

① 有观点认为，环境税可以分为四类：第一类就是对排放污染物行为征收的排污税，这是最狭义的环境税；第二类是对污染产品和资源产品征收的产品税，如对燃油、机动车、林木资源征收的特别消费税；第三类是对自然资源开采征收的资源税；第四类是具有环保意义的其他税收（《世界税制现状与趋势》课题组．世界税制现状与趋势：2015．北京：中国税务出版社，2016：369）。

② 相关探讨可参见陈诗一．边际减排成本与中国环境税改革．中国社会科学，2011（3）：85－100。

法》第 13 条规定：纳税人排放应税大气污染物或者水污染物的浓度值，与国家和地方规定的污染物排放标准相比，如果低于该标准的 30%，则减按 75%征税；如果低于该标准的 50%，则减按 50%征税。这种优惠税率安排就有助于鼓励纳税人不断降低排放的污染物的浓度，因而对整体环境的改善更为有利。

（四）税权分配的完善问题

各类税收立法均须严格遵循法治原则，在税权分配方面尤应如此。其中，在税收立法权方面，授权地方依法调整某些课税要素，既有现实需要，也符合现代税收法治的发展趋势，尤其有助于在税收法治的框架下兼顾多重价值，实现税法的多元目标。

基于征税对象、计税依据等方面的诸多特殊性，环境税具体适用的税额等会因地而异，因而确需授权地方作出适度调整。但对于应授权到哪一层级的哪类主体，授权事项是仅涉及税率还是包括计税依据或计税方法等，一直存在不同认识。因此，环境税立法必须对授权事项和机制作出安排，并明晰相关主体之间的制约关系。

在具体制度设计方面，基于各地环境状况和目标的差异性，《环境保护税法》规定，省级政府有权在法定税额幅度内提出具体适用税额，但最终决定权在省级人大常委会，且要向全国人大常委会和国务院报备。① 由此形成的相关主体的“提议—决定—报备”机制，同样适用于应税污染物的项目数调整。②

无论是依据《立法法》的规定，还是按照严格的税收法定原则，如果在法律上没有规定，地方人大及其常委会均无权对具体税额或征税项目作出调整。而上述规定表明，相对于以往的税收立法，《环境保护税法》对授权机制有了新的发展。当然，对于税额等课税要素的决定权，究竟应当由省级人大抑或省级政府行

① 该法第 6 条规定，应税大气污染物和水污染物的具体适用税额的确定和调整，由省级政府统筹考虑本地区环境承载能力、污染物排放现状和经济社会生态发展目标要求，在该法规定的税额幅度内提出，报同级人大常委会决定，并报全国人大常委会和国务院备案。

② 该法第 9 条规定，省级政府根据本地区污染物减排的特殊需要，可以增加同一排放口征收环保税的应税污染物项目数，报同级人大常委会决定，并报全国人大常委会和国务院备案。

使的问题，曾存在较大争论。从税收法定原则的整体要求看，授权给省级人大（而不是现在规定的省级人大常委会）更为合适。

在税权分配方面，鉴于税收立法权和税收征管权的规定已相对较为明晰，人们目前更为关注的是税收收益权的分配。按照现行的立法体例，《环境保护税法》作为税种立法，并不规定环境税收入的归属问题，而要解决税收收益权的分配问题，还需要相关的财政立法，特别是分税制的完善。[①] 但这是另一个领域的立法问题。

除了上述四个方面，还有一些相关的重要问题需要讨论，例如，全国人大拟制定的税收法律，究竟应该实行什么样的立法体例？目前，《环境保护税法》还是实行了较为简约的结构安排，数量不多的条文被分置于若干章。如此，不仅使各章内容较为单薄，而且使其相互之间的逻辑关系也不甚明晰。虽然相对于2011年通过的《车船税法》（2019年已修正），该法作出了结构调整的努力，力求更像一部法律，但其对既往税收条例的体例超越并不大，许多问题仍需后续的条例、规章加以解决，因此，《环境保护税法》还难以成为未来税种立法的范本。在立法技术上应如何突破，仍是其他税收立法需认真对待的重要问题。

四、发展的维度：构建促进发展的环境税制度

环境税立法应当有助于促进发展，这是发展导向型的税收立法的基本要求。[②] 为此，在环境税立法过程中，应充分体现各类重要的发展理念。其中，创新发展、开放发展和共享发展的理念对环境税立法固然重要，但绿色发展和协调发展的理念对环境税的立法尤其具有更为直接的意义。

从绿色发展的角度看，环境税的直接目标是保护和改善环境，推进生态文明建设，这本来就是绿色发展理念的体现。因此，在环境税立法宗旨中所包含的环

---

① 在实施“费改税”之前，排污费按1∶9由央地分成。在财政部提出“费改税”以后，将环境保护税全部作为地方收入，中央不再参与分成。据此，环境保护税已成为重要的地方税税种。

② 张守文．论“发展导向型”的税收立法．法学杂志，2016（7）：8-17.

境目标，是直接的绿色发展目标。基于既往的分散立法，我国目前已形成涉及多个税种的环境保护制度体系，为经济和社会的绿色发展构建了税收法治的“绿坝”。其中，环境税制度发挥了直接而重要的作用。

从协调发展的角度看，环境税立法应当体现多个方面的协调，其中包括各类法律制度之间的协调，特别是环境法与税法之间的协调。这两类法律之所以需要相互协调，是因为它们都要体现一些重要的协调理念，例如，《环境保护法》第4条第2款规定，“国家采取有利于节约和循环利用资源、保护和改善环境、促进人与自然和谐的经济、技术政策和措施，使经济社会发展与环境保护相协调”。该法所体现的协调理念，在环境税立法中亦应加以体现，以更好地促进个体利益与社会公益之间的协调，实现环境法与税法共同的、高层次的调整目标。

此外，这两类法律之所以能够有机协调，是因为在现实的环境立法中，已有大量规定用税收手段促进环保产业发展和环境改善的条款，例如，在促进环保产业发展方面，依据《环境保护法》的规定①，国家可以运用财政、税收、价格等多种经济法手段，来促进环保产业的发展，而在税收手段中，环境税的手段无疑非常重要。当然，所得税、商品税等税收手段的作用也不可低估。② 另外，该法还规定，政府应当通过财税、价格等手段来鼓励和支持各类主体减少排污③，其中当然包括环境税以及其他影响环境的各类税收手段。在此需要提及的是，该法将政府采购与财政手段相并列是不合适的，因为前者是后者的下位概念。如果要强调政府采购的特殊性，则可以改为“预算、税收、国债、政府采购等手段”，这样在立法上就不存在逻辑问题了。

基于上述理念和制度上的协调，这两类法律能够形成共同的上位目标，同时，由于这两类法律都将包括环境税在内的税收手段，作为促进经济、社会和环

① 该法第21条规定：“国家采取财政、税收、价格、政府采购等方面的政策和措施，鼓励和支持环境保护技术装备、资源综合利用和环境服务等环境保护产业的发展。”

② 其中，企业所得税、消费税、增值税、资源税、车船税等税法制度，都被认为与环境保护相关。

③ 该法第22条规定：“企业事业单位和其他生产经营者，在污染物排放符合法定要求的基础上，进一步减少污染物排放的，人民政府应当依法采取财政、税收、价格、政府采购等方面的政策和措施予以鼓励和支持。”

境发展的重要手段，并由此生成了一系列“促进型”规范[①]，因而环境法与经济法之间，或者环境法与具体的税法之间的协调性更强，并共同成为新时期发展导向型立法的重要类型。

作为发展导向型立法，环境税立法要有效促进社会经济与环境的协调发展，还须遵循适度原则。尽管从环境目标看，保护环境非常重要，对污染环境的行为应当重拳出击，但也需要兼顾非环境目标，即综合考虑经济、社会、环境的“三者协调”，兼顾发展阶段、发展能力和发展利益。[②] 因此，在排污费或环境税的缴纳方面，国家不能同时“兼收”或“并蓄”，而只能作出单选，以兼顾经济发展与环境保护之间的平衡，确保各个方面的“可持续”。事实上，在我国进行环境税立法之前，2014 年《环境保护法》就已预先规定：国家对同一主体不能同时征收排污费和环保税。[③] 这种适度取舍对于体现立法的“双重目标”，促进“三者协调”，都非常重要。

与上述规定相呼应，在环境税立法中也要充分体现适度原则，《环境保护税法》第 4 条、第 5 条规定：不属于直接排污的，就不缴纳环保税；但如果超标排放，则应当缴纳环保税。[④] 由于在直排或超标的判定上，国家或地方标准的设定，会直接影响纳税义务的有无或多少，因此，相关环保标准的设定亦应适度，同时，对不同情况要区别对待。

总之，与环境税的立法宗旨直接相关，在环境税立法中只有体现绿色、协调

---

① 在经济法、环境法等领域，都存在一些促进型规范。有关经济法领域的促进型规范及其对经济社会发展的重要作用的探讨，参见张守文．论促进型经济法．重庆大学学报：社会科学版，2008（5）：97－100。

② 对于这些问题，还需要从发展法学、发展理论的角度展开分析。相关探讨，参见张守文．经济法学的发展理论初探．财经法学，2016（4）：15－14。

③ 例如，《环境保护法》第 43 条规定：“排放污染物的企业事业单位和其他生产经营者，应当按照国家有关规定缴纳排污费。排污费应当全部专项用于环境污染防治，任何单位和个人不得截留、挤占或者挪作他用。依照法律规定征收环境保护税的，不再征收排污费。”

④ 该法第 4 条、第 5 条规定：如果纳税人向依法设立的污水集中处理、生活垃圾集中处理场所排放应税污染物，或者在符合国家和地方环境保护标准的设施、场所贮存或者处置固体废物，则不属于直接排污，不缴纳相应污染物的环境保护税；但如果上述的集中处理场所超标排放，或者纳税人贮存或处置的固体废物不符合国家或地方环保标准的，则应当缴纳环保税。

等发展理念，其才能更好地促进个体利益与社会公益、环境目标与非环境目标、环境法与税法等多方面的协调，从而进一步实现征收环境税的“双重红利”，促进经济、社会与环境的协调发展。

五、小　结

环境税立法作为中国税收立法体系中的重要组成部分，具有不可低估的示范意义。由于环境税立法牵涉甚广，因而对相关问题的探讨应融入广阔的时代背景，以免陷入“法条主义”的窠臼。考虑到环境税立法与全面推进改革、法治与发展这三条主线均存在紧密关联，前面的探讨着重从改革、法治与发展三个维度，来审视环境税立法的问题，并形成如下简要结论：

从改革的维度看，环境税立法有助于推动以“费改税”为标志的税制改革。由于“费改税”直接影响国家整体分配秩序，以及政府收费权与国家征税权的配置，因而其不仅具有一般的财政或预算法上的意义，而且具有政治和公共经济上的意义。通过“费改税”而推出的环境税立法，有助于在发挥环境税收入功能的同时，更好地发挥其规制功能，并由此推动环境问题的解决。

从法治的维度看，无论是税种名称的确定还是立法宗旨的完善，无论是课税要素的优化还是税权分配的改进，环境税立法都还存在着诸多问题，需要从税收法治理论和实践方面加以解决。在解决上述问题的过程中，税法的基本原则仍需被特别强调，特别是税收法定原则、税收公平原则和税收效率原则，应当贯穿环境税立法的始终。

从发展的维度看，环境税立法应当有助于促进发展，整个环境税制度的制定和实施，必须充分体现各类发展理念，特别是绿色发展和协调发展的理念。因此，需要注意环境税与环境保护之间的立法协调，并应当体现“税法”的特殊性；同时，要综合运用经济法所提供的财政、税收、价格等多种手段，系统推进环境问题的解决，从而更好地实现环境税立法的“双重目标”，促进社会经济发展和环境改善。

上述的改革、法治与发展，不仅对于研究环境税立法是重要的，也是审视各类税收立法的基本维度，有助于分析税制改革、税收法治和整体发展的诸多问题，因而具有普遍意义。基于这三个基本维度，再结合前述税收立法应遵循的“四项基本要求”和四类立法要素，将更全面地把握税制改革和税收立法的基本方向，解决其中涉及的基本问题，因而会更有助于推进税收法治的完善，更好地在税制改革中体现税收法治的基本逻辑。

第六章　法治理论与内外实践

基于前面各章对税制改革和税收立法诸多问题的讨论，有必要构建税收法治理论，并探讨在税制改革和税收立法实践中存在的税收法治问题，进一步揭示其中贯穿的税收法治逻辑。

本章在第一节将着重讨论税收法治理论的构建问题，强调提炼“税收立法理论”、“税制优化理论”、“税法遵从理论”和“税法秩序理论”的重要性；在第二节和第三节，将分别探讨国内税收法治实践、涉外税收法治与国际协调的相关问题，并结合税收法治的内外实践，提出完善税收法治理论应关注的重要问题，从而促进税收法治理论和实践的协同发展。

第一节　税收法治的理论构建

研究税收法治理论，有助于增进对税收法治逻辑的全面理解；构建税收法治理论，既有助于从法治维度丰富和完善税法的运行论，深化对税法的本体论、价值论和规范论的研究，也有助于推动税制改革和税收法治的发展，实现国家税收治理的现代化。

从法治体系的角度看，税收法治涉及从税收立法到税收执法、税收司法、税收守法等各个环节。通过这些环节的税法运行，实现税收领域的良法善治，是税法调整的重要目标，也是解决前述各类税收法治问题的关键。因此，应通过吸纳传统法治理论的合理因素并作出相应的理论拓展，在“继承与发展”的理论扬弃中，推进税收法治理论的构建。

一、问题的提出

自提出依法治国的基本方略以来，我国学界对法治问题的探讨不断深化，积累了大量研究成果。[①] 在进一步全面深化改革和全面推进依法治国的背景下，有关法治的研究更加深入，从而为提炼和构建整体的法治理论[②]，不断提升法治水平和实现国家治理的现代化，奠定了重要基础。

尽管如此，在税法领域，有关法治问题的研究仍较为分散，系统的法治理论尚未形成。随着市场经济的发展和税收法定原则的落实，税法制度得以大量生成，税法的法治体系亦不断扩展，亟待相应的法治理论提供支撑和指导。因此，非常有必要在既往研究的基础上，结合税法领域的特殊法治问题，通过对传统法治理论的“继承和发展”，构建较为系统的税收法治理论。

构建税收法治理论，可以从不同的维度展开。例如，亚里士多德曾提出，法治应包含两重意义：其一，已成立的法律获得普遍的服从；其二，大家所服从的法律是已经制定的、良好的法律。[③] 在上述著名论断中，涉及两个重要维度，即“良好的法律”与“法律的被服从”。其作为“亚里士多德法治公式”的核心内容，得到了后世学者的普遍认同。[④] 而由此形成的“法治双维”的分析框架，对

① 基于既往研究成果，有学者将我国对法治的认识分为正名法治、定义法治和量化法治三个阶段［张志铭，于浩．共和国法治认识的逻辑展开．法学研究，2013（3）］。

② 有关我国整体法治理论发展历程的探讨，参见陈佑武，李步云．中国法治理论四十年：发展、创新及前景．政治与法律，2018（12）。

③ ［古希腊］亚里士多德．政治学．吴寿彭，译．北京：商务印书馆，1965：163、171.

④ 相关探讨可参见姚建宗．信仰：法治的精神意蕴．吉林大学社会科学学报，1997（2）。

于税收法治理论的构建同样具有重要借鉴意义。

其实，无论是上述亚里士多德的“法治双维”分析框架，还是将“依法办事”作为法治核心要义的普遍共识①，都涉及两个基本维度，即“法”与“治”，且目标都是通过“良法”实现“善治”。其中，从“法”的维度看，良法对应于法的优良品质；从“治”的维度看，善治对应于治理的良好效果。由于良法主要涉及立法问题，它是法律获得普遍遵从、实现有效治理的前提，是整个法治的基础，而善治则是法治追求的目标，涉及执法、司法和守法等诸多方面，因此，从良法与善治两个维度，即可审视法治体系各个环节存在的问题，并由此揭示相关的法治原理和规律，提炼法治理论的主要类型。这是构建法治理论体系的基本路径。

依循上述基本路径，在税法领域，同样可以从良法与善治的视角，解析税法运行存在的主要法治问题，揭示其中蕴含的相关原理，提出该领域法治理论的主要类型，从而推动税收法治理论的构建。从一般意义上说，全面体现法治理念的法治理论，要为法治体系提供理论支撑，就应包含法治各个环节的相应理论。为此，既应提炼税收立法理论，为良法的生成提供理论指导，也应提炼税收执法理论、税收司法理论等，对是否实现善治进行理论检验。此外，按照良法与善治的要求，构建税收法治理论还应有助于推动税制优化，提升税法遵从度，形成税法秩序，而由此形成的税制优化理论、税法遵从理论、税法秩序理论，同样应成为税收法治理论的重要类型。

基于上述考虑，下面将着重从良法与善治两个维度，探讨税法运行中的突出法治问题，并据此提出税收法治理论的主要类型。这些探讨力图说明：明晰什么是“法”和“良法”，并由此提炼税收立法理论和相关的税制优化理论，是构建税收法治理论的基础；而强调守法与善治，并由此提炼税法遵从理论和税法秩序理论，则是构建税收法治理论的核心和关键。把握上述主要理论类型，并依循税收法治逻辑，将其整合为税收法治理论体系，有助于为税收法治建设提供较为系统的理论支撑。

---

① 江必新．严格依法办事：经由形式正义的实质法治观．法学研究，2013（6）．

二、构建税收法治理论的基础：对“法”与“良法”的认知

在既往的法治理论研究中，许多研究者主要从“法”的角度出发，关注“什么是法”“什么是良法”，以及如何更好地立法，由此形成的“立法论”研究范式①，有力推动了立法理论的发展。这对于构建税收法治理论同样有借鉴意义。因此，下面分别从“法”与“良法”的视角，探讨税法领域的突出法治问题，并由此提炼相关法治理论。

（一）基于“什么是法”的探讨

从“什么是法”的角度，尤其需要区分实质意义上的税法与形式意义上的税法，探寻分布于各类税法渊源中的税法规范，并基于税法与税收政策的区别，强调落实法定原则的重要性，这对税收法治理论的构建具有特殊意义。

国家治理通常会运用政策、法律、道德等多种手段，但我国既然强调全面依法治国，就应针对税法领域既存的“重政策轻法律”，以及大量“用政策替代法律”的问题②，处理好税收政策与税法之间的关系，避免两者的“错位”与“误用”。因此，应当对“法”或“法律”有明晰认知，在税法领域全面落实法定原则，并不断加强税法的立法统合，切实发挥整体税法体系在国家治理中的重要作用。

基于上述认识，我们应处理好税收政策与税法的关系，全面理解和体现税收法定原则的要求。在此过程中，需要进一步明晰：税收法定原则中的“法”，究竟是指全国人大及其常委会制定的法律，还是也包含了地方人大制定的地方性法

① 近年来相关学科学者倡导从立法论向解释论的转型，可参见陈兴良．立法论的思考与司法论的思考：刑法方法论之一．人民检察，2009（21）；傅郁林．法学研究方法由立法论向解释论的转型．中外法学，2013（1）。在税法领域，提升税收立法质量的任务还远未完成，立法论的研究仍占据重要地位。

② 相关问题在整个经济法领域都存在，可参见邢会强．政策增长与法律空洞化：以经济法为例的观察．法制与社会发展，2012（3）；张守文．改革开放与中国经济法的制度变迁．法学，2018（8）。

规？[①] 随着各类授权立法的不断增加，省级人大亦享有相关课税要素的决定权，这与税收法定原则是否相符？[②] 在税收立法中，规定国务院可以调整税率，是否违反《立法法》和税收法定原则的要求？税收征管实践中大量适用财税部门制定的规范性文件[③]，这些文件并非税法渊源，却在现实中发挥着重要作用，甚至成为影响市场主体行为、权益的重要因素，这是否违背税收法定原则？应如何对其进行定性和定位？类似问题不胜枚举，都需要通过税收法治理论研究作出有说服力的解释。

研讨上述现实问题，涉及对"什么是法"以及相关税收法定原则的基本认识，也涉及对法的稳定性、可预见性等法治问题的理解。在税法领域，有关法定性与政策性、稳定性与变易性、统一性与分散性的冲突比比皆是，这与我国改革、法治与发展的持续展开极其不平衡、不协调直接相关。[④] 对上述法治问题的探讨，既要"继承"传统法治理论的研究成果，也应基于税法的特殊性，以及制度实践的时空差异性，作出适度的理论拓展，并由此提炼税收法治理论。

其实，相较于传统法领域，现代税法在制度运行方面会更多涉及政策性、变易性、分散性等问题，这与税收调控所需要的应变性、灵活性，以及税法的功能定位有关。基于促进发展的目标，现代税法内含大量灵活、易变的促进型规范（如各类税收优惠制度），并由此更多地体现包容性。这与传统法有较大区别。同时，在具体的规范构成上，税法由核心规范和边缘规范组成，其中，核心规范较为稳定，而边缘规范则具有突出的变易性，需随经济和社会发展而适时作出调整。这是税法制度结构的重要特点，在提炼税收法治理论时亦需特别关注。

---

① 地方应否享有以及在多大程度上享有税收立法权，一直是存在争议的问题［苗连营．税收法定视域中的地方税收立法权．中国法学，2016（4）］。

② 例如，在我国的《资源税法》《耕地占用税法》《环境保护税法》中，均规定具体适用的税率或税额由省级政府在法定幅度内提出，报同级人大常委会决定，并报全国人大常委会和国务院备案。

③ 我国的规范性文件非常复杂，对其效力问题的研讨，可参见黄金荣．"规范性文件"的法律界定及其效力．法学，2014（4）。

④ 对于相关问题的探讨，可参见张守文．中国经济法治的问题及其改进方向．法制与社会发展，2018（2）。

(二) 基于“什么是良法”的观察

对于何为良法，尽管存在不同认识[①]，但其作为“好的法”，至少应具有合理性和合法性。好的税法既要具有经济合理性，也要符合宪法、一般法理以及相关基本法律的要求。这是确保税收立法质量优良的基准，否则就不能称其为良法。因此，应针对税收立法领域的法治问题，从合理性与合法性的角度加以观察和检验，并通过明确税法如何走向良法，来提炼具体的法治理论。由于税收立法领域的法治问题颇多，下面仅选取其中的突出问题略加解析：

1. 税法制度建构的法治问题

在税法从无到有的制度建构历程中，存在大量亟待解决的法治问题。如前所述，长期以来，我国在多项税收立法中，一直推行“试点”模式，这是税法制度形成的重要路径。虽税收立法试点模式有其积极意义，但其影响公平和法制的统一等问题，值得关注。[②] 一定时期内的税收立法试点作为一种“试错”机制，其最终去留存在着不确定性，既可能被保留甚至推而广之，也可能被弃而不用。税收试点立法如果不能体现合理性、合法性（如沪渝两地的房产税立法试点的合法性曾备受质疑），就会有悖于法治原则的要求[③]，因而不属于良法。

从法治的角度看，税法的制度建构应在法治框架下，充分兼顾各类主体的合法权益，并由此促进经济与社会的良性运行和协调发展，才符合良法的要求。因此，针对税收立法导致纳税人负担过重、合规风险过高、遵从成本过大等问题，必须着力弥补税制的不足，以使其更符合法治原则和良法标准。

2. 税收立法升级的法治问题

在我国多元的立法体制之下，形成了多层级的税收立法体系。在较低层级税

---

① 例如，有学者强调良法应具有真善美的品格［李步云，赵迅．什么是良法．法学研究，2005（6）：125－135］。

② 钱大军．当代中国法律体系构建模式之探究．法商研究，2015（2）．张守文．我国税收立法的“试点模式”：以增值税立法“试点”为例．法学，2013（4）．

③ 法治意味着普遍性、确定性和合理性，无论是制度的建构抑或实施都应符合法治原则的要求［葛洪义，陈年冰．法的普遍性、确定性、合理性辩析：兼论当代中国立法和法理学的使命．法学研究，1997（5）］。

收立法的“升级”过程中，普遍存在大量法治问题。例如，我国在税收立法上实行“共享”模式，即在全国人大及其常委会享有税收立法权的同时，还通过1984年和1985年两次重要的授权立法，赋予国务院制定相关税收行政法规的权力。① 基于改革开放的需要，国务院及其财税部门等已事实上成为推动税收立法的主力，从而使立法层级相对较低的税收立法数量大增，并导致许多制度长期变动不居。② 同时，由于认知能力、部门利益等诸多局限，立法主体之间的协调和制衡不足，立法质量不高，直接影响了税收法治建设。为了解决税收立法层级低导致的诸多问题，我国自2013年以来强调落实税收法定原则，不断提升立法层级。为此，全国人大及其常委会将提升所有税种立法层级作为其主要任务。但仅仅把“某某税收暂行条例”易名为“某某税法”，并不意味着就达到了良法的标准。例如，从《烟叶税暂行条例》和《船舶吨税条例》升级到《烟叶税法》和《船舶吨税法》，其前后规定的内容甚至形式都几乎未改。这种“制度平移”式的立法升级，只是一种简单的“改头换面”，许多税法制度的内在结构和功能并未被优化，因而与良法的要求相去甚远。③

上述立法升级和落实税收法定原则的努力，在法制不健全的时代，固然有其积极意义。但随着法制的日益复杂和多元化，仅靠形式上提升立法层级已无济于事。只有切实提升立法质量，优化权义结构，推动多元立法体制下各类税法规范的协调配合，形成制度的整体合力，才可能有效解决相关问题。因此，不应将税收立法升级作为税制优化的唯一路径，应避免将“良法构建”简单等同于“法律制定”。

---

① 1985年4月，六届全国人大三次会议通过了《关于授权国务院在经济体制改革和对外开放方面可以制定暂行的规定或者条例的决定》，该“授权决定”使国务院制定的行政法规的数量激增，在推动了改革开放的同时，也存在着诸多法治问题，且在税收立法领域尤为突出［熊伟．论我国的税收授权立法制度．税务研究，2013（6）］。

② 制度的稳定性直接影响秩序，因此，拉德布鲁赫认为，“正义和合目的性是法律的第二大任务，而第一大任务是所有人共同认可的法的安定性，也就是秩序与安宁”（［德］拉德布鲁赫．法哲学．王朴，译．北京：法律出版社，2005：74）。

③ 相关探讨可参见张守文．税制改革与税收立法的完善：以烟叶税为例．法学杂志，2018（2）。

3. 税法规范协调的法治问题

已形成的大量税法规范，分布于多层次、多类型的税法渊源之中，所以确保税法规范的协调非常重要。如果税收立法体系中的各类法律、法规之间协调性不够，相关规范存在交叉、重叠、冲突等问题，即使某个具体法律、法规的立法质量再好，整体的税收立法仍不能被称为良法。鉴于目前税收立法数量不足的情况已极大缓解，不断增强税法规范的协调性，应是未来税收立法需关注的重要问题。

为了加强税法规范的协调性，应推进税法的立法统合，即在一定的价值和原则引领下，对相关税法规范进行有效的"系统整合"，从而提升税收立法的系统性、协调性或一致性，发挥税法制度的整体合力。其实，前述税法的制度建构、立法升级，都涉及立法统合问题，这是税收法治发展到一定阶段时需关注的重要问题。①

综上，上述税法制度建构、立法升级、规范协调方面的三类法治问题，具有相当的普遍性，且都涉及"合法性"问题。无论是从法制统一，还是立法的上下、左右、前后协调的角度，税收立法都应遵循法治的基本原理和原则，符合宪法和基本法律（特别是《立法法》）的相关要求，也要兼顾国家利益、社会公益和私人利益，体现人民的根本利益，符合经济和社会长远发展的要求，这是真正提升税收立法质量之枢机，也是体现税收法治逻辑之关键。

与此同时，税收立法还应具有"合理性"，符合经济规律的要求，符合各类税收领域的基本原理。税法只有体现、遵循相关规律和基本原理，才能成为持续有效发挥作用的良法。税法制度是否具有经济合理性，直接关乎能否有效发挥市场在资源配置方面的决定性作用和更好地发挥政府的作用，以及能否正确处理国家与国民、政府与市场的关系，对现代市场体系和现代经济体制的完善，具有直接而重要的影响。因此，相关的税收立法在确定纳税人税负方面，应体现拉弗曲

① 同样，整个经济法学界都关注立法统合问题，相关探讨可参见杨紫烜．关于制定《经济法纲要》的若干问题．南华大学学报：社会科学版，2015（4）；程信和．经济法通则原论．地方立法研究，2019（1）。

线的要求；同时，每个税种领域都有自己的原理和逻辑，都是在立法时需要被认真遵循的。

此外，税收立法的合理性，还体现为基于现实的差异性，在兼顾和均衡保护征纳双方等各类主体利益的过程中，保障实质公平，实现分配正义和发展正义。因此，税收立法尤其要考虑主体的能力。一方面，对纳税主体要考虑其纳税能力，切实做到量能课税，体现税收公平原则的要求，同时，还可以确立一些税收优惠制度，更多体现实质公平；另一方面，对征税主体要考虑其征收能力，有效弥补税法罅漏，有效防止税收逃避行为，体现税收效率原则的要求，同时，不断提升其征收管理能力，这对遵守税法的主体才是公平的。这样的税收立法也更具有合理性。

总之，上述的合理性与合法性，直接影响税收立法的"包容性"和正当性，影响各类税法制度能否成为良法，因此，从立法维度提炼税收法治理论，应充分考虑税收立法的合理性与合法性的要求，这是构建税收法治理论的重要基础。

（三）从立法维度提炼法治理论

从立法维度看，上述从"法"与"良法"维度探讨的各类法治问题，对于税法的立法完善尤为重要。其中，从"什么是法"的角度，需关注税法与税收政策的关系，明晰税法与政治、经济、社会、文化之间的交互影响，还要研究税收领域的国家与国民、政府与市场、征税主体与纳税主体、税法与相关部门法等之间的关系的协调。此外，从"什么是良法"的角度，应关注税法的制度建构、立法升级与规范协调，并对各类税收立法进行合理性与合法性分析，着重考察税收立法能否有助于通过公平分配，均衡保护各方利益，促进经济与社会的良性运行和协调发展，从而不断提升税法制度的包容性，使其成为真正的良法，并由此构建税法领域的良法之治。①

① 对法治的理论认识，有规则之治、法律之治和良法之治三种不同的逻辑形态［张志铭，于浩．法治释义．政法论丛，2015（1）］。与此相关联，在税法和整体经济法领域更应强调"良法之治"。

基于上述分析，在构建税收法治理论的过程中，应参酌一般的“立法理论”①，关注税收立法权分配、税收立法体系构建、税收政策与税法的关系等问题，这样，就可以结合税法的特殊性，提炼税收立法理论。该理论不仅应关注税法的立改废释纂等基本问题，还要研究贯穿税收立法的发展理念和多元价值，探寻如何遵循经济规律和立法规律，切实做到科学立法和依法立法，从而在法治框架下推动税制优化，促进和保障经济与社会的发展。

此外，立法的重要目标是制定“好的法”，因而基于上述“立法理论”，还应进一步从构建“良法”的视角，提出更为具体的税制优化理论。首先，按照法治原则的要求，税收立法应具有合法性，满足合宪性以及立法正当性的要求。因此，税收立法从实体到程序都应正当、合法，不能与上位法相冲突；同时，税收立法目标与具体税收手段也都要合法，并处理好税制改革与税收法治的关系，切实保障基本人权。② 其次，税收立法还应具有合理性，在课税要素的涉及上能够充分体现经济规律和相关税收原理的要求，并有效平衡公平与效率、自由与秩序、安全与发展等基本价值，从而实现税法在促进公平分配、协调发展等方面的功能，在实质上保障分配正义和发展正义。只有全面体现上述价值以及相关理念和规律，不断增进立法的合理性和合法性，才能实现税制结构与功能的持续优化。

总之，从立法维度应提炼税收立法理论以及更为具体的税制优化理论，并将其作为构建税收法治理论的基础。其中，税收立法理论的研究涉及税收法治的基础、价值、目标、手段等诸多重要问题，因而在税收法治理论中占据重要地位。此外，基于税法的特殊性和“良法”的维度，税收法治理论尤其应关注具体的税制优化理论，因为税制或税法能否优化，对善治目标的实现有更为重要的影响。

① 一般立法理论的类型主要包括立法体制、法律体系、立法原则、立法政策、立法质量等［黄文艺．论中国特色社会主义立法理论．南京社会科学，2012（10）］。税收立法理论应在上述一般立法理论的基础上，充分体现税法的特殊性。

② 在改革与法治之间既存在系统关联和机制互动，也存在一定的紧张关系，需要有效协调［陈甦．构建法治引领和规范改革的新常态．法学研究，2014（6）］。

三、构建税收法治理论的核心问题：守法与善治

法律在制定后是否被普遍遵守，能否据此实现有效治理，此即“守法与善治”问题，它是构建法治理论的核心问题。尽管通常谈及守法，大都强调“全民守法”[①]，但守法更是政府的职责。在税法领域，普遍守法既是市场主体、社会公众等广大纳税人的基本义务，也是对税收立法机关、政府的税收征管部门和司法机关的严格要求。

守法与善治，事关法律遵从与法律实施效果，都与“治”直接相关。税法领域的“治”，同样可有动静之分，其中，动态之治是运用税法实施的税收治理；静态之治是一种“不乱”的状态，是依税法形成的“秩序”。动态之治是手段，静态之治是税法调整力图实现的目标，例如：运用税法对经济运行的税收调控，运用税收征收管理法对征纳行为的监管，即为动态之治；而由此促进的经济均衡的状态，或者税收征纳的良好状态，则是静态之治。基于良法应被普遍遵从的法治要求，政府和其他各类主体均需认真遵守税法，并且，政府还要更善于依据税法实施税收调控和税务管理，即应当更“善于治”。

随着税收立法的不断完善，守法与善治将成为税收法治理论研究的核心问题。由于在税法的实施过程中，政府始终居于主导地位，因而其能否守法与实现善治更为关键。在此关键基础上提炼税收法治理论，会更有助于揭示和解决税法运行中的突出法治问题，并不断提升税收法治水平。因此，下面着重研讨政府的守法与善治问题。

（一）政府的守法与善治是关键

守法与善治密切关联，没有各类主体的守法，就没有法治，也不可能有善治。基于系统思维和法治思维，税收法定原则不仅适用于税收立法环节，也适用于税法的实施环节。因此，无论是拥有征管权的税收征管部门，还是相关司法机

① 对于全民守法的主体界定，可参见杨春福．全民守法的法理阐释．法制与社会发展，2015（5）。

关，都应遵守法律，依法办事，而不能超越职权、滥用职权，只有广义的政府切实守法，才可能在对税法的执法和司法过程中实现有效治理的善治目标。

1. 对政府守法的特别强调

税法是治国之法，对国家治理具有多方面的重要影响。在市场经济条件下，国家与国民、政府与市场、中央与地方等各种重要关系，都离不开税法的有效调整。只有各类主体在法治框架下严格守法，才能形成良好的法律秩序。同时，基于政府在税法实施方面的主导地位，只有政府模范遵守税法，善于运用税法实施治理，才可能实现“善治”。

例如，在税收征管部门依法履行征管职责方面，基于职权法定原则，税收征管权由税务机关和海关专门行使。这两类征管机关应按照法定职权，依据《税收征收管理法》《海关法》等相关法律法规的规定，按法定程序履行征管职责，不得越权、滥用权力，也不得弃权。同时，各级政府的各类职能部门也都要切实遵守税法，依法负有协助义务的政府部门还要在信息共享等方面做好配合工作，整个政府系统都应在遵守税法方面起到表率作用。

又如，在具体税收征管活动中，征税主体应切实严格依法办事。在税法的实施过程中，存在着税法规范未被严格执行等诸多问题，其中，征税主体仅在名义上重视税收法定原则，在税法实施过程中不依据法定税率或法定规则征税的情况屡见不鲜，为完成税收目标或收入任务而罔顾法律规定的问题亦非个例。[①]由此导致的不确定性不仅严重影响市场主体的税法预期和税收利益，也会对税收秩序、征纳关系产生负面影响。征税主体只有切实依法办事，严格遵守法定税率或法定规则，才能缓解税法实施过程中的不确定性问题，体现法治原则的要求。

总之，对以征税主体为代表的政府守法应特别强调，只有政府严格遵守税法，真正做到依法办事，才能充分保障市场主体的信赖利益，持续优化营商环

① 对此有学者认为，地方税务局不严格执法的重要原因是税收竞争［范子英，田彬彬．税收竞争、税收执法与企业避税．经济研究，2013（9）］。

境，提升政府的公信力，切实解决法律实施中的问题，并在此基础上处理好政府与市场的关系、中央与地方的关系、征税主体与纳税主体的关系，从而实现税法领域的“善治”。

2. 政府应“善于”依法治理

政府不仅需带头遵守税法，还应基于最大的“善意”，善于运用税法实施治理。只有政府“善于治”，方能实现“善治”。政府是否善于治理，与其认知能力、法律意识、执法水平等密切相关。[①] 我国曾长期实行计划经济体制，转型为市场经济体制的时间还相对较短，面对日益复杂的市场经济活动，特别是市场化、信息化、国际化带来的税收征管方面的大量棘手问题，征税主体能否在执法活动中秉持法治原则，有效应对各类复杂问题？这是一个巨大考验。因此，政府至少应在如下方面更善于依法治理：

首先，政府应善于依法防范和化解税收征管风险。针对风险社会日益积聚的各类风险和不确定性，在风险防控或危机化解方面，应始终坚持法治思维和法治方式。[②] 例如，在当代风险社会和信息社会，通过建立税法上多种类型的信息公开、信息报送、信息交换等信息制度，来防控税收征管的风险。近些年来，我国的税收征管部门非常重视“金税工程”、大数据等信息技术手段的运用，这对有效防控相关领域的税收征管风险，保障国家税收利益，维护守法纳税人的合法权益，起到了积极作用。只有在税收法治框架下，有效建立相关风险防控制度和信息规制制度，并把两类制度结合起来，才能不断提升税收征管能力[③]，增进税法的调整实效。

其次，政府应善于在法定空间内灵活规制。税法的许多规定较为原则，而现实的经济活动却变化万千，因此，政府的税收征管部门应善于在法治框架下和法

---

① 与此相关，政府应当寻求善治的制度平台，以摆脱市场化进程中公共管理的低效甚至多方面的失败［俞可平．治理和善治：一种新的政治分析框架．南京社会科学，2001（9）］。

② 陈金钊．“法治思维和法治方式”的意蕴．法学论坛，2013（5）.

③ 例如，信息技术特别是大数据的发展，对税收宏观调控具有重要影响，相关探讨可参见何大安，杨益均．大数据时代政府宏观调控的思维模式．学术月刊，2018（5）。

定空间内进行适当的法律解释，对各类变动不居的经济行为实施灵活、有效的规制。[①] 当然，税收征管部门要处理好税法解释与原初立法之间的关系，结合制度现状与未来发展，以及市场化、信息化、国际化的时代要求，遵循相关解释规则，降低税法实施的不确定性，增强各类主体的可预见性，以实现税法系统整体功效的最大化。

最后，政府应善于依法推动“多元共治”。在税法的实施过程中，以政府的税收征管部门为一方的征税主体固然重要，但各类纳税主体的作用亦不可替代，因而在税收治理方面需要引入“多元共治”。征税主体只有善于引导各类主体广泛参与治理，并在此过程中充分尊重其权利并保障其合法利益，才能使税法得到普遍遵守，而较高的税法遵从度，更有助于实现税收领域的善治目标。其实，征税主体善于引入多元共治，也有助于弥补其自身征管能力之不足。

总之，政府特别是税收征管部门应在法治的框架下全面守法，善于解决当代风险社会、信息社会存在的诸多“复杂性问题”，善于运用税法解释和多元共治等手段，克服面对复杂局面而无力作为的困难，不断提升税收治理的水平，从而持续实现税收领域的善治目标。

（二）守法与善治的税收法治理论提炼

普遍守法是法治的基本要求，在税收法治体系的各个环节和层面，所有主体都要遵守法律。据此，不仅前述的征税主体、纳税主体等要守法，立法机关在立法活动中也必须守法，尤其要遵守《立法法》等法律、法规的规定，做到“依法立法”。这对全面落实税收法定原则，解决突出的授权立法等问题，具有特殊的意义。因此，有必要提炼税法遵从理论，并将其纳入税收法治理论。

此外，推动税法领域的普遍守法或称法律的普遍遵从，有助于保障公平和提高效率，并进而形成良好的“税法秩序”。从整体上看，税法调整所欲实现的善

---

① 关于法律解释对法治理论的影响，可参见陈金钊．法律解释的意义及其对法治理论的影响．法律科学，1999（2）。

治，是一种“好的秩序”[①]，它是通过税法的有效实施而形成的有序状态，具体体现为税收调控秩序、税收征管秩序等。对税法的普遍遵从，有助于均衡保护征纳双方等各类主体利益，防止税收领域持续出现“熵增”或“失序”的状态，并通过税收调控促进经济的良性运行和社会的协调发展，这是一种更高层次的秩序。基于对上述秩序的关注和考量，可以提炼出税法秩序理论[②]，并将其作为税收法治理论的重要组成部分。

总之，从广义的守法的角度，可以提炼出税法遵从理论。该理论既要研究一般意义上的纳税人对税法的奉行问题，也要讨论立法机关、执法机关和司法机关对税法的遵守问题；它并不限于狭义的守法环节，而是要贯穿税法的立法、执法和司法等诸多环节，因而跨度更大，更能在整体上体现法治（rule of law）的精神。此外，从善治的角度，可以提炼出税法秩序理论，该理论既关注税法的调整目标，也关注其调整手段和调整结果，它侧重于从秩序价值的视角把握整体税法的调整。另外，由于税法遵从与税法秩序都是税收法治的重要内容，因此，相应的税法遵从理论与税法秩序理论应成为税收法治理论的重要组成部分。随着税法理论的不断发展，上述两类理论将成为税收法治理论的研究重点。

四、小　结

鉴于对税收法治理论尚缺少系统研究，前述讨论基于“法”与“治”两个维度，从更为具体的“良法”与“善治”的视角，结合税法运行过程中存在的突出法治问题，提出了构建税收法治理论应关注的主要理论类型。由此我们可以认为，在构成税收法治理论的诸多具体理论中，从明晰和界定“法”与“良法”的角度，应提炼税收立法理论以及更为具体的税制优化理论，并将其作为构建税收

① 亚里士多德认为，“法律就是某种秩序，普遍良好的秩序基于普遍遵守法律的习惯”（［古希腊］亚里士多德．政治学．吴寿彭，译．北京：商务印书馆，1965：35）。

② 从富勒、昂格尔到欧肯，许多学者都重视秩序或法律秩序的重要价值，这些研究为提炼税法秩序理论奠定了重要基础［周旺生．论法律的秩序价值．法学家，2003（5）］。

法治理论的基础；从强调守法与善治的角度，应提炼税法遵从理论和税法秩序理论，它们是构建税收法治理论的核心和关键。

对于税收法治理论的构建，可以从不同维度展开。例如，从税收法治体系构成环节的维度，可以分别提炼税收立法理论、税收执法理论、税收司法理论、税收守法理论等。前面着重从“法治双维”的分析框架，分别从良法与善治的维度展开研讨，更关注税制优化理论（与良法相对应）、税法遵从理论和税法秩序理论（与善治相对应），它们与按照法治体系构成环节所提炼的理论并不在一个层面上。其中，税法遵从理论、税法秩序理论都涉及法治体系的多个环节，因而与税收立法、税收执法、税收司法等环节并非一一对应的关系，这是需要特别强调的。

在明确分析框架或分析维度的基础上，结合税法运行中存在的法治问题，挖掘其中蕴含的相关理论、原理和法治逻辑，是构建税收法治理论的基本路径。依循该路径，既可探寻税收法治理论的特殊性，又能发现其与一般法治理论的共性。依托于上述的共性和个性，可以在吸纳传统法治理论优秀成果和合理因素的基础上，不断拓展税收法治理论研究，并在“继承与发展”中实现理论的扬弃。

据此，税收法治理论的构建，需要关注法治理论的一般问题，包括法治理念、法治价值、法治目标、法治手段、法治运行、法治实效等，并应当探讨法的稳定性与变易性、确定性与模糊性等问题。在此基础上，既应结合税法的特殊性和税收法治的特殊问题，深化税收立法理论特别是税制优化理论的研究，以促进税法从“法”到“良法”的发展，从而提升税收立法质量和税收法治水平，还应结合政府特别是税收征管部门在守法与善治方面的重要地位和突出问题，推进税法遵从理论、税法秩序理论的研究。由此构建的税收法治理论，不仅有助于丰富和完善税法的运行论，深化税法的本体论、价值论和规范论的研究，并为整体的法治理论研究提供重要的部门法理论支撑，还可进一步明晰税收法治逻辑，为税制改革和税收立法提供理论指导，从而有助于推进税收法治建设和国家治理的现代化，因而对税法学乃至整体法学的理论研究和法治建设具有多方面的重要价值。

第二节　税收法治的国内实践

前述的税收法治理论的构建，需要以现实的税收法治实践为基础。因此，考察国内税收法治和涉外税收法治的相关问题，更有助于理解税收法治逻辑的特殊性，以及构建税收法治理论的必要性，并检验既往税收法治理论研究的得失，从而进一步提出完善税收法治理论应注意的问题，并由此指导税收法治实践，进而形成税收法治理论与实践的良性互动。

本节主要讨论国内税收法治实践的相关重要问题，分析在税收法治建设中需要处理的重要关系以及税收法治的宽严问题，并提出我国税收法治的改进方向。这些讨论是对前述税收法治理论的进一步拓展，同时也试图为税收法治理论的完善提供相应的实践支撑。

一、问题的提出

从1997年提出“依法治国”方略以来，中国年度GDP总量已突破130万亿元（2024年），但在取得经济奇迹的同时，社会财富分配不公问题却令人担忧，基尼系数多年在0.47左右徘徊。[①] 对于上述涉及的效率和公平两大方面，税收法治究竟发挥了何种作用？其对于推动经济和社会发展有何种影响？在税制改革和税收立法的过程中，应如何体现法治思维和法治逻辑？这些都是值得关注的重要问题。

此外，在应对经济危机、社会危机等特殊情况下，国家会运用大量税收手段，其中同样涉及税收法治的问题。例如，无论是2008年全球性金融危机后实施的结构性减税措施，还是2020年疫情全球大流行后实施的大规模减税降费，

① 根据国家统计局的官方数字，中国居民收入的基尼系数近年来为0.47左右。针对财富分配不均、不公的问题，加强经济法的规制非常必要。

都是为应对危机而采取的重要税收措施，同样涉及税收法治的大量问题，尤其能体现不同国家税收法治的特色和水平，其中隐含的问题和经验会影响重大的制度调整。①

另外，我国为适应经济全球化和市场经济的迅速发展，持续加强相关法制建设，这对于加强国际协调是非常重要的。② 特别是近年来，市场化、信息化与全球化的协同联动，带来了国际层面的大量税收问题，如税基侵蚀与利润转移问题、数字税问题，等等，这些都需要在多边框架下不断协调解决，都是涉及税收法治的重要问题。

上述各类税收法治问题，都与国内的税制改革和税收立法直接相关，并由此直接影响税收领域的执法、司法、税法遵从等。因此，需要从多个面向研究税收法治问题，例如：税收法治对经济发展是否构成有效促进？其能够兼顾效率与公平，真正推动全面发展吗？在税制改革和税收立法方面，在税收执法、司法、守法环节，还有哪些重要法治问题需要解决？如何切实体现税收法治逻辑？值得研究的税收法治问题非常多，下面主要研讨其中涉及的主要问题。

二、中国税收法治的形成以及其涉及的基础关系

中国的税收法治是伴随着改革开放、市场经济体制的确立和发展，在不断解决各类税收法律问题的实践中形成的。税收法治在形成过程中，涉及一系列重要的基础关系的调整，其中包含一系列重要的税收法治问题。

(一) 中国税收法治的形成

税收立法是确立税收法治基本架构的基础。我国在改革开放之初，基于对外开放、维护国家主权的需要，在经济立法领域率先进行涉外税收立法，此后，又

---

① 厉以宁．世界经济危机和资本主义制度调整．社会科学研究，2009 (2).

② 关于全球化对法治的重要影响，可参见张文显．全球化时代的中国法治．吉林大学社会科学学报，2005 (2)。

经由国家立法机关的授权立法，对 1984 年启动的工商税制改革成果，通过国务院制定行政法规的形式加以确认，由此形成了 20 世纪 80 年代初的税收立法基本框架。而 1994 年以后的历次税制改革成果，则通过更多的税收法律、法规加以确认和体现，这也是今天整体税法体系的基础。随着各类税法规范的立改废，我国的税收立法体系不断完善，这是税收法治体系得以有效运行的重要保障。

中国税收法治体系的形成，受到了市场化、信息化、全球化的推动，同时，基于国家治理现代化的要求，也需要不断推进税收法治的现代化。税收法治体系的形成，与国家对经济规律、税收原理认识的深化，对税收政策和其他经济政策的把握，以及对相关政策法律化的推进密不可分，因此，理解税收法治体系，解决相关税收法治问题，需要厘清上述各类重要范畴之间的联系与区别。

税收法治是国家整体法治体系的组成部分，研究税收法治问题，不仅要关注传统法治理论涉及的相关问题，还应关注和强调税法运行对经济和社会发展的影响，以及税收法治自身的特殊问题。

例如，基于中国市场经济发育较晚，以及历史文化的独特性，在税收法治的形成方面，中国会呈现出一系列的特殊性。在经济、法律、文化等多种因素交融共生的复杂系统中，各种因素相互激荡、交叠影响，形成了多种主体之间千丝万缕的复杂博弈，这是税收法治体系形成和存续的现实基础。既往的法治理论，一般对法律的确定性①、稳定性、可预见性、普适性等关注较多，而在税收法治理论中，还要进一步关注税法的政策性、变易性和特殊性。对于法律的不确定性，从霍姆斯、卢埃林到哈特、德沃金、昂格尔等许多著名学者都曾有深入研讨，这些思考对研究税收法治逻辑的特殊性亦很有启发。此外，既往的法治理论通常更强调法律的统一性、刚性、强制性等，而在现实的税收法治实践中，存在税收立法的分散性、税收执法的柔性和任意性等问题，对这些方面都需要高度关注。

总之，中国税收法治的形成，有其特殊的时空背景和社会背景，因而具有不

① 有的学者认为，“尽管增加确定性（certainty）是法律的目的，但是法律能够根除的只是不确定性的某些根源”。[英] 哈耶克．法律、立法与自由：第 2 卷，第 3 卷．邓正来，张守东，李静冰，译．北京：中国大百科全书出版社，2000：213.

同于其他国家税收法治和传统法治领域的特殊性。因此，下面有必要结合其特殊性，分别探讨其存在的突出问题和主要特色。

（二）中国税收法治涉及的基础关系

税收法治不仅涉及协调其与人治、政治、德治的关系，以及法治系统内部各子系统之间的关系等传统问题，还要基于税收领域的特殊性，协调好相关基础关系，如国家与国民的关系、政府与市场的关系、中央与地方的关系、税制改革与税收法治的关系，等等，需要调整和处理好上述“基础关系”及其蕴含的法治问题。下面简要探讨如下：

第一，在国家与国民关系方面，税收直接影响两类主体的税收权益分配，因此，必须合理确定国民的税收负担，同时，保障国家在法治框架下行使其征税权，并充分保障纳税人权利，这样才能在国家与国民之间形成基于法治的良性取予关系。上述关系的调整不仅涉及税收法治问题，在整体法治建设中也具有重要意义，不仅与宪法相关，也与政治、经济、社会等多个方面密不可分。

第二，在政府与市场关系方面，政府的征税权对市场经济运行会产生非常大的影响，因而在国内外的宏观调控中，税收调控都往往居于重要地位，并且是最为常用的手段；同时，政府相关部门的税收征管行为，会直接影响市场主体的交易行为、竞争行为，以及市场主体的利益获取。只有依据税法规范政府的调控和征管行为，才能促进良好的政府与市场关系的形成。因此，应贯彻严格的税收法定原则和税收公平原则，同时兼顾税收效率原则，对政府征税权作出应有的约束和限制，同时，要保障市场主体作为纳税人的基本权利，使其在资源配置方面能更好地发挥作用。

第三，在中央与地方关系方面，我国作为世界上最大的发展中国家，区域发展很不平衡，处理好中央与地方的关系尤为重要。我国作为地区差异性非常大的单一制国家，在立法和法律实施方面会同时存在统一与分散的力量和趋势，需要国家在集权与分权之间反复进行动态平衡①，即一方面，要强调中央的集中统

① 郭小聪．集权与分权：依据、边界与制约．学术研究，2008（2）．

一，如税收立法权还是要集中于中央；另一方面，要允许地方在法律授权范围内对某些税种的课税要素结合地方实际作相应调整，从而形成有地方特色的税收制度。这些措施虽然有助于调动地方“积极性”，但也可能会减弱中央制度的统一性、集中性，导致某些统一的制度未能得到严格执行，从而在整体上削弱税收法治的刚性。例如，我国设置了大量特殊的经济区域，包括经济特区、各类开发区、海关监管区、自贸区或自贸港、国家级新区等，这些区域的存在，往往与特殊的税收制度安排相关，它会影响整体税收法治的统一和刚性。因此，如何实现有效的统分结合和激励相容，是未来税收法治改进的重要方向。

第四，在税制改革与税收法治的关系方面，我国自改革开放以来，一直在进行税制改革，由此带来了税收体制、税收实体制度和程序制度的变化，并影响诸多主体的权益，因此，必须处理好税制改革与税收法治的关系。[①] 由于税制改革必须于法有据，且要符合法治逻辑，因此，税制改革与税收立法越来越紧密地结合在一起。这也是前面在谈及税制改革时往往要提及税收立法的重要原因，只是两者的侧重点或所强调的重点不同而已。同时，税制改革的成果，不仅要由税收立法加以确认和保障，还要在税收领域的执法、司法、守法等各个环节具体落实。因此，税制改革要符合税收法治的要求，同时，税收法治是税制改革的重要保障，两者之间的联系非常紧密。对于在税制改革实践中有悖于税收法治要求或税收法治逻辑的问题，必须有效解决。

例如，国家征税直接影响市场主体的财产权等基本权利，而我国在早期的税制改革中，大量以行政法规作为征税依据。因这样做不符合严格的法治要求，国家才专门提出要“落实税收法定原则”，并曾希望在 2020 年前解决将税收暂行条例上升为税收法律的问题。[②] 当然，对于税收法定原则如何认识，在税收调控方面是否要遵行严格意义上的税收法定原则（如税收优惠制度的调整），也存在不

① 两者关系是改革与法治关系的具体体现，相关探讨可参见陈甦．构建法治引领和规范改革的新常态．法学研究，2014（6）；陈金钊．法治与改革的关系及改革顶层设计．法学，2014（8）。

② 参见 2015 年 3 月由全国人大常委会法工委牵头起草的由党中央审议通过的《贯彻落实税收法定原则的实施意见》。

同看法[①]，这些方面已影响对税收法治特殊性的认识。

上述问题如果进一步延伸，还涉及税收政策与税法的关系。在既往忽视法治的时期，我国对税收政策过于倚重，而在提出“依法治国”战略之后，虽然税收征管部门也开始宣传法治，并提出了“依法治税”的口号，但仍有不少人习惯性地依赖税收政策，并认为税收政策更直接、好用，更有效率，便于其实现相关目标。[②] 其实，直至今日，税收征管部门对税收政策的重视程度仍然不低。因此，在推进税收法治，推进税收治理现代化的过程中，必须考虑税收政策与税法各自的功能定位和相互协调，这对于加强税收法治更为重要。

总之，在处理上述各类重要的“基础关系”的过程中，从税收法治的角度看，对国家与国民的关系，还需要从经济宪法与具体税法相结合的角度理解；对政府与市场的关系，尤其需要从约束政府征税权和保障纳税人权利的角度理解；对中央与地方关系，更应从防止税收立法权过于分散、影响税制统一的层面理解；对税制改革与税收法治的关系，还要从改革的合法性以及法治保障改革的角度理解。既往在处理上述关系方面存在的法治问题，与法治观念不强，税收法定原则落实不够，法律实施过程中不能严格依法办事，以及对税收政策与税法关系的处理失当等直接相关。因此，在未来的税收改革和税收法治建设中，必须充分体现税收法治逻辑，推动税收法治的不断完善。

三、税收法治的宽严问题

税收法治的宽与严，通常是社会公众较为关注的问题。一方面，市场主体会普遍反映税负较重，对其生产经营有较大影响。这体现了对税收立法和税法实施

---

① 我国在2015年修改《立法法》的过程中，各方意见反复博弈，因执法部门希望留下更多的调控空间，最终确立的税收法定原则是不完整的。对于税收法定原则的探讨，可参见张守文．论税收法定主义．法学研究，1996（5）；张守文．税收法治当以“法定”为先．环球法律评论，2014（1）。

② 鉴于法律的空洞化和“政策之治”产生的诸多弊端，我国当前应加快向“法律主治”的转型［邢会强．政策增长与法律空洞化：以经济法为例的观察．法制与社会发展，2012（3）］。

有较为严格甚至严苛的理解。另一方面，还会存在税收执法较为随意，标准不一的认识，从而体现了对税收法治较为宽松的理解。这两个方面都是值得关注的。

在税收法治体系中，税收立法的宽与严，对后续的税收执法会有很大影响。如果“从取法乎上得其中”的角度，税收立法在相关课税要素的标准方面，应该规定得更严格一些，以冲抵在税收执法过程中由于执法标准不统一或执法松懈而影响税法的实施效果的情况。当然，如果从税法制定到税法实施都能严格依循税收法定原则，就应尽量考虑立法与法律实施的一致性，尽量避免立法严而执法宽的现象，这更有助于形成基于制定法的稳定预期，体现税收法定原则的基本要义，同时，对形成税法秩序也更为重要。因此，从税收法治建设的方向看，应当全面提升税收立法质量和税收执法水平，使税收立法更科学、合理，税收执法更符合法律规定和立法原意，这样也能带来更好的税法遵从效果，从而形成税收领域的良法善治。

从良法善治的角度看，税收法治的宽严，首先要立足于税收立法环节。税收立法涉及国民的基本财产权利，会影响市场主体的生产经营活动等，如果税收立法过于严格，征税标准较高，国民税收负担较重，就会产生诸多负面影响，难以形成国家与国民之间的“良性取予关系”，会影响经济社会发展。因此，税收立法在宽严度方面必须适度，尤其要体现一定的包容性，不能单纯以获取国家的税收收入为目标，而必须考虑有助于各类主体的长远发展，并通过市场经济的充分发展建立更广阔的税基，形成更丰沛的税源。这样，国家征税才能有源头活水，源源不断，税收收入的可持续性才能有保障，同时，国民才能得到更好的发展，从而形成“双赢”的格局。

其次，税收法治的宽严，还要求在税法实施方面不断完善。从税收法治各环节看，恰恰是税法实施中存在问题较多，其中较为突出的问题，包括备受诟病的不依法征税、征收过头税等，这是税法实施过于严苛的体现；同时，其中也存在各地执法标准不统一，某些税法规定没有得到严格执行，甚至以“放水养鱼”为名，放弃征税等问题，存在执法随意现象。另外，违背立法原意，片面以追求税收收入为目标，或者片面以获取地方税收收入为目标，等等，诸如此类的法治问题都存在。因此，在税法实施环节，对宽严的理解、宽严的状态等存在诸多不同情况，但无论是哪种情况，它们都与税收法定原则的要求，特别是依法稽征的要求存在差距。这些方面都影响了税法实施和税法遵从，是税收法治建设中需要解决的重要问题。

税收法治所体现的宽松和包容，有助于落实税收效率原则，提升经济效率。自中国实行社会主义市场经济体制以来，为什么能够在一段时期连续多年高速经济增长？有人认为这主要是靠地方政府之间的竞争，特别是税收竞争；也有人认为这主要是靠人口红利或环境红利；还有人认为这主要是靠国际市场或引进外资[①]；等等。但无论是上述哪种原因，其都离不开相关法律制度的宽容和支撑，其成效取得都离不开较为宽松的法治环境或包容性制度。[②] 其中，相对宽松的、具有包容性的税收法治，对于营商环境尤为重要，也直接影响市场主体的竞争能力。

其实，无论是改革开放之初的“放权让利”，还是近些年的“减税降费”，都强调通过减轻市场主体的税收负担，给予其更多的经济自由，并提升其竞争能力和发展能力。这对于市场经济的发展至关重要。要促进和保障上述的市场自由，就需要解决好市场主体的负担适度、公平竞争以及创新保障这“三大问题”，而税收法治恰恰有助于解决这些问题，并由此形成了中国税收法治重点着力的三个侧面：一是相对宽松的税收法治，不断减轻各类主体的负担，使其能够轻装上阵；二是统一的税收法治，这有助于避免对不同类型、不同区域的市场主体区别对待，从而能够促进公平竞争和全国统一大市场建设；三是税收法治要回应变革时代的要求，通过税收手段，鼓励和保障技术、产业、制度等方面的创新。上述三个侧面，贯穿着对国家与国民、政府与市场、中央与地方、税制改革与税收法

① 相关观点可参见周黎安．中国地方官员的晋升锦标赛模式研究．经济研究，2007（7）；江小涓．中国的外资经济对增长、结构升级和竞争力的贡献．中国社会科学，2002（6）；韦森．中国经济高速增长原因再反思．探索与争鸣，2015（1）。

② 有学者提出了包容性制度和汲取性制度的区分，并认为前者更有助于促进一国的发展，参见［美］阿西莫格鲁，罗宾逊．国家为什么会失败．李增刚，译．长沙：湖南科学技术出版社，2015：51－58。

治等重大关系的协调，贯穿着对税收法定原则与公平、效率、秩序、安全等重要价值的平衡，以及协调、开放、创新等重要发展理念的落实。

例如，在市场主体的税收负担方面，企业和个人的税收负担过重，既有税收立法的原因，也可能源于税法实施过程中的层层加码，因而对纳税人税收负担问题，必须通过专门的法律机制加以解决。[①] 其实，我国自改革开放之初就强调要处理好三者之间的利益关系，以实现国家、企业和个人的负担与收益的适度均衡，重点是明确农民的农业税负担和国营企业的税收负担；在实行社会主义市场经济体制之后，更是强调通过大规模的税制改革和相关制度的频繁调整，力求实现减税降费的目标。[②] 但基于诸多原因，市场主体的税收负担在一定时期会先减而复增，边减边增，这种“拉锯战”或“持久战”的态势也体现了税收法治刚性的不足。

又如，在市场主体的公平竞争方面，我国已建立了保障公平竞争的较为完善的立法体系，但整体的公平竞争环境仍不尽如人意，统一开放、竞争有序的现代市场体系尚未形成。公平竞争不只需要反垄断法、反不正当竞争法的调整，还需要多种法律制度的协调配合。事实上，不当的税收优惠安排会对企业之间的公平竞争产生重大影响，因此，国家专门建立了公平竞争审查制度，注重从是否有碍公平竞争的视角，对相关财税制度安排进行审查。因此，税收法治建设同样要在保障公平竞争方面发挥重要作用。需要强调的是，税收法治不仅对市场主体，而且对不同区域、不同行业的公平竞争，都具有重要影响。

此外，在市场主体的创新促进方面，随着“创新型国家”建设的不断推进，我国对新业态和各类创新给予了较大空间，提出了大量激励措施，其中，税法制度对于创新的促进和保障作用同样非常重要。因此，在企业所得税法等相关税法

---

① 我国存在着民生与财政方面的双重压力，需要通过完善相关法治不断解决。可参见张守文．缓释“双重压力”的经济法路径．北京大学学报（哲学社会科学版），2012（5）；张守文．减负与转型的经济法推进．中国法学，2017（6）。

② 仅在税收领域，就涉及取消税种（如农业税）、合并税种（如个人所得税的三税合一、企业所得税的两税合一，并相应降低税率）、停征税种等方式，来实现减税的目标。

制度中，需要体现对创新企业发展的促进，这与税法的规制性或税法的促进型规范是紧密关联的。

可见，对于市场主体的税收负担调整、公平竞争和创新促进，税收法治可以发挥其积极作用。通过不断完善税收法治，做到宽严结合、刚柔并济，既可以使市场主体负担更为适度，并推动其有效创新，又能促进公平竞争。这对于推动市场和政府各自发挥其作用，推动中国经济的持续稳定增长尤为重要。

税收法治的完善，需要充分体现税收法定原则、税收公平原则和税收效率原则的要求。其宽严的选择，往往涉及税收法治的侧重点是公平和合法性还是效率和合理性，以及如何实现两个方面的兼顾与交融等问题，这些是研究税收法治问题时不容回避的基本问题。

总之，在税收法治的形成和发展过程中，从有利于各类主体的包容性发展，以及为市场主体减负[①]、推动创新和公平竞争的角度看，“适当从宽”的税收法治有其积极意义，但其同时必须保障相关领域的公平和效率。因此，对待税收法治的宽严问题，应一分为二，扬长避短，这更有助于促进税收法治的完善。

四、税收法治的改进方向

我国自1997年提出“依法治国”方略以来，经由1999年的“法治”入宪，以及2014年《中共中央关于全面推进依法治国若干重大问题的决定》的推出，法治建设在实践中备受重视，倡行法治日渐成为社会共识，这些对税收法治的完善都有重要影响。因此，从税收立法到税收执法、司法、守法等各个环节，都需要构建具有包容性的“好的税收法治”，从而更好地实现整个税收法治系统的功效。这也是未来税收法治建设改进的方向。

从税收法治体系自身建设的角度看，税法的制定、实施和遵从这三个方面非常重要，需要从这三个方面，探讨税收法治的改进方向。

① 张守文．市场主体负担“轻重”的法律调整．法学评论，2019（2）．

第一，在税法的制定方面。

前面在讨论税收法治的宽严问题时，基于保障市场在资源配置方面的决定性作用的角度，肯定了相对“宽松”的税收立法对市场主体发展的必要性。但基于税收的收入职能、调控职能、保障稳定职能，还是应强调税收立法的“严紧”。这样，增强税收法治的刚性，提升法律的确定性、安定性和可预见性，增进各类主体的预期，就有助于解决“市场”与“制度”这两个方面的“不确定性”问题。

良法是善治之前提，良好的税收法治不仅需要一般意义上的“立法”，更需要立“良法”①。通过不断提升税收立法质量，提升立法的合理性和合法性，切实体现法治精神，是完善税收立法的重要方向。目前，影响我国税收立法质量的重要因素，是税收立法的体系化和协调性问题。随着各类税收暂行条例被上升为税收法律，通过加强在相关税类、税种之间的立法统合，会形成更为系统的税收立法体系，并由此进一步增强立法的协调性。只有在税收立法中有效处理整体与部分、中央与地方等诸多关系，不断提高税收立法的协调性、统一性、完整性，增强其确定性和可预见性，才能不断提升税收法治水平。为此，不仅需要提升立法能力，也需要弥合因地方利益和部门利益的博弈而造成的统一税收立法的“撕裂”。

上述地方利益和部门利益的存在，对税收立法的统一性、系统性具有很大影响，且都具有两面性。例如，地方利益的存在，可能会使地方政府强化税收竞争，并由此提升区域经济的效率，但它也会加剧区域发展的不平衡，引发整体经济失序等诸多乱象。同样，部门利益的存在，可能有助于解决税收征管的强制力等问题，但也会影响税收征管部门与其他相关部门之间的协调和协同。只有通过税收体制法来明晰其职能，并依法确立相关部门的协同义务，才能提高征管效率和治理能力。这是税收法治建设的重要内容和任务。

第二，在税法的实施方面。

税收立法无论质量如何，若不能有效执行，便是一纸具文。随着税收立法体

① 对于何谓良法，学者已有诸多研究，如有的学者认为，良法应具有真善美的品格［李步云，赵迅．什么是良法．法学研究，2005（6）］。

系的完善和立法质量的提高，在税收执法和司法领域确保法律的有效实施，对保障税收法治系统的功能实现至关重要。

事实上，整个税收法治体系是一个复杂系统，各子系统间可能互相促进，也可能彼此掣肘，其内在机制非常复杂。从系统论和法律经济学的角度看，需要考虑其“正功能”的实现，并进行相关的成本收益分析。据此，不仅在税收立法中要考虑成本，并进行立法前后的评估，税收执法和税收司法也要考虑投入和产出。只有税收执法和税收司法两个子系统不断完善，才能避免“好的立法”在实施环节被打折扣或被消解，才能尽量减少制度效力的减损或衰减，这对实现理想的税收法治目标非常重要。当然，税收法治体系建设的各个环节如能互补最好，例如，经济生活纷繁复杂，相关税收立法难免滞后，对于该领域的制度缺失，有效的税收执法或税收司法即可对其有所弥补。在理想的法治理论看来，上述“弥补”存在超越立法权力的问题[①]，并不可取；而税法实施部门则认为，单靠税收立法是不够的，税收执法过程中的裁量和税收司法过程中的解释，都有其重要价值。可见，不同的立场下会形成不同的观点，唯有正视整个税收法治系统运转的复杂性，尽量保持系统的“协调性”和法治精神的“一致性”，才可能更好地实现税收法治的整体目标。

基于经济活动和应税行为的复杂性和变易性，在税法实施过程中，确需保留一定的裁量空间。因此，税收立法往往会有意“留白”，既使税收征管部门可以有相机抉择的裁量余地，也使税收司法部门能够在解决纷争的过程中形成裁判规则。在更高的层面上，上述安排可视为税法实施部门与税收立法部门之间的默契、协调与配合，且对整体税收法治的运行确实必要，它有助于相关税收政策在立法许可的空间内发挥作用，从而适时地解决经济社会发展过程中变幻莫测的诸多问题。在此过程中，“宽松”的税收立法可能在实施中被“收紧”，而“严紧”的税收立法也可能在执行中被“放松”，因而应强调在法定幅度内的适度变动，而并非机械的、单向的制度传导。这虽然有时与理想的、严格的税收法治要求存

① 相关探讨如袁明圣．司法解释“立法化”现象探微．法商研究，2003（2）。

在差距，但在税收法治发展过程中，被许多实践部门认可。可见，税收法治的宽与严，只是一种描述，并没有不变的、清晰的界限，甚至由此体现的“模糊性”，有时还被人津津乐道。人们相信在各类因素交融的复杂税收法治系统中发生的化学反应虽然“测不准”，“道不明”，但有其现实的合理性。①

第三，在税法的遵从方面。

税法能否被遵从，会直接影响税法的实效。对于不严格守法的行为，如果监管过于宽松，缺少严格的责任追究，就会降低税法的遵从度，不利于理想的税收法治目标的实现。

在税收法治领域，市场主体的法律遵从问题历来备受瞩目，各类税收逃避行为，都是税法未能得到有效遵从的体现。此外，上述市场主体的法律遵从固然非常重要，税收征管部门的法律遵从问题更应受到关注。② 在法律遵从方面，规则意识的形成并非一朝一夕之功，其中涉及的传统文化因素亦需深度挖掘。③ 与此同时，在“走向权利的时代”，纳税人的维权意识在不断增强，这对税收征管部门的法律遵从提出了更高的要求。各类主体认识到法治框架下权利的多元性，且彼此尊重各自的法定权利，也是在法律遵从方面应关注的重要问题。

上述三个方面的讨论，涉及税收法治建设中的重要问题，由此不难发现税收法治的现实与理想之间的差距。据此，应切实通过税法制定、税法实施和税法遵从来确保相关主体的合法权益，针对税收法治中失之过宽的“软约束”，强化应有的“硬规制”，这是税收法治改进的重要方向。

此外，信息技术和数字经济的迅速发展，特别是互联网、大数据、人工智能等领域的日新月异，对税收法治提出了新的要求。对于上述新兴领域，国家特别

① 例如：有的学者认为，在以金融压抑为特征的经济中，加强法治可能反而会妨碍金融领域某些方面的发展。只有在其他配套制度安排完善的情况下，法治才能发挥良性作用［卢峰，姚洋．金融压抑下的法治、金融发展和经济增长．中国社会科学，2004 (1)］。

② 实施税收法治战略的本质要求是要用法治约束政府的权力，规范政府的经济管理行为，保证市场充分发挥配置资源的作用［顾功耘．论重启改革背景下的经济法治战略．法学，2014 (3)］。

③ 邢朝国，郭星华．从摒弃到尊重：现代法治建设与传统文化．中国人民大学学报，2012 (4).

强调要实施包容审慎监管，相应地，在税收法治方面也要体现一定的包容性①，而能否智慧地应对数字经济时代的创新，能否与数字经济时代形成的法治理念和精神相区别，也会影响税收法治的未来发展。税收法治领域所要面对的都是"复杂性问题"，必须充分运用法治思维、辩证思维和系统思维，这更有助于揭示中国税收法治的问题和特色，并明确其未来的改进方向。

五、小　结

税收法治的理想与现实总会存在一定差距，只有揭示其现存问题，才能确定改进的方向，从而有针对性地推动税收法治的完善。因此，前面基于税收法治在整个法治体系中的重要地位，探讨其形成和发展过程中存在的主要问题，强调对税收法治的宽严要一分为二地看待，并有针对性地解决各类重要的法治问题，这样才更符合法治的基本精神，才是中国税收法治改进的方向。

研究税收法治领域存在的各种问题，有助于丰富和完善税收法治理论，推动整体的法治建设。只有明晰税收法治的现存问题及其改进方向，并坚定地走适合自己国情的道路，才能在国家治理、税收治理方面取得更多实效，从而增进人民福祉，促进社会进步。

在税收领域所需要的"好的法治"，是包容性的、发展导向型的税收法治。为此，未来的税收法治应当宽严结合、刚柔并济，使各类主体的税收负担更为适度，并通过公平竞争而各得其所；同时，整体税法制度还应统分结合、激励相容，以保障公平分配，从而实现整个经济和社会的良性循环和稳定发展。目前，中国的税收法治在促进经济增长方面要比在保障公平分配方面做得更好，或者说，对效率促进有余而对公平保障欠佳，因此，应进一步完善税收法治，使其在公平分配和共同富裕，以及促进全面发展方面更好地发挥作用。

中国要实现现代化，就必须实现包括税收法治在内的整体法治的现代化。为

① 有关包容性法治的探讨，可参见袁达松．走向包容性的法治国家建设．中国法学，2013（2）。

此，至少在税收立法上要严格遵循税收法定原则，在税法实施上要严格依法办事，确保税法被各类主体严格遵守。从国家治理的角度看，税收法治的宽与严，松与紧，应与特定的经济、社会发展阶段相适应，并在体现国际共通性的同时，呈现其独特性。而对上述独特性的研究，尤其有助于形成中国特有的税收法治理论，并由此为整体法治理论的发展作出贡献。

第三节　涉外税收法治与国际协调

构建税收法治理论，不仅需要把握国内税收法治实践，还需要关注涉外税收法治实践，以及与其相关联的国际税收协调，并分析其中贯穿的税收法治逻辑，以及涉及的大量法治问题。只有将国内税收法治与涉外税收法治通盘考虑，将国内税收治理与国际税收治理有机结合，才能不断完善税收法治理论，并推进税收法治的整体完善。

一、背景与问题

回顾历史，英国、美国等国家在其发展历程中，都曾多次与其他国家发生“贸易战”。2018年和2025年，美国发起的波及多个国家的大规模贸易战，已扩展到科技、金融等诸多领域，形成了国家之间激烈的竞争。如何汲取既往教训[①]，加强国际协调和国际治理，促进各国的共同繁荣和协调发展，是涉及人类共同命运的重大现实问题。

为防止、避免和应对各国之间发生贸易战以及在其他领域产生激烈对抗，需

① 汲取历史教训在今天尤为重要。有学者认为，亚当·斯密正是基于对历史教训的反思，提出了自由贸易理论，推动了英国废除《谷物法》和《航海条例》，结束了长期实行的重商主义政策，从而使英国在对外推行自由贸易的过程中不断崛起。金圣荣．贸易战：全球贸易进化史．北京：电子工业出版社，2011：79－81.

要加强制度建设，不断完善全球经济治理规则，从而实现全球治理的现代化。[①]而全球经济治理规则的形成和实施，离不开各国国内法制度的创新和完善，其中，涉外税收法律制度的完善尤为重要，它直接影响相关领域的国际税收协调，从而影响国际经济治理。

其实，国际贸易、国际投资、国际技术转让等涉及税收（特别是关税、所得税）、金融、产业、价格、竞争等多个领域的问题，而旨在解决上述问题的相关国内法制度，都是涉外经济法的主要组成部分。其中，各国涉外税收法治的完善，尤其有助于促进国际经济领域的相关制度协调，并由此不断降低交易成本，提升全球范围内的资源配置效率，保障各类主体的合法权益。

无论是过去、现在还是未来，全球的税收治理都要通过国内税法的制度实践来落实，这主要涉及两个方面：一方面，随着全球税收治理规则的变化，需要国内税法（特别是涉外税法）作出相应的制度调整，这是对国际层面的法律协调成果的落实；另一方面，在国际税收协调困难、全球税收治理规则不能应对和解决相关问题的情况下，需要推动国内法中的涉外税法的制度创新，以弥补国际税收治理的缺失。

事实上，我国自改革开放以来，在不断扩大开放，融入经济全球化的进程中，相关的涉外税法制度从无到有、不断创新，形成了较为完整的涉外税法体系。涉外税法体系的形成，得益于中国改革开放的推动，也与中国参与全球经济治理密不可分。[②] 梳理我国涉外税收法律制度的历史发展，有助于揭示其与国际税收协调的关联，从而说明涉外税法制度的完善对落实全球经济治理规则，推进本国经济发展和促进整体税收法治完善的重要价值。

鉴于涉外税收法治与国际税收协调密切相关，对其内在关联及相关理论问题

① 早在1990年，国际发展问题独立委员会主席勃兰特就提出了“全球治理”的概念。在2008年全球性金融危机爆发后，有关“全球治理现代化”的价值、目标及实现路径的理论探讨日益引起人们的关注，通过确立国际规则和相应实施机制，解决全球治理失灵问题，在“共商共建共享”的理念下追求国际正义，已日渐成为多数国家的共识。有关全球治理失灵与多元主义的讨论，可参见秦亚青．全球治理失灵与秩序理念的重建．世界经济与政治，2013（4）。

② 相关分析可参见张守文．改革开放与中国经济法的制度变迁．法学，2018（8）。

展开研讨甚为必要。下面的讨论试图说明：为降低全球经济交易成本，确保全球经济的公平与效率，需要加强国际税收协调，不断完善全球经济治理规则，而国际税收协调既要以各国的涉外税法制度为基础，又会影响相关国家涉外税收法治的完善。因此，各国在不断完善“内国税收法治”的同时，还要完善“涉外税收法治”，并在全球化背景下积极参与国际税收协调，为国际税收法治发展作出积极贡献。

二、我国涉外税法制度的发展

我国的涉外税法制度，包括各类税收实体法和税收程序法中的涉外法律规范，其中，涉外企业所得税制度和关税制度最为典型。下面以这两类制度为例，考察其制度发展的历史，并揭示其与国际税收协调、国际经济治理之间的紧密关联。

（一）涉外企业所得税制度的持续优化

在改革开放之初，基于吸引外资的需要，我国高度重视涉外税收立法，涉外企业所得税法更是受到普遍关注。当时，在缺少参与全球经济治理的经验、各类经济立法数量严重不足的背景下，我国于 1980 年制定了《中外合资经营企业所得税法》，于 1981 年制定了《外国企业所得税法》。这两部涉外企业所得税法，再加上 1980 年制定的《个人所得税法》，构成了当时的涉外税收法律体系的基本架构。上述立法在一定程度上体现了国际共通的原理和原则，标志着我国开始融入全球经济，也为后来签订各类税收协定乃至条约，参与全球经济治理，奠定了重要的法律基础。

随着经济改革和对外开放的不断深化，我国在确立实行社会主义市场经济体制的前一年（1991 年），将上述两部涉外企业所得税法整合为一部《外商投资企业和外国企业所得税法》，实现了对中外合资经营企业、外国企业的所得税制度的统一。这既符合国际惯例，又能够有效保障相关企业的公平竞争。在此基础上，我国在加入 WTO 后的 2008 年，又统一了涉外企业所得税制度与国内企业所得税制度，解决了长期存在的“内外有别”的两套企业所得税制度的问题，实现了内资企业与外资企业在税法上的国民待遇。这也是对 WTO 相关原则的进一步落实[①]，是对国际税收规则的确认。

在上述涉外企业所得税制度不断整合、持续优化的过程中，我国从 1983 年至今，已同 111 个国家签订了“对所得和财产避免双重征税和防止偷漏税”方面的协定，这些协定以国际组织（包括联合国和 OECD）的“范本”为基础，是我国与相关国家参与国际税收治理的一种重要形式。此外，基于国际经济领域税基侵蚀和利润转移（BEPS）日益突出的现实，OECD 于 2013 年发布了 BEPS 行动计划，着力保障相关国家的税收利益，体现国际税收法治的基本精神。我国已于 2017 年签署了《实施税收协定相关措施以防止税基侵蚀和利润转移的多边公约》。这既有助于进一步完善我国的涉外企业所得税制度，也有助于推动该领域的全球税收治理。

上述的涉外企业所得税制度，对我国企业与相关国家企业之间的国际投资活动的影响尤为突出。而有效吸引国际投资，对提振本国经济，开展深度的国际合作，都具有积极意义。完善涉外企业所得税制度，有助于落实全球经济治理规则，促进国际投资问题的解决，这在全球化背景下，在各国经济相互融合发展的时代是特别重要的。

总之，自改革开放以来，我国的涉外企业所得税制度从无到有，从分散到统一，从内外有别到实行国民待遇，每一次税制优化都力图体现国际通行的原理和规则，落实国际税收协调和国际税收治理的成果，并在其制度创新中为推动全球经济治理提供重要的国内法基础。

此外，涉外企业所得税制度还要与相关法律制度相互协调。例如，我国《外商投资法》第 32 条规定，外商投资企业开展生产经营活动，应当遵守法律、行政法规有关劳动保护、社会保险的规定，依照法律、行政法规和国家有关规定办

① 安体富，王海勇．论内外两套企业所得税制的合并．税务研究，2005（3）．张守文．企业所得税法统合的内在局限．税务研究，2008（2）．

理税收、会计、外汇等事宜，并接受相关主管部门依法实施的监督检查。该条款规定的税收，就包括涉外企业所得税，并且此类税收正是外商投资企业非常看重的，体现了涉外企业所得税制度与外商投资制度之间的协调。

（二）关税制度的不断改进

在各国涉外税法制度中，关税制度历来影响巨大。关税制度的确立和不断完善，有助于推动一国的对外贸易以及相关国家之间的国际贸易。这从中国关税制度的不断完善以及相应的外贸增长也可见一斑。

在计划经济时期，基于国际国内的诸多因素，我国的对外贸易发展相对缓慢。根据国务院新闻办公室《中国的对外贸易》白皮书（2011 年）的统计，1978 年，我国全国货物进出口总额只有 206 亿美元，在世界货物贸易中排名第 32 位，所占比重不足 1%。针对这种落后的局面，必须通过对外开放，加强相关制度建设，推动外贸的发展。因此，在改革开放之初的 1985 年，国务院发布了《进出口关税条例》和《海关进出口税则》。此后，全国人大常委会于 1987 年通过了《海关法》。在我国实行社会主义市场经济体制不久后的 1994 年，全国人大常委会通过了《对外贸易法》。上述与关税、外贸密切相关的法律、法规历经多次修改，有力地促进了对外开放，推动了对外贸易的发展，对于依法维护公平、自由的对外贸易秩序起到了重要作用。

随着开放领域的不断扩大，我国已深度融入世界经济，进出口贸易大幅度增长，关税制度亦需相应完善。而 2001 年加入 WTO，则为我国完善关税制度和参与全球税收治理提供了重要契机。事实上，我国在加入 WTO 前，整体的关税水平较高，关税壁垒和非关税壁垒均较为突出①，而基于 WTO 这一全球经济治理规则的要求，我国对关税法律制度作出了重要调整，不仅修改了《海关法》《进出口关税条例》等重要法律法规，还于 2001 年废止了 1997 年的《反倾销和反补

① 对于关税水平的调整，著名经济学家李斯特（Friedrich List）认为，无论征收何种关税，都应适度，否则不但会削弱国内的生产能力，增加税收的目的也将受挫，参见［德］李斯特．政治经济学的国民体系．邱伟立，译．北京：华夏出版社，2013：227。

贴条例》，分别制定了“特别关税”领域的《反倾销条例》与《反补贴条例》。此外，全国人大常委会还于2024年通过了《关税法》。上述关税法律制度的完善，尤其有助于推动国际贸易和中国融入经济全球化，促进全球市场经济的发展。

在不断推进市场经济发展的过程中，我国在商品领域的市场化率已达到97%，政府定价已被限制在很小的范围，这有助于在国际贸易领域体现市场原理、公平交易原则；同时，我国还通过不断降低关税水平，进一步扩大进口，来推动本国经济发展与国际贸易的平衡。自加入WTO以来，我国的关税水平不断下降，所涉及的税目或税号也不断增加，非关税壁垒的限制亦不断减少[①]，为实现贸易的自由化、便利化提供了重要支撑，我国进出口贸易多年位列世界首位，体现了关税制度完善的巨大实效。

我国关税制度的完善，既体现了对全球经济治理的重要规则——WTO相关规则的落实，也体现了我国结合自身实际而进行的制度创新。从全球范围看，各国将WTO的相关原则或具体规则适当转化为国内立法，并持续推动相关规则的实施，都有助于推动各相关国家的经济发展，增进全球经济治理的实效。因此，对WTO的规则及其在各国的落实应持肯定的态度，这对于在法治框架下解决贸易纷争非常重要。

WTO规则体现的是多边主义和贸易自由，要实现全球经济的效率和公平，需要各国不断降低关税壁垒和非关税壁垒。据此，一国的关税制度应适度优化，而不应成为贸易保护或实现其他政策目标的工具。[②] 例如，从1828年到1929年这一百年间，美国曾多次实行高额关税税率，实施贸易保护政策，其中：美国1828年的关税平均税率达61.7%，尽管后来曾调低，但到南北战争时期的1864

① 截至2021年12月11日（中国加入世界贸易组织20周年），中国所有商品的平均进口关税水平从2001年的15.3%降至2010年的9.8%。经过进一步自主降税，2021年中国进口关税总水平达到7.4%。2024年我国关税总水平保持在7.3%。

② 美国近年来曾多次使用关税工具，意图实现贸易保护和其他政策目标。例如：美国决定自2018年6月1日起对欧盟、加拿大、墨西哥输美的钢、铝产品分别征收25%和10%的关税；自2019年6月10日起对进口自墨西哥的所有商品征收5%的关税，以解决非法移民问题。又如，美国向多个国家额外加征所谓“对等关税”，掀起了影响巨大的“关税战”。

年，又将关税平均税率提高到47%；此后，1913年的《安德伍德关税法》（Underwood Tariff Act）曾规定调低税率，但到1929年大危机时期的《斯穆特-霍利关税法》（The Smoot-Hawley Tariff Act）又将关税平均税率提高到53.2%。[①]从上述关税税率的调整轨迹看，每当爆发战争或经济危机时，美国就会采取高关税手段，并可能与相关国家发生贸易战，这也有助于理解近些年美国对相关国家发起贸易战的原因。在缺少全球经济治理规则的时期，各国基于本国利益各行其是属于“历史常态”，但在WTO规则等全球经济治理规则已形成且日益完备的当代，各国都应基于法治的精神，遵守WTO规则及其所体现的重要价值，并不断完善本国的关税立法，推动世界经济的良性、有序发展。

总之，关税制度的完善，应在税收法治框架下，充分体现效率与公平、自由与秩序等价值，以促进贸易的自由和效率，保障公平贸易和相应的贸易秩序。因此，与关税配套的其他商品税制度，如进出口环节的增值税和消费税制度，亦应与其保持相同的调控方向，这也是对全球税收治理规则的重要落实。

此外，与上述的关税制度相衔接，在涉外商品税领域，我国较早实现了内外税制的统一。1993年12月29日，《全国人民代表大会常务委员会关于外商投资企业和外国企业适用增值税、消费税、营业税等税收暂行条例的决定》公布并施行，这尤其有助于统一税制，公平税负，改善我国的投资环境。相比于前述的涉外企业所得税、涉外财产税等领域，涉外商品税制度的统一更早，而且也发挥了非常重要的作用。

三、涉外因素在整体税法发展中的不断融入

随着我国改革开放的深化，以及不断融入经济全球化，我国的各类税法制度中都会不同程度地融入涉外因素，由此形成的涉外税法规范是涉外税收法治建设

---

① 对美国历史上不同时期的关税税率变化及其相关评价，可参见邓峰．论美国关税法的演变．东北亚论坛，2005（1）。

的重要基础。因此，除应关注上述典型的涉外企业所得税制度、关税制度以外，还应关注涉外因素在其他税法制度中的体现。下面以税收征管制度和整体税制改革的发展为例，来说明涉外因素的融入，以及相关涉外税收制度与国际税收协调之间的关联。

（一）税收征管制度中的涉外因素

上述的涉外企业所得税制度和关税制度都与税收征管制度直接相关。我国税收征管制度是随着改革开放的深化而逐步健全的。在1984年大规模的税制改革后，为了“加强税收征管，确保国家财政收入，充分发挥税收调节经济的杠杆作用，促进经济体制改革和国民经济协调发展”，国务院于1986年发布了《税收征收管理暂行条例》；在我国确立实行社会主义市场经济体制的1992年，全国人大常委会通过了《税收征收管理法》，并于我国加入WTO的2001年对其进行较大幅度的修订。《税收征收管理法》的后续修改不断吸纳和体现了国际税收的理念和价值。

随着我国不断融入世界经济体系，税法制度对国际贸易、国际投资、国际技术转让的影响与日俱增，税收征管问题变得日益重要且复杂，在税收征管制度中也不断融入和体现涉外因素。因此，我国加入和签署了涉及税收征管的多项国际公约和税收协定，并在国内的税收征管立法中不断融入国际税收征管规则的相关内容。

例如，在经济全球化的背景下，人财物的跨国流动频仍，纳税人跨国经营的无界性与税收征管的有界性之间的矛盾日益突出，给开放经济条件下的税收征管带来了严峻挑战。为了加强国际税收征管协作，打击跨境税收逃避行为，维护税收秩序的公平性，欧洲委员会和OECD于1988年共同制定了《多边税收征管互助公约》，G20峰会亦连续多年高度关注国际税收征管合作，并推动该公约的签署。在上述背景下，我国于2013年正式签署了《多边税收征管互助公约》，成为参与税收征管全球治理的重要成员。此外，为解决所得税领域的税收征管问题，我国还加入了前述的《实施税收协定相关措施以防止税基侵蚀和利润转移的多边公约》。上述各类公约有助于通过信息交换防止滥用税收协定，解决税收征管领域的信息偏差问题。为了落实上述税收征管领域全球治理的成果，我国也在国内立法中不断完善相关信息交换和反避税规则。[①]

另外，我国同111个国家（地区）签订的税收协定中也大量涉及税收信息交换、防止税收逃避等内容，由此形成的日益严密的税收协定网络[②]，对保障国际税收秩序的公平性甚为重要。基于市场经济原理和全球经济治理规则，严格而有效的税收征管，有助于各国依托国际贸易、国际投资等公平地获取税收收益，从而有助于防止引发贸易战及其他经济战和法律战。随着全球范围内各类“区域一体化”的发展，“一带一路”倡议的不断落实，还会有更多形式的税收征管国际合作，因为无论是整体上的全球经济治理，还是局部的区域经济治理，税收征管制度的协调都是其中的重要内容。

可见，随着税收征管制度的发展，涉外因素也不断增加，并越来越多地体现相关国际条约或公约的内容，由此形成了税收征管制度与国际税收协调成果之间的紧密关联。这是在涉外税收法治建设方面需要注意的一个重要问题。

（二）国内整体税制改革与涉外因素的关联

上述的涉外企业所得税制度、关税制度，以及税收征管制度，都随着改革开放以及中国参与全球经济治理的不断深化而日益完善。历史经验表明，经济全球化和日趋激烈的国际竞争，使全球经济治理更为复杂，需要形成有效的国际治理规则。[③] 如果国际规则难以形成，则需要各国主动调整相关制度，以弥补国际规则的缺失，从而促进本国经济发展，并从根本上提升本国的经济实力。

在发生贸易战、全球公共卫生危机等特殊时期，逆全球化的浪潮不断抬头，多边的国际法律协调及相关规则的形成会更为困难。为有效应对相关问题，相关

---

① 陈琍．BEPS行动计划：世界主要国家采取的措施和中国立场．税务研究，2016（12）．

② 截至2024年12月底，我国已与111个国家（地区）正式签署了避免双重征税协定，其中与107个国家（地区）的协定已生效。

③ 其实，相关国家在历史上曾为此付出过巨大努力。例如，在19世纪50年代克里米亚战争爆发前，历经多年战争的欧洲诸国曾就尊重法律达成共识，强调“恢复法治”，构建新的国际体系，这对于经济发展起到了积极的推动作用，英国也在19世纪中叶最终转向自由贸易（［美］芬得利，奥罗克．强权与富足：第二个千年的贸易、战争和世界经济．华建光，译．北京：中信出版社，2012：405）。

国家需要不断完善国内法治，推进相关税制改革，主动解决本国问题；同时，在整体税制改革中要融入涉外因素，以有效回应和解决国际经济发展的新情况和新问题。因此，我国不仅需要完善前述的企业所得税制度、关税制度和税收征管制度，也需要整体税制的与时俱进和全面优化，真正构建“发展导向型税制”①。

例如，针对我国市场主体税负相对较重的现实，国家已通过多种税法制度安排来减税降费。无论是对增值税等税种进行的多种形式的减税，还是对小微企业实行的税收优惠等，这些措施都被视为推动市场主体发展的重要举措②，都有助于涉外经济的发展，推动国内国际“双循环”。毕竟，税收成本是影响企业定价和企业竞争力的重要因素，对国际贸易影响尤为突出，通过调低增值税税率、提高出口退税率、降低所得税和财产税的税负等，可以大幅度减轻市场主体的负担，有助于促进经济逐步恢复和健康发展。

上述经由减税降费的整体税制安排，尤其有助于优化营商环境，更好地吸引外资，同时，也可以推动国际贸易、国际投资、国际技术转让等的发展。在经济全球化的时代，国内税制改革不仅影响国内，也会产生较大的外部效应。尤其在整体税制已经大量融入涉外因素的情况下，各类税法的调整都会影响涉外经济的发展，进而影响国际经济的发展，从而有助于解决国际经济环境恶化所带来的诸多问题。

其实，通过减税降费来减轻市场主体的负担，不只是我国的税法实践，在其他国家也被普遍采行。它不仅具有国内法上的意义，对于国际层面的经济竞争、制度竞争也有重要影响。例如，美国在 2017 年曾推出引发全球关注的大规模减税方案，此类减税措施作为税收竞争手段，是经济全球化时代许多国家惯用的工具③，也是“制度竞争”的重要体现。在各类成本高企的时代，通过降低公共物

---

① 相关探讨，参见张守文．论“发展导向型”的税收立法．法学杂志，2016（7）。

② 对减税降费等相关问题的探讨，可参见杨灿明．减税降费：成效、问题与路径选择．财贸经济，2017（9）；张守文．市场主体负担“轻重”的法律调整．法学评论，2019（2）。

③ 税收竞争是经济全球化发展的历史必然，需要明确国际税收竞争与有害税收竞争的区别与联系［靳东升．论国际税收竞争与竞争性的中国税制．财贸经济，2003（9）］。

品的价格，市场主体承担适度的税收成本，也是在全球经济治理方面应考虑的重要问题。这对促进各国国内经济的健康发展，加强全球税收协调，都具有重要意义。

有效的国际税收协调有助于不断“熨平”经济的周期波动，增进全球经济的效率与公平，提升全球的经济福利。各国应认识到“合作”或良性竞争产生的“正和博弈”的重要性①，避免各类非理性对抗导致的“两败俱伤”。因此，应基于各国的涉外税法制度，通过有效的国际协调，不断完善国际税收的相关规则。这对于加强国际税收治理尤为重要。②

以上主要以涉外税收制度为例，说明对全球经济治理规则的落实以及自身的制度创新，不仅有助于国内税收法治的完善，也有助于促进全球税收治理。在完善涉外税法制度的过程中，还要关注相关的国家安全、贸易管制、域外适用或长臂管辖等问题，防止相关权力或制度的滥用③，切实遵循全球市场经济或税收治理的基本原则。否则，如果各国都通过国内税收立法的路径，对相关国家进行非理性的法律对抗，则又会回到“丛林法则”的时代。这与全球治理现代化以及推进全球经济的稳定繁荣的目标相去甚远。因此，不能把“对抗”常态化，应从市场经济应有的“分工”“合作”“共赢”的原理出发，基于法治的、理性的、长远的目标，推进涉外税法制度与相关国际税收治理体系的真正“完善”。

四、基于涉外税收法治的理论思考

上文简要梳理了我国涉外税法制度的发展历程，以及相应的涉外税收法治实

---

① 早在斯密和李嘉图之前的1701年，马太（Henry Martyn）就提出了自由贸易理论，强调贸易对所有参与者都有利，更能使资源物尽其用，并非零和博弈（[美] 罗德里克．全球化的悖论．廖丽华，译．北京：中国人民大学出版社，2011：41－43)。

② 对此可从国际经济协调的角度理解，参见杨紫烜．国际经济法新论：国际协调论．北京：北京大学出版社，1999：45－48。

③ 例如，根据美国宪法，国际贸易的权力集中于国会，只是随着实践的发展，基于保障国家安全的考虑，才授予总统一定的权力（如《1974年贸易法》中的“301条款”等方面的规定）。但此类权力不应被滥用。

践。从中我们可以发现其与国际税法制度协调、国际税收治理之间的紧密关联。在此基础上，我们还可以进一步展开相应的理论思考。其中，从涉外税法制度的视角，有助于理解国家竞争理论，特别是税收竞争理论，同时，还可以促进国内税法理论与国际税法理论的贯通。

（一）涉外税收法治与国家竞争理论

一国的涉外法治状况，会在很大程度上影响该国与其他国家之间的竞争。国家之间的竞争有多种形式，其中，税收竞争是一种重要形式。事实上，许多国家很重视通过涉外税法制度中的相关课税要素调整，特别是通过实行较低的税率和较多的税收优惠来吸引外资，或者作出其他类似的安排。因此，在涉外税收法治领域，需要解决的重要问题就是“税收竞争”，以及与此相关的“国家竞争”。

基于经济理论，全球市场经济体系中的各主权国家或民族国家，都可被视为理性的“经济人”。据此，各个国家会始终将本国利益置于重要地位①，如果没有相关约束，各国就极有可能实施大量有利于本国利益的行为，重商主义、贸易保护主义会以各种形式不断抬头，从而影响国际贸易、投资的自由化和便利化，影响国际层面的经济效率和公平。

事实上，今天的许多发达国家（如英国、美国等），在历史上都曾先强调重商主义、贸易保护主义，后再基于本国的经济发展阶段和自身利益，对外推行自由贸易。对于国家竞争的上述路径或手段，李斯特等著名经济学家曾有重要研究。② 在新的历史时期，如何通过有效的全球治理，增进国际合作，推动共治、共享和共赢，已成为各国必须面对的重大问题。通常，在一国的国内法层面，主

---

① 韦伯认为，在国家的经济政策问题上，包括国家是否干预经济生活、是否开放和推进经济自由化、是否拆除关税保护等，最终的决定性因素是是否有利于全民族的经济和政治的权力和利益、是否有利于民族国家（[德] 韦伯．民族国家与经济政策．甘阳，译．上海：生活•读书•新知三联书店，1997：93）。

② 例如，李斯特认为，限制政策是各国在追求独立与优势、国家利益方面的争夺；一些国家会按照自己的发展进程不断改进其制度，包括在不同阶段选择实行自由贸易或限制贸易措施（[德] 李斯特．政治经济学的国民体系．邱伟立，译．北京：华夏出版社，2013：87－88）。此外，张夏准也认为，“所有当今的发达国家在赶超时期都积极采取了干预主义的产业、贸易和技术政策，以促进幼稚产业的发展”（[英] 张夏准．富国陷阱：发达国家为何踢开梯子？．肖炼，等译．北京：社会科学文献出版社，2009：18）。

要关注企业竞争、地方政府竞争等问题，而在全球经济治理中，则更要关注国家竞争问题，尤其是税收竞争问题。只有形成有效的全球税收治理规则，来规范和约束国家之间的税收竞争，才能使其不至于影响全球的经济秩序，从而保障全球经济的效率与公平。基于国家竞争的上述实践和相关研究，应进一步提炼“国家竞争理论”①。

国家竞争是推动国家发展的重要路径。各国在实现现代化的过程中，不仅要构建现代化经济体系，推动本国治理体系的现代化，还要在全球经济的框架下，在参与全球治理的过程中，推动全球治理的现代化，实现各国的共同发展与繁荣。在全球经济的框架下，各国都享有其发展权，需要通过全球经济治理规则的不断完善，来保障其发展权和发展利益，提升其发展能力。任何国家都不应滥用其优势地位或经济优势，通过税收竞争等方式或阻碍或限制相关国家的发展，否则就是不公平的国家竞争。可见，国家竞争理论与发展理论是紧密相关的②，这些理论探讨应也可被视为“发展理论”的重要组成部分，对其展开深入研究尤其有助于推动“发展法学”的发展。③

（二）国内税法与国际税法的理论贯通

前述有关涉外税法制度与全球税收治理相互关联的讨论，已涉及国内税法与国际税法的关系问题。面对复杂的国内国际税收问题，只有切实将国内税法与国际税法的相关理论融会贯通，才可能有效解决相关“复杂问题”。由于国内税法理论具有基础地位，因此应将其相关理论、原理，扩展适用于国际税法领域，从而使国际层面税法规则的形成更具有国内税法的理论基础。既往在理论和制度层面，国际税法领域对国内税法的发展的关注还不够，这在一定程度上会妨碍其理论互鉴和制度互补。而一旦将国内税法的相关理论扩展适用于国际税法领域，实现两者的有效贯通，则有助于形成有国内税法支撑的国际税法理

① 相关分析可参见张守文．后危机时代经济法理论的拓掘．重庆大学学报：社会科学版，2011（3）。

② 可参见林毅夫，李永军．比较优势、竞争优势与发展中国家的经济发展．管理世界，2003（7）。

③ 有关经济法领域的发展权及发展理论的讨论，可参见程信和．经济法基本权利范畴论纲．甘肃社会科学，2006（1）；张守文．经济法学的发展理论初探．财经法学，2016（4）。

论和制度体系。

国内税收法治建设需要处理好一国的“政府与市场”关系，而在国际税收治理中，则需要协调多国甚至全球层面的“政府与市场”关系，并关注国际法层面多个国家和地区之间的协调决策、协定规范，以及由此对效率与公平、自由与秩序、安全与发展等基本价值的影响。如能有效处理多国甚至全球层面的“政府与市场”关系，兼顾或协调上述价值，则这会特别有助于有效化解各类经济摩擦、冲突，维护经济领域的和平，并在和平环境下促进全球经济的稳定、有序发展。①

国内税法的调整要力求在国内使市场的资源配置更有效，而国际税法则旨在推动国际税收治理，为国际层面的税收法治建设提供制度支撑，并保障全球税收秩序，因此，在优化国际税法理论和制度，构建国际税收新秩序的过程中，应关注或适当吸纳有关国内税法的原理和制度。这样更有助于实现国内税法与国际税法的理论贯通，并推动国内税收法治与全球税收治理的全面优化。

在两类理论的贯通方面，应从系统、秩序、法治等角度来认识。当代的国际经济新秩序，应真正体现公平与效率、自由与秩序等重要价值。由于国际经济与国内经济一样，都属于“复杂系统”，有多重因素对其构成“循环累积因果影响”②，在其运行过程中会出现效率递减、公平度下降等问题，因此，应通过体现法治精神的规则，确立相应的“修复机制”，不断实现整个系统的动态优化。这就要求在全球经济治理中，应持续加强国际法律协调，特别是国际税收协调，从而形成有约束力的规则③，以增进人类的福祉，促进全球经济的稳定增长。

---

① 例如，凯恩斯、怀特等推动建立的“布雷顿森林体系”，促进了经济增长、平等、安全和稳定，并进一步推动了经济全球化，该体系诞生后的50年被认为是全球化的黄金期。其中，GATT被视为贸易多边主义的社会制度的化身（[美] 罗德里克．全球化的悖论．廖丽华，译．北京：中国人民大学出版社，2011：58－60）。

② 这里是借用诺贝尔经济学奖获得者缪尔达尔（Gunnar Myrdal）提出的“循环累积因果影响”理论，具体参见 [瑞典] 缪尔达尔．亚洲的戏剧：南亚国家贫困问题研究．方福前，译．北京：商务印书馆，2015：373－381。

③ 中国开放型经济发展模式转型产生了参与全球经济治理、改善国际经济秩序的现实需求，因而需要参与全球经济治理规则的制定 [安礼伟，马野青．国际经济秩序：中国的新需求与政策思路．经济学家，2019（1）]。

事实上，在全球经济治理中，税收制度的协调历来令人瞩目，且成就斐然。事实上，二战后的关税及贸易总协定（GATT）以及后来的WTO更侧重于税收及与其相关的贸易问题的解决。由于关税壁垒和非关税壁垒对贸易影响巨大，因此，GATT和WTO都致力于国际层面的法律协调，其构建的关税与贸易规则体系，作为全球经济治理的重要法律成果，对于维护国际贸易秩序可谓功不可没。

加强国际经济治理尤其应通过国际税收协调以形成有效的规则，并在“规则”的基础上，构建体现“公平合理”价值的国际经济新秩序。① 尽管全球经济治理方面的税收协调有时难度较大，但我们还是应迎难而上。为此，近年来G20、OECD，以及欧盟等区域一体化组织都不断加大制度协调力度，推动了相关领域规则的形成。

例如，在国际税收协调方面，OECD等国际组织都高度关注数字经济的相关税收问题。② 鉴于此类问题非常复杂，涉及国家之间、国家与纳税人之间的税收利益分配，一些国家提出了开征数字税的设想并付诸实施③，由此引发了相关国家之间的对抗，亟待加强有效的国际税收协调。④ 为此，在G20和OECD的协调努力下，《关于应对经济数字化税收挑战双支柱方案的声明》正式发布⑤，已有130多个国家（地区）就此次国际税收制度的重大改革达成共识。

当然，上述规则的有效实施，离不开各国涉外税法的落实和制度创新。在国际税收协调存在困难时，更需要各国国内税法制度及时优化，这些方面都为国内税法

---

① 国际经济秩序的演进过程可大体分为“实力导向”、“规则导向”和“公平价值导向”三个发展阶段［车丕照．国际经济秩序“导向”分析．政法论丛，2019（1）：3－10］。

② 例如，OECD于2014年发布了题为《应对数字经济的税收挑战》的报告，强调在增值税等领域实行目的地原则，以确保实现税收中性，对此绝大多数国家都不存在认识分歧（［奥］迈克·兰等．全球数字经济的增值税研究．北京：经济科学出版社，2017：5，180）。

③ 早在2015年，欧盟委员会在《打造公平有效的企业税行动计划》中就提出了建立欧盟统一税收规则的设想，以解决数字经济条件下欧盟国家在公共财政、收入分配、公平竞争等方面的问题。与此相关联，法国等多个国家开征“数字税”，并由此形成了与美国的制度对抗。

④ 廖益新．应对数字经济对国际税收法律秩序的挑战．国际税收，2015（3）：20－25．张斌．数字经济对税收的影响：挑战与机遇．国际税收，2016（6）：30－32．

⑤ 在2021年10月8日G20/OECD包容性框架召开第十三次全体成员大会后，136个辖区就国际税收制度的重大改革达成共识，并发布了《关于应对经济数字化税收挑战双支柱方案的声明》。

与国际税法的理论贯通提供了大量素材，需要在规范论、运行论层面作出具体研讨。

五、小　结

涉外税收法治与国际税收协调或全球税收治理密切相关。完善一国的涉外税收法治，有助于为国际税收协调奠定国内法基础，并进而推进全球税收治理，从而降低全球经济交易成本，确保全球经济的公平与效率。这对于减少国际经济领域的摩擦，避免对抗，都具有重要的价值。

在前述探讨中，还贯穿着“系统—历史”的分析主线。一方面，全球经济是一个大系统，全球经济治理尤其应体现系统思维，兼顾各国的具体情况，通过创新和完善相关治理规则，解决世界经济的结构失衡问题，在“分工与合作”“合作与竞争”中实现全球经济的稳定发展。另一方面，无论是经济全球化还是全球经济治理，都是一个历史的过程，对相关的博弈及规则形成，都要“历史地”看待，而观察相关制度变迁的历史，更能发现国际税收治理规则与涉外税收法治之间的紧密联系。因此，前面的研讨先是从系统分析的维度，说明贸易战与加强全球经济治理的内在关联，继而从历史分析的维度，说明全球税收治理与涉外税收法治完善的相互影响，从而进一步揭示涉外税收法治对实现全球税收治理的重要影响。

此外，我们还应进一步关注国家竞争理论，以及国内税法与国际税法的理论贯通。在经济全球化的时代，如何促进国家之间的公平竞争和正当竞争，维护全球的经济运行秩序，保障全球的公共利益，事关全球经济的稳定与繁荣，影响人类的福祉，因此，需要形成有效的规则，对国家的竞争行为（包括税收竞争行为）加以规范，并在此基础上提炼相应的国家竞争理论。由于国家竞争与国家发展直接相关，因此，切实保障国家的“发展权”和“发展利益”，提升其“发展能力”，并提炼相应的发展理论①，是非常值得研究的重大问题。

---

① 现代经济发展都需要一个中央信息协调机构，其协调能力直接影响国家竞争力，对此需要从经济发展理论、国际关系理论的角度展开研究（［澳］维斯，霍布森．国家与经济发展：一个比较及历史性的分析．黄兆辉，等译．长春：吉林出版集团有限责任公司，2009：276－279）。

国家之间的税收竞争，需要在法治的框架下展开，这对于全球税收治理和国内的涉外税法制度的完善非常重要。其实，在前面探讨涉外税法制度完善的过程中，隐含着几个重要时间节点，分别是“改革开放之初”、“确立实行社会主义市场经济体制之后”以及“加入 WTO 前后”，这些时点先后相继，体现了相关涉外税法制度不断回应市场化、国际化、法治化的过程。其中不仅涉及国内层面的改革、法治与发展的关系，也涉及更为具体的全球化、市场化与法治化的关系①，由此不仅应提炼前述的“国家竞争理论”，还应进一步关注相关的税收法治理论，以及其中贯穿的税收法治逻辑。

基于理论与实践的密切相关性，还应推进国内税法与国际税法的理论贯通。如能在国际税法中融入国内税法的原理，则国际税收治理就会有更坚实的国内税法基础，从而更易于被各国接受，进而有助于解决全球税收治理方面的诸多问题；同时，如能将国际税法的一些重要原理引入国内税法研究当中，则其对涉外税收法治建设亦会起到重要推动作用。

在现实的经济法治建设方面，为了应对贸易失衡或整体经济失衡所带来的问题，中国需要在经济法治的框架下，建设现代化经济体系，提升国家治理能力，增强国家和企业的竞争力。② 在新的历史时期，在国家竞争日趋激烈的背景下，各类贸易限制或经济遏制不可避免。要推进国家的现代化，更需要不断完善经济法制度，有效发挥其促进经济发展的功能，大力发展本国经济，全面提升国际竞争力③，在此基础上，才能为提升国际经济治理水平、增进人类的福祉作出更大贡献。

---

① 有学者提出建立“国际经济合作组织”，制定《国际经济合作宪章》的设想，以提升全球治理的法治化水平［刘敬东．全球经济治理新模式的法治化路径．法学研究，2012（4）：199－208］。

② 张守文．现代化经济体系建设的经济法补缺．现代法学，2018（6）：54－63.

③ 如果存在对国内社会制度、分配偏好和价值观的威胁，贸易自由就会受到限制；同时，即使存在贸易管制，如果各国经济健康发展，世界经济也会欣欣向荣（［美］罗德里克．全球化的悖论．廖丽华，译．北京：中国人民大学出版社，2011：60－63）。因此，在贸易自由受限的情况下，搞好本国经济更为根本，也更为重要。

结　论

中国的税制改革，是在改革开放的大背景下持续展开的，作为国家整体改革的重要组成部分，它在推动其他领域改革和制度建设方面也发挥着重要作用。因此，应将税制改革置于整体改革开放背景中来理解，并在改革、法治与发展的框架下进行审视，从而全面揭示税制改革与税收立法之间的内在关联，以及其中贯穿的法治逻辑，特别是税收法治逻辑。

一、基本内容的多维提炼

本书的本论部分，共分为六章，分别从本体论、发生论、价值论、规范论、运行论的视角，讨论了税制改革和税收立法方面的重要问题，揭示了其中贯穿的法治逻辑。在对上述问题的讨论中，如下相互关联的三个方面的内容尤为重要：

第一，在现代化目标和改革开放的背景下，基于税制改革与税收立法的紧密关联，从本体论和发生论的视角，讨论税制改革与税收立法的历史，通过分析税制变迁及其影响因素，揭示税制改革和税收立法的核心问题，从而为全书后续各章的讨论奠定基础。

第二，基于税制改革和税收立法所需要的价值引领，从价值论的视角，分析其中贯穿的各类重要价值，特别是效率与公平、自由与秩序、安全与发展等，并揭示上述价值体系对实现分配正义和发展正义，引领税制改革与税收立法的重要意义，从而为后续各章有关对发展理念、分配问题的分析，以及在税收法治建设中落实相关重要价值的讨论作出铺垫。

第三，基于税制改革和税收立法共同遵循的法治逻辑，从规范论、运行论视角展开研讨，并将相关法治逻辑概括为两类，即一般法治逻辑和特殊法治逻辑。依循一般法治逻辑，税制改革和税收立法必须符合法治的基本要求，落实税收法定、税收公平和税收效率三大基本原则，并处理好税法制度的稳定性与变易性、法定性与政策性、统一性与差异性等问题；依循特殊法治逻辑，在税制改革和税收立法方面，应重视将税收原理与法治要求有机结合，并充分发挥税收立法在保障经济社会发展，促进公平分配和共同富裕等方面的重要作用。为此，需要明晰税收立法的重点问题和重点要素，并从改革、法治与发展的维度，审视税制改革和税收立法的得失，推动国内税收法治和涉外税收法治的完善，并为参与国际税收协调奠定法治基础。

上述三个方面的内容，是一脉相承的：为了实现现代化目标，必须推进改革开放，尤其应深化税制改革，加强税收立法；而在税制改革和税收立法方面，必须加强价值引领，尤其应全面落实新发展理念，解决好公平分配、共同富裕等问题，构建“发展导向型税制”；而“发展导向型税制”不仅要求从“发展”的角度体现经济逻辑，更要求从“税制”的角度体现法治逻辑。同时，上述经济逻辑与法治逻辑的结合，使税制改革和税收立法不仅要体现一般法治逻辑，更要体现特殊法治逻辑，即税收法治逻辑，这样才能不断优化税制结构和功能，发挥税收法治的重要作用，推动税收法治现代化、国家治理现代化的实现。

在上述内容的探讨中，强调基于“改革—法治—发展”的内在关联，应将税制改革、税收法治与发展理念紧密结合，并全面遵循相应的法治逻辑，推动将我国既往的“收入导向型税制”转变为“发展导向型税制”，而由此构建的包容性的税制，更有助于促进经济和社会的全面发展。这对实现国家现代化的发展目标更为重要。

此外，上述内容不仅涉及本体论、发生论、价值论、规范论、运行论等诸论，也涉及分配理论、发展理论、信息理论等新型理论；不仅涉及间接税与直接税的制度平衡，还涉及“大税种”（如增值税、消费税、个人所得税）与“小税种”（如烟叶税、印花税、环境保护税）的立法协调和制度完善；不仅涉及内国税收法治的改进，还涉及涉外税收法治与国际税收协调的重要问题。

二、税制改革的多重逻辑

税制改革离不开国家的建构和推动。对于税制改革，社会科学的多个学科都对其予以高度关注，例如：针对税制改革涉及的权力分配问题，政治学研究关注更多；对于税制改革的经济效果，特别是税收的分配功能等，经济学研究关注更多；而对于税制改革的法律基础等法律问题，法学研究关注更多。如果将税制改革和税收立法并提，则相对来说，经济学界对税制改革研究更多，而法学界对税收立法研究更多。当然，上述各类区分都仅具有相对的意义，已有不少学者在进行跨学科研究。上述各学科的研究之所以有不同侧重，是因为它们往往关注不同的逻辑。因此，对税制改革的研究，也会涉及多重逻辑。

依据前述“经社—政法”的分析框架，税制改革会受到多种因素的影响，其中，政治因素和经济因素以往倍受关注。在我国从计划经济体制向市场经济体制转型的过程中，诸多政治因素直接影响税制改革，例如：在改革开放初期，诸如简政放权、放权让利的政策，在税制改革中都有体现；在实行市场经济体制后，国家在税制改革中又强调税权集中，以解决宏观调控的相关问题。其中既有政治因素的影响，也有经济因素的考量，由此体现了政治逻辑与经济逻辑的统一。

随着税制改革的不断深化，相关改革成果需要税收立法的确认和保障。由于税制改革的核心是制度变革，而制度变革离不开税收立法，因此，税制改革与税收立法作为密不可分的两个方面，往往被同时并提，在税制改革和税收立法中都要充分体现相应的法治逻辑，对其应在法治框架下展开研究。这也是税收法定原则的基本要求。在国家对税制改革的通盘考虑和统一立法之下，法治逻辑与上述的政治逻辑、经济逻辑也具有内在的一致性，由此使贯穿上述逻辑的税制改革和税收立法同样具有内在的一致性。因此，在研究税制改革的法治逻辑时，还需要关注相应的政治逻辑和经济逻辑，并理解多重逻辑的统一。这也是税收政治学、税收经济学和税法学研究的共同使命。

基于上述多重逻辑的统一，以及由此形成的税制改革与税收立法的内在一致性，需要综合研究税制改革与税收立法的共性问题。这也是经常将两者统一并提的重要原因。同时，着重从统一性、一致性的角度研究税制改革和税收立法问题，也有助于进一步研究其中贯穿的法治逻辑。

三、对法治逻辑的再思考

税制改革和税收立法的法治逻辑，是税法领域至关重要的基础问题。对此需要展开系统研讨，并有必要对一般法治逻辑和特殊法治逻辑加以区分。

税制改革既体现为整体税收体系的改进，又体现为具体税法制度的变革。基于税法领域公认的税收法定原则，应确保税制改革于法有据，并使其能够得到税法的有效保障。因此，既可从改革的视角审视税制变迁，又可从法治的视角审视税收立法的持续完善，从而理解改革、法治与发展三者之间的关联，并有效处理“改革与法治”“法治与发展”的关系，以及税法领域的国家与国民、政府与市场、中央与地方、国内法治与涉外法治、征税主体与纳税主体、纳税主体相互之间等多重复杂关系，其中贯穿的税收法治逻辑，对税制改革和税收立法的完善尤为重要。

税制改革必须符合法治要求，体现法治逻辑，否则改革就不具有合法性。如果不能在法治框架下推进改革，则改革或于法无据，或无法推动良法形成，自然难以达成善治。所以这对于各国都是至关重要的。毕竟，税制改革影响政治、经济、社会、文化诸多方面，税收立法质量如何，事关国民遵从和国家长治久安，因此，应将税制改革与税收立法紧密结合，以免税制改革沦为一般的政策宣示或规划方案，从而真正形成具有法律效力的文本，并增强税收立法的合理性与合法性，构建税收领域的良法善治。

税制改革作为重要的制度变革，涉及政策与法律，需要有效处理两者的关系。基于国家对税收法定原则的强调，税收立法越来越重要，税收法治的重要性日益凸显。因此，应厘清在税制改革和税收立法中贯穿的法治逻辑。一方面，从一般法治逻辑看，需要建立并不断完善税收法律制度，形成税收领域的“良法”；同时，在完善税制或税法制度的过程中，要不断融入法治思维、法治精神、法治方式，体现相应的重要法律价值，构建税收法治的制度框架，以有效约束征税权并保障纳税人权利。另一方面，从税收领域的特殊法治逻辑看，还需要将经济原理特别是税收原理与法治原理相结合，将各个税种领域的特殊原理融入具体税收立法之中，从而增进税制改革与税收立法的合理性与合法性，不断形成有利于保障和促进经济社会发展的、具有包容性的税收法治。可见，在税制改革和税收立法中体现着复杂的税收法治逻辑，它与民商法、行政法、社会法等部门法所体现的特殊法治逻辑会有所不同，也有别于经济法体系内部的金融法、竞争法等子部门法的特殊法治逻辑。

对于上述的一般法治逻辑，以往法理学和各个部门法学研究中都有涉及，这些研究成果都可用于分析税制改革和税收立法的相关问题，且有助于保障其在法治框架下有序展开。而在特殊法治逻辑方面，则涉及税收原理与法治原理的有机融合，应体现经济逻辑与法治逻辑的统一。对此，以往的交叉研究还相对不足，这是经济学与法学、税收学与税法学研究需要努力的重要方向。

税收法治逻辑是税法制度不同于其他法律制度的底层逻辑。各类法律制度既有共性的一面，即都要体现一般法治逻辑，又有个性的一面，即都要体现各个部门法或各类具体法律制度自身的特殊法治逻辑，如同它们在调整对象等方面存在差别一样。即使在税法体系内部，在税收实体法与税收程序法之间，在商品税法与所得税法、财产税法之间，甚至在同一税类的不同税种立法如增值税法与关税法之间，都会存在更为细微的特殊法治逻辑的差别，而这些差别正是需要特别关注和深入研究的。

因此，整体的税制改革和税收立法，既要关注宏观层面的诸多共性，又要关注微观层面的诸多个性，使税制改革和税收立法既能把握大局，又能细致入微，制度建设更为精准可行；在此基础上，才能进一步提高税收立法质量，完善税收法治，推动经济和社会的高质量发展，实现税收法治现代化和国家治理现代化。

参考书目

［美］阿西莫格鲁，罗宾逊．国家为什么会失败．李增刚，译．长沙：湖南科学技术出版社，2015.

［美］奥尔森．国家兴衰探源：经济增长、滞涨与社会僵化．吕应中，等译．北京：商务印书馆，1999.

［美］奥尔特，等．比较所得税法：结构性分析．3 版．丁一，崔威，译．北京：北京大学出版社，2013.

［美］艾伦，等．美国税制改革的经济影响．郭庆旺，刘茜，译．北京：中国人民大学出版社，2000.

［美］彼得斯．税收政治学：一种比较的视角．郭为桂，黄宁莺，译．南京：江苏人民出版社，2008.

［美］布朗芬布伦纳．收入分配理论．方敏，等译．北京：华夏出版社，2009.

［加］崔贝尔考克，［美］丹尼尔斯．法治与发展．冯川，等译．南京：南京大学出版社，2014.

陈光焱．中华人民共和国财政史：上．长沙：湖南人民出版社，2013.

［美］芬得利，奥罗克．强权与富足：第二个千年的贸易、战争和世界经济．华建光，译．北京：中信出版社，2012.

[美] 弗朗西斯·福山．历史的终结与最后的人．陈高华，译．桂林：广西师范大学出版社，2014.

葛克昌．税法基本问题（财政宪法篇）．北京：北京大学出版社，2004.

高培勇．世界主要国家财税体制：比较与借鉴．北京：中国财政经济出版社，2010.

[英] 哈耶克．法律、立法与自由：第1卷．邓正来，张守东，李静冰，译．北京：中国大百科全书出版社，2000.

何帆．为市场经济立宪：当代中国的财政问题．北京：今日中国出版社，1998.

金圣荣．贸易战：全球贸易进化史．北京：电子工业出版社，2011.

蒋震．中国消费税改革研究．北京：中国税务出版社，2017.

[美] 坎贝尔．制度变迁与全球化．姚伟，译．上海：上海人民出版社，2010.

[德] 柯武刚，史漫飞．制度经济学：社会秩序与公共政策．韩朝华，译．北京：法律出版社，2001.

[奥] 迈克·兰，等．全球数字经济的增值税研究．国家税务总局税收科学研究所，译．北京：经济科学出版社，2017.

马骏．中国公共预算改革：理性化与民主化．北京：中央编译出版社，2005.

[美] 马斯格雷夫，皮考克．财政理论史上的经典文献．刘守刚，等译．上海：上海财经大学出版社，2015.

[美] 马斯格雷夫等．财政理论与实践．5版．邓子基，邓力平，译．北京：中国财政经济出版社，2003.

[德] 拉德布鲁赫．法哲学．王朴，译．北京：法律出版社，2005.

[英] 李嘉图．政治经济学及赋税原理．郭大力，王亚南，译．南京：译林出版社，2014.

[德] 李斯特．政治经济学的国民体系．邱伟立，译．北京：华夏出版社，2013.

李向东．清民初末印花税研究（1903—1927）．郑州：河南人民出版社，2015.

［美］罗德里克．全球化的悖论．廖丽华，译．北京：中国人民大学出版社，2011.

［比］热若尔·罗兰．转型与经济学．张帆，等译．北京：北京大学出版社，2002.

罗荣渠．现代化新论：中国的现代化之路．上海：华东师范大学出版社，2013.

［法］摩莱里．自然法典．黄建华，姜亚洲，译．北京：商务印书馆，1996.

［瑞典］缪尔达尔．亚洲的戏剧：南亚国家贫困问题研究．方福前，译．北京：商务印书馆，2015.

［法］皮凯蒂．21世纪资本论．巴曙松，等译．北京：中信出版社，2014.

［美］诺内特，塞尔兹尼克．转变中的法律与社会：迈向回应型法．张志铭，译．北京：中国政法大学出版社，2004.

饶立新．中国印花税研究．北京：中国税务出版社，2009.

［美］萨拉尼．税收经济学．陈新平，等译．北京：中国人民大学出版社，2005.

［德］萨维尼．立法与法学的当代使命．北京：中国法制出版社，2001.

［美］申克，等．增值税比较研究．熊伟，任宛立，译．北京：商务印书馆，2018.

［英］桑福德．成功税制改革的经验与问题：第1卷．张文春，匡小平，译．北京：中国人民大学出版社，2001.

［英］桑福德．成功税制改革的经验与问题：第4卷．许建国，等译．北京：中国人民大学出版社，2001.

［日］神野直彦．体制改革的政治经济学．王美平，译．北京：社会科学文献出版社，2013.

［英］斯密．国民财富的性质和原因的研究：下卷．郭大力，王亚南，译．北京：商务印书馆，2003.

［美］斯莱姆罗德，吉里泽尔．税制分析．李建军，等译．上海：格致出版社，上海三联书店，上海人民出版社，2019.

［美］斯蒂格利茨．发展与发展政策．纪沫，等译．北京：中国金融出版社，2009.

汤潇．数字经济：影响未来的新技术、新模式、新产业．北京：人民邮电出版社，2019.

［美］图若尼．税法的起草与设计：第1卷．国家税务总局政策法规司，译．北京：中国税务出版社，2004.

［美］托斯．人工智能时代．赵俐，译．北京：人民邮电出版社，2017.

王绍光，胡鞍钢．中国国家能力报告．沈阳：辽宁人民出版社，1993.

［美］威尔达夫斯基．预算：比较理论．苟燕楠，译．上海：上海财经大学出版社，2009.

［德］韦伯．民族国家与经济政策．甘阳，译．上海：生活·读书·新知三联书店，1997.

［古希腊］亚里士多德．尼各马可伦理学．廖申白，译注．北京：商务印书馆，2003.

［古希腊］亚里士多德．政治学．吴寿彭，译．北京：商务印书馆，1965.

杨希闵．中国工商税收史资料选编：第8辑．北京：中国财政经济出版社，1994.

杨紫烜．国际经济法新论：国际协调论．北京：北京大学出版社，1999.

张守文．财税法疏议．2版．北京：北京大学出版社，2016.

张守文．分配危机与经济法规制．北京：北京大学出版社，2015.

张守文．发展法学：经济法维度的解析．北京：中国人民大学出版社，2021.

［英］张夏准．富国陷阱：发达国家为何踢开梯子？．肖炼，等译．北京：社会科学文献出版社，2009.

张琢．中国现代化的历程及前瞻．北京：社会科学文献出版社，2017.

后　记

在这个充满不确定性的时代，面对百年未有之大变局，全面总结历史经验，切实遵循相关规律，系统谋划未来发展，可谓至关重要。只有持续推动改革和法治，不断破解发展中的难题，才能推动经济社会的高质量发展，为实现国家现代化奠定基础。

基于改革和法治的重要性，应坚持全面深化改革和全面依法治国。具体到税收领域，必须有效推进税制改革和税收法治建设。如何通过税制改革实现税制结构优化，进一步完善税收立法，推动税收法治发展；如何解释税制改革与税收立法乃至税收法治的内在一致性；如何认识贯穿在其中的法治逻辑，是理论界和实务界需要回答的重要问题。

税制改革和税收立法对经济发展、法治建设具有特殊的重要意义。自改革开放以来，我国在 1984 年至 2014 年，实质上已经开启四次较大规模的税制改革，形成了“十年一易”的周期律。从 2024 年开始，我国已开启第五次税制改革。能否在新的税制改革中借鉴历次税改的经验，进一步融入和贯穿相应的法治逻辑，会直接影响税制改革的连续性与稳定性、合理性与合法性。

因此，本书基于“历史—系统”“结构—功能”“价值—规范”等分析框架，结合税制改革与税收立法的耦合关系，从本体论、发生论、价值论、规范论、运行论等层面，探讨了税制改革和税收立法中贯穿的一般法治逻辑和特殊法治逻辑。其中涉及的概念、命题、理论和原理，也许会有助于中国税收学和税法学自主知识体系的建构，并为中国的税收法治实践提供一定的理论资源。

本书的出版得到了中国人民大学出版社的大力支持。在此特别感谢责任编辑非常认真、专业的编辑工作。对于本书可能存在的诸多不足，诚望读者多予雅正。

张守文

2025 年 6 月 6 日

于北京大学法学院科研楼